—— 韓国語能力試験 ——

TOPIK II

作文 徹底攻略

問題別対策と模擬テスト5回

ヒョン・ビン、チェ・ジェチャン著

HANA

※本書の情報は、<u>2023年6月末現在</u>のもので、変更される可能性があります。TOPIKの受験料や試験日、試験会場、実施情報については、TOPIK日本公式サイトなどで、必ず最新の情報をご確認ください。

※本書は、韓国で出版された下記の書籍に改訂を加え、日本語版として出版したものです。

『HOT TOPIK Ⅱ 쓰기 개정판』

※韓国語能力試験(TOPIK)の著作権および商標権は韓国国立国際教育院にあります。

TOPIK, Trademark & Copyright by NIIED (National Institute for International Education), KOREA

はじめに

　本書の原書である『HOT TOPIK II 쓰기』は、韓国語学習者の韓国語能力試験（TOPIK）受験対策、さらには韓国語作文能力向上の助けになりたいという思いから始まりました。学習者と教師の両方の立場から考え続け、最新傾向を反映しようと努力した甲斐もあって、この本は出版以降数年にわたって韓国でTOPIKの作文対策書のベストセラーとなりました。その後も最新傾向に対する研究を続けて、改訂版を発行することもできました。この日本語版は、韓国で発売されている改訂版の内容をもう一度見直し、よりコンパクトにまとめたものです。

最新の出題傾向を反映しました

　本書は、各章の最後に「出題傾向を知る」という項を設けて、従来の問題と最新の問題の傾向について解説しました。また各章の「練習問題」においても、最新出題傾向を反映した問題を含めてあります。特に新形式のTOPIK IIが2014年に始まって以降、最も大きく変化したのが問題53ですが、日本語版ではさらに直近の出題傾向を反映させました。本書を通して、どのパターンの問題でも対応できるように練習することが可能です。

模擬テストを5回分収録しました

　本書には、TOPIKの最新出題傾向を反映した実践的な模擬テスト5回分を収録しました。最新傾向を理論と練習問題で十分に勉強した後、模擬テストの問題を通して自身の実力を確認できます。

　本書は、基本から実践まで体系的な学習ができるよう、なるべく多くの、そして多様な問題を練習できるように配慮されています。本書が皆さまのTOPIKでの目標達成の一助となり、ひいては韓国語作文の実力向上に役立つ必須教材となることを願っています。

ヒョン・ビン、チェ・ジェチャン

目　次

本書の構成

基本を理解する

TOPIKの作文問題を解く際に必須となる作文の基本について学ぶことができます。この項を通じて作文の基礎を固めることで、答案の作成が容易になります。

問題52 基本を理解する

1 説明技法とは何か

問題52は、1段落の説明文で構成されています。理解しやすい説明文を書くにはさまざまな技法、すなわち説明技法を利用しなければいけません。説明技法とは、文章を書くときにその文章を読む人が読みやすいように論理的に説明する技法を意味します。

여름은 덥다. 그렇지만 겨울은 춥다. 夏は暑い。しかし、冬は寒い。
→ 説明技法「対照」

上のように、二つの対象を比較して違いを示すのが、まさにこの説明技法です。

2 説明技法の種類と重要性

説明技法の種類	羅列、比較・対照、類推、因果、言い換え・要約、分類、分析、定義、例示

攻略法を考える

作文問題の解答方法について、STEP別に練習し、実際のテストの感覚に慣れることができます。STEP別に答案作成の戦略を学び、その具体的な過程を見た後で、実際に練習を行います。

問題52 攻略法を考える

1 答案作成戦略を学ぶ

問題52は、見た目には難しく見えますが、少し練習すれば答えを書くのは簡単です。ですので、以下のSTEPに合わせて段階別に問題を解く練習をするといいでしょう。

STEP 1	最初の文を読んで、どんな内容なのか推測してみる。 問題を見らうすぐに最初の文を読んで最も重要な単語に印を付けます。普通、最初の文に文章全体の内容を理解するのに必要な情報が最も多く書かれています。
STEP 2	かっこを中心に説明方法を考えてみる。 ⑤、⑥の前や後ろにある接続詞や説明方法を表す表現がヒントとなるので、⑤、⑥の前後を確認して説明方法を考えてみてください。
STEP 3	⑤、⑥の前後の文を読んで、ふさわしい内容を書いてみる。 前後の文からヒントを探してかっこに入る内容を推測してみてください。⑤は中心となる内容を説明する文を書かなければいけないことが多く、⑥の前には普通接続詞があるので、接続詞と前後の文を読んで内容を推測して答えを書いてみてください。

出題傾向を知る

よく出る問題のパターンを分析・整理しました。最新の出題傾向も反映されています。

問題52 出題傾向を知る

1 従来の出題傾向

新しいTOPIKが始まり、これまでに出題された問題の類型は、大きく二つに分けることができます。

【反対】
前や後ろの内容と反対の内容を書かなければいけない問題がよく出ました。

사람들은 여러 가지 다양한 방법으로 다이어트를 한다. 한 가지 음식만 먹으면서 다이어트를 하기도 하고 (⑤ 아무것도 안 먹으면서 다이어트를 하기도 한다). 그러나 이렇게 한 가지 음식만 먹거나 무조건 아무것도 안 먹는 방법으로 다이어트를 하면 일시적으로 살이 빠질 수는 있지만 다시 살이 찌기 쉽다. 반면에(⑥ 운동으로 다이어트를 하면 살이 잘 찌지 않는다). 따라서 성공적인 다이어트를 위해서는 반드시 운동을 해야 한다.

人はあれこれと多様な方法でダイエットをする。一つの食べ物のみ食べるダイエットをしたりもするし、(⑤ 何も食べないダイエットをしたりもする)。しかし、このように一つの食べ物だけ食べたり、とにかく何も食べない方法でダイエットをしたりすると、一時的に痩せる

練習問題

多様な問題を解いて、テストに慣れることができます。試験時間の感覚に慣れるため、解答にかかった時間をメモする欄を設けた他、問題に含まれた中級以上の単語も一覧で整理しました。

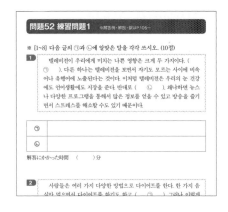

模擬テスト

本の最後に、実際の作文問題を模した全5回分の模擬テストを準備しました。本書の学習の総仕上げとして解いてみて、テスト感覚も身に付けるようにしましょう。

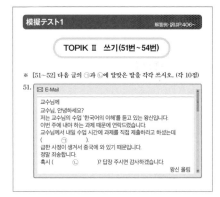

項目別チェック

実際の試験でよく間違える表現や文法、知っておくと役立つ表現などを問題にしました。問題を解いて答え合わせをすることで、該当項目の実力を育てることができます。

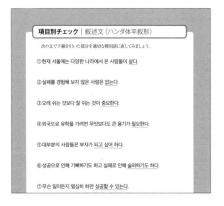

※本書に掲載されている解答例は、すべて学習者が実際に書いたものをベースにしています

7

TOPIKの作文とは

TOPIK (Test of Proficiency in Korean) は、韓国語では**한국어능력시험**、日本語では「韓国語能力試験」という名称で知られています。

TOPIKは韓国政府が認定・実施している検定試験で、韓国文化の理解を深め、韓国に留学するため、あるいは韓国で就職するために必要な能力の測定・評価することを目的としています。試験は、1〜6級までの6段階で評価され、日本の多くの検定試験とは違い、数字が大きくなるほどレベルが高くなります（6級が最上級）。

TOPIKは、韓国、日本を含む世界の約70の国と地域で実施されています。日本では4月、7月、10月に全国の会場で試験が実施されています。

なお、TOPIKは、初級レベルの受験者を対象にした「TOPIK I（1・2級）」と、中・上級レベルの受験者を対象にした「TOPIK II（3〜6級）」の二つに分かれています。受験者は、TOPIK IおよびIIの各試験で取得した点数によって、各級に合格します。ただし、いずれの基準にも満たない場合は、不合格となります。

TOPIK Iは、「듣기（聞き取り問題）」が30問、「읽기（読解問題）」が40問出題され、試験時間は休憩なしの100分の試験です。合格の基準となる点数は、200点満点で80点以上が1級、140点以上が2級となります。TOPIK IIは、「듣기」が50問、「쓰기（作文問題）」が4問、「읽기」が50問出題され、試験時間は1時間目の「듣기」と「쓰기」で110分、2時間目の「읽기」で70分、合計180分の試験です。合格の基準となる点数は、300点満点で120点以上が3級、150点以上が4級、190点以上が5級、230点以上が6級となります。

表1　TOPIKの合格基準

受験級	TOPIK I（200点満点）		TOPIK II（300点満点）			
級	1級	2級	3級	4級	5級	6級
合格点	80点以上	140点以上	120点以上	150点以上	190点以上	230点以上

表2 TOPIK IIのセクション別試験時間と問題数、配点

	듣기	쓰기	읽기
試験時間	約60分	約50分	70分
問題数	50問	4問	50問
配点	100点	100点	100点

※듣기と쓰기は同じ時間（1時間目110分）内で行われ、休憩をはさんで읽기の試験が行われます（2時間目）。

前述した通り、TOPIK IIの試験において「듣기」と「쓰기」は同じ時間内で行われ、合計110分の中で解答しなければなりません。もう少し詳しく説明すると、「듣기」は流れる音声に合わせて解いていき、これが約60分かけて行われます。よって必然的に「쓰기」は50分以内で解答しなければならないことになります。

「쓰기」領域は、文字通り「書くこと」の力が試される試験です。下の表3のように四つの問題が出題され、1・2問目は10〜20字程度の文、3問目は200〜300字の文章、4問目は600〜700字の文章を書かなければなりません。

表3 TOPIK「쓰기」セクション概要

問題番号	問題レベル	問題の類型
51	**3級**	実用文空欄埋め（1文）×2
52	**3級**	説明文空欄埋め（1文）×2
53	**3〜4級**	表やグラフを見て文章を作成する
54	**5〜6級**	与えられたテーマについて主張する文章を書く

これらを全て50分以内でクリアしなければならないわけですから、相当の事前の訓練と覚悟が必要だということがお分かりでしょう。実際に、「쓰기」を苦手とする人も多く、「쓰기」の点を大きく落としたことで、狙った級に点数が届かなかったという例を多く見かけます。逆に、最上級である6級合格を果たすためには、「쓰기」対策を避けることができません。

何よりも大事なことは、問題についてよく知り、問題の解き方を学び、問題に慣れることです。この本には、豊富な練習問題と5回分の模擬テストが収められているので、問題に

慣れるのはもちろん時間配分にも慣れるよう練習してみてください。一生懸命練習すれば、必ず良い成績が皆さんを待っています。

表4 TOPIK「쓰기」セクション評価内容

問題	評価の範疇	評価内容
51〜52	**内容と課題の遂行**	示された課題に沿って適切な内容を書いているか？
	言語使用	語彙や文法などの使用が正確か？
53〜54	**内容と課題の遂行**	与えられた課題を忠実に遂行しているか？ テーマに関連した内容で構成しているか？ 与えられた内容を豊かつ多様に表現しているか？
	文章の展開構造	文章の構成が明確かつ論理的か？ 文章の内容に基づいて段落構成がうまく行われているか？ 論理展開に役立つ談話標識を適切に使用し組織的につなげているか？
	言語使用	文法と語彙を多様かつ豊富に使用し、適切な文法と語彙を選択して使用しているか？ 文法、語彙、つづりなどの使用が正確か？ 文章の目的と機能に応じて適切な形式で文章を書いているか？

原稿用紙の使い方

　原稿用紙に韓国語を書き込む場合には一定のルールがありますので、ここでそれらについて見ていくとともに、短い文章を使って、実際に練習してみましょう。

原稿用紙記入のルール

①段落の先頭は1マス空けます（段落が変わるごとに空けます）。

②띄어쓰기（分かち書き）に該当する部分は1マス空けますが、行の先頭に来る場合はマスを空けずに詰めます。

③「，」「．」は1マスに入れますが、その後は1マス空けずに次の文字を書きます。また、行の先頭のマスに来る場合は、先頭のマスには入れず、その前の行の<u>最後の文字に付</u>けて入れます。

①	거	리	를	②	걷	다	가	②	과	일		가	게		앞	에	서		발
을		멈	추	었	다	．	노	란		유	자	가		햇	볕		속	에	서
②멱	을		감	고		있	는		듯	이		보	였	다	．③				
①	알	고		있	겠	지	만	，③	유	자	는		그	대	로		먹	는	
과	일	이	라	기	보	다	는		향	기	를		주	는		열	매	이	다 ．③

④疑問符「？」や感嘆符「！」は1マスに入れ、次のマスを一つ空けます。

한	국	！④		한	국	이	다	．	내	가		가	고		싶	었	던	

⑤引用符「＂＂」「＇＇」は、それぞれ1マスに入れます。

⑤＇	인	연	＇⑤	은		유	명	한		소	설	이	다	．			

⑥ただし、「""」「''」を使った引用文で、文の句点と重なった場合は、引用符と句点を1マスに一緒に書きます。

나	는		"	비		때	문	에		늦	었	어	요	⑥."	라	고		변
명	했	다	.															

⑦「?」や「!」の後に引用符を書く場合は、それぞれ1マスに入れます。

| " | 무 | 엇 | 을 | | 먹 | 었 | 어 | 요 | ? | "⑦ | 라 | 고 | | 물 | 었 | 다 | . |

なお、「""」と「''」には使い分けがあります。「""」は文の中で人の言葉を引用するときや対話文を表示するときに使われ、「''」は「""」の中でさらに引用する場合や心の中で言った言葉を書くとき、あるいは重要な部分を強調するときなどに使われます。

⑧英字の大文字を書く場合は、1マスに1文字書きます。

| ⑧K | O | R | E | A | 라 | 고 | | 써 | | 있 | 었 | 다 | . |

⑨英字の小文字や数字を書く場合は、1マスに2文字ずつ書きます。文字数が奇数の場合は、最後の1文字を1マスに書きます。小数点を含む場合は、ピリオドと同じように1マスに入れます。「%」は1マスに入れますが、行の先頭のマスに来る場合は、先頭のマスには入れず、その前の行の最後の文字に付けて入れます。

ha	pp	y		bi	rt	hd	ay		19	99	년		15	0	명		
11	6	.	5	시	간		50	%									50%

問題51
実用文を完成させる

問題 51

実用文を完成させる

問題51の概要

問題51は、実用文を読み二つの空欄がある文章を完成させる問題です。通常、4～7文で構成されており、TOPIK 3級レベルとなっています。配点は10点で、空欄が二つあるので、それぞれ5点ずつ配点されます。5分以内に解答することを目標にしましょう。

51. 다음 글의 ㉠과 ㉡에 알맞은 말을 각각 쓰시오. (10점)

초대합니다

한 달 전에 이사를 했습니다.

그동안 집안 정리 때문에 정신이 없었는데 이제 좀 정리가 됐습니다.

그래서 저희 집에서 (㉠   ). (㉡   )?

그 시간이 괜찮으신지 연락 주시면 감사하겠습니다.

問題51 基本を理解する

 1 実用文とは何か

　実用文とは、サークルで人を募集したり友達に携帯メールを送ったりするなど、私たちの生活の必要に応じて書いた文章のことです。以下に例を見ていきます。

〈案内文〉

건물 내 금연 안내
저희 건물은 금연 건물입니다.
그러므로 건물 전체에서
담배를 피우실 수 없습니다.
여러분의 협조 부탁드립니다.

建物内 禁煙の案内
当建物は禁煙の建物です。
そのため、建物全体で
たばこをお吸いになれません。
皆さまのご協力をお願いいたします。

〈招待状〉

축복 속에 저희 두 사람이 하나가 되려고 합니다.
꼭 오셔서 결혼식을 축하해 주시기 바랍니다.
김철수 ♥ 이보미

祝福の中で、私たち二人は一つになろうと思います。
ぜひお越しになり、結婚式を祝ってくださるようお願いします。
キム・チョルス ♥ イ・ボミ

〈Eメール〉

khn26@yaho.com; ah-sa92@nava.com……

회의 시간 조정

다음 주 월요일에 하는 회의 시간 때문에 메일을 보냅니다. 월요일 몇 시가 괜찮으십니까?
저희는 3시부터 가능합니다.
가능한 시간을 정해서 이메일로 알려 주시기 바랍니다.

khn26@yaho.com; ah-sa92@nava.com……

会議の時間の調整

来週月曜日に行う会議の時間についてメールを送ります。月曜日の何時がいいでしょうか？
私たちは3時から可能です。
可能な時間を決めて、Eメールで教えてくださるようお願いします。

〈携帯メール〉

미영 씨, 우리 내일 3시에 백화점 앞에서 만나기로 했잖아요. 그런데 약속 시간을 지키기가 어려울 것 같아요. 내일 아르바이트가 3시에 끝나거든요. 미안하지만 4시 이후에 만나도 될까요? 문자 메시지 보면 연락 주세요.

ミヨンさん、僕たち明日3時にデパートの前で会うことにしたじゃないですか。でも、約束の時間を守るのは難しそうです。明日アルバイトが3時に終わるんです。申し訳ありませんが、4時以降に会うことにしてもいいでしょうか？ このメールを見たら連絡下さい。

16

〈インターネットの書き込み〉

Q : 제가 3일 전에 주문한 가방이요, 늦어도 내일까지 받을 수 있나요?

A : 고객님, 문의하신 내용에 대한 답변입니다. 물건이 해외에서 오기 때문에 내일까지 보내 드리기 어려울 것 같습니다. 죄송합니다. 최대한 빨리 물건을 보내도록 하겠습니다.

Q:私が3日前に注文したかばんですが、遅くとも明日までに受け取れるでしょうか？

A:お客さま、お問い合わせの内容についてお答えします。品物が海外から来るため明日までにお送りするのは難しいと思います。申し訳ありません。最大限早く品物をお送りするようにいたします。

〈手紙〉

안녕하세요, 정민 누나.
매일 아침 누나 라디오 잘 듣고 있어요. 항상 듣기만 하다가 처음으로 라디오에 사연을 보냅니다. 오늘 여자 친구하고 만난 지 100일 되는 날이라서 특별한 선물을 해 주고 싶었거든요. 누나의 아름다운 목소리로 저희 100일을 축하해 주시면 정말 좋을 것 같아요. 그리고 제 여자 친구에게 사랑한다고 전해 주세요. "지영아, 사랑해"

こんにちは、ジョンミン姉さん。
毎朝、お姉さんのラジオを楽しく聞いています。いつも聞いているだけでしたが、初めてラジオにお便りを送ります。今日、彼女と付き合ってから100日になる日なので、特別なプレゼントをしてあげたかったんです。お姉さんの美しい声で私たちの100日を祝ってくださったら本当に喜ぶと思います。そして、私の彼女に愛していると伝えてください。「ジヨン、愛してる」

実用文の種類と、その種類の分け方は基準によってかなり多様です。従って、この本では目で見て分かる形式を基準に案内文、招待状、Eメール、携帯メール、インターネットの書き込み、手紙などに分けました。そして、文章の目的によってさらに分けました。

種類	目的
案内文	募集、大会、故障、観覧、利用、集まり、お知らせ、禁止、分ける、譲る、求める、紛失、広告
招待状	結婚式、トルジャンチ（1歳の誕生祝い）、引っ越し祝い、還暦祝い、卒業式、入学式
Eメール	払い戻し、交換、約束する、変更、キャンセル、依頼、確認
携帯メール	約束を決める、変更、キャンセル、お知らせ、依頼、確認
インターネットの書き込み	ショッピングのレビュー、払い戻し、交換、変更、キャンセル
手紙	日頃の連絡、変更、キャンセル、依頼、確認、感謝、お便り

次の実用文を見て、その種類と目的を確認してみましょう。〈　〉内が「種類」。その右が「目的」です。

〈招待状〉結婚式への招待

> **축복 속에 저희 두 사람이 하나가 되려고 합니다.**
> **꼭 오셔서 결혼식을 축하해 주시기 바랍니다.**
> **김철수 ♥ 이보미**

実用文を読むときに種類が分かれば、51番の問題を解くとき、少し楽に答えを出すことができます。

問題にEメールが出たら、皆さんはEメールの書き方を考える必要があります。しかし、実用文の種類よりももっと重要なのは、それを書いた目的です。51番の問題では主に、なぜこの文章を書いたのか、その目的を答えとして書かなければならないケースが多いからです。

P.14に掲載した問題をもう一度見てみましょう。

〈招待状〉引っ越し祝いへの招待

초대합니다

한 달 전에 이사 를 했습니다.
그동안 집안 정리 때문에 정신이 없었는데 이제 좀 정리가 됐습니다.
그래서 저희 집에서 (　　ㄱ　　). (　　ㄴ　　)?
그 시간이 괜찮으신지 연락 주시면 감사하겠습니다.

招待します

1カ月前に 引っ越し をしました。
その間、家の中の整理で忙しかったのですが、ようやく片付きました。
ですので、わが家で (　　ㄱ　　)。(　　ㄴ　　)?
その時間が大丈夫か、連絡いただければありがたいです。

　ㄱの答えは**집들이를 하려고 합니다**（引っ越し祝いをしようと思います）になります。つまり、答えに文章の目的を書けばいいのです。

---

③　実用文で使われる表現

文法表現
　問題51の実用文によく出てくる文法表現です。例文と一緒に見てみましょう。

【計画】
　未来に向けた計画を説明したいときに使う文法表現です。文章を書いた目的を表明するときによく使います。

例文	저희 동아리에서는 새로운 신입 회원을 모집하려고 합니다. 私たちのサークルでは新入会員を募集しようと思います。
表現	-(으)려고 합니다 〜しようと思います、-(으)ㄹ 예정입니다 〜する予定です、 -(으)ㄹ까 합니다 〜しようかと思います、-(으)ㄹ 생각입니다 〜するつもりです

【禁止】

あることを禁止したり、不可能だということを知らせたりするときに使う文法表現です。

例文	엘리베이터가 고장이므로 이용하실 수 없습니다. エレベーターが故障しているので利用できません。 엘리베이터 이용이 불가능합니다. エレベーターの利用は不可能です。
表現	-(으)실 수 없습니다 〜できません、〜이/가 불가능합니다 〜が不可能です、 -(으)면 안 됩니다 〜してはいけません

【遠回しに言う】

困った状況について慎重に言うときに使う文法表現です。約束を変更したり拒否したりするときによく使います。

例文	약속 시간까지 도착하기가 어려울 것 같습니다. 約束の時間までに到着するのは難しいと思います。 환불해 드리기 어려울 것 같습니다. 払い戻して差し上げるのは難しいと思います。
表現	-(으)ㄹ 것 같습니다 〜すると思います、-기(가) 어려울 것 같습니다 〜するのは難しいと思います

【可能】

あることが可能だという話をするときに使う文法表現です。申請や募集の文章で、申請資格を述べるときによく使います。

例文	외국인이라면 누구나 참가하실 수 있습니다. 外国人であれば誰でも参加できます。
表現	〜(이)라면 (누구나) -(으)실 수 있습니다 〜であれば (誰でも) 〜できます、 〜이/가 가능합니다 〜が可能です

【感謝／謝罪】

感謝の意を示したり申し訳ない気持ちを示したりするときに使う文法表現です。

例文	저희 결혼식에 참석해 주셔서 감사합니다. 私たちの結婚式に参加してくださり、ありがとうございます。

表現	-아/어 주셔서 감사합니다/고맙습니다 ～してくださりありがとうございます、 -아/어서 죄송합니다/미안합니다 ～して申し訳ありません

【都合を問う】

あることが可能か、相手に丁寧に都合を尋ねるときに使う文法表現です。

例文	언제 시간이 되십니까? いつお時間がおありですか？（いつお時間大丈夫ですか？）
表現	～이/가 괜찮으십니까? ～は大丈夫ですか？、～이/가 되십니까? ～は大丈夫ですか？、～이/가 괜찮으세요?/괜찮으신가요?/괜찮으신지요? ～は大丈夫ですか？、～이/가 되세요? ～は大丈夫ですか？

【当為（すべきこと）】

あることを必ずしなければならないと強く言うときに使う文法表現です。

例文	내일까지 전기 요금을 입금하셔야 합니다. 明日までに電気代を入金しなければいけません。
表現	(꼭, 반드시) -아/어야 합니다 （必ず）～しなければいけません、 -(으)셔야 합니다 ～なさらなければいけません、-(으)십시오 ～してください

【お願い1】

あることを頼むときに使う文法表現です。案内文でよく使います。

例文	이메일로 신청서를 제출해 주시기 바랍니다. Eメールで申請書を提出してくださるようお願いします。
表現	-아/어 주시기 바랍니다 ～してくださるようお願いします、-아/어 주십시오 ～してください、-아/어 주시면 좋겠습니다 ～してくだされば結構です、-아/어 주시면 감사하겠습니다 ～してくださったらありがたいです、-(으)면 ～을/를 부탁합니다 ～したら～をお願いします

【お願い2】

あることを頼むときに使う文法表現です。「お願い1」と違って疑問文の形なので、もう少し柔らかく頼む印象を与えます。

例文	미안하지만, 약속 시간을 바꿔도 되겠습니까? 申し訳ありませんが、約束の時間を変えてもいいですか？
表現	-아/어 주시겠습니까? 〜してくださいますか？、-아/어 주실 수 있으십니까? 〜してくださいますか？、-아/어도 되겠습니까? 〜してもいいですか？、-(으)실 수 있을까요? 〜していただくことができるでしょうか？、-아/어 주실 수 있을까요? 〜してくださるでしょうか？、-아/어도 될까요? 〜してもいいでしょうか？

【伝達 (間接話法)】
　聞いた内容やしたいことを伝達するときに使う文法表現です。

例文	일기예보에 의하면 내일 비가 온다고 합니다. 天気予報によると、明日雨が降るそうです。
表現	-(느)ㄴ다/자/냐/(으)라고 합니다 〜すると／しようと／するのかと／しろと言っています

接続詞

　그러나 (しかし)、그리고 (そして)、그래서 (だから) などの接続詞を勉強するといいでしょう。P.14の問題をもう一度見ると、그래서という接続詞が (　㉠　) に何を書かなければいけないかというヒントをくれます。

초대합니다

한 달 전에 이사를 했습니다.
그동안 집안 정리 때문에 정신이 없었는데 이제 좀 정리가 됐습니다.
그래서 저희 집에서 (　㉠　). (　㉡　)?
그 시간이 괜찮으신지 연락 주시면 감사하겠습니다.

用法	副詞
反対	**하지만** しかし、**그렇지만** ですが、**그러나** しかし、**그런데** でも
因果	**그래서** だから、**그러므로** それゆえ、**따라서** 従って、**그 결과** その結果、**그러니까** だから、**그렇기 때문에** そのために、**그래야** それでこそ

追加	그리고 そして、또 また、또한 さらに、게다가 その上
譲歩	그래도 それでも
転換	그런데 ところで、그러면 すると、아무튼 とにかく

副詞

次に、혹시（もしかして）、만약에（もし／万一）、꼭（ぜひ／必ず）などの副詞も、51番の問題でヒントをくれることがあります。

교환 및 환불

고객님 안녕하십니까? (　　ㄱ　　)?

그런데 정말 죄송하지만 저희 쇼핑몰은 교환은 가능하지만 환불은 불가합니다.

혹시 (　　ㄴ　　)?

교환은 가능하오니 연락 주시면 감사하겠습니다.

交換および払い戻し

お客さま、こんにちは。(　　ㄱ　　)?

ですが、本当に申し訳ありませんが、当ショッピングモールは、交換は可能ですが払い戻しはできません。

もしかして (　　ㄴ　　)?

交換は可能なので、連絡いただければありがたいです。

副詞	副詞に続く表現
혹시 もしかして	-(으)면 + -아/어 주시기 바랍니다 ～なら～してくださるようお願いします、-(으)면 + -아/어 주십시오 ～なら～してください、-(으)십니까? ～されますか?、-(으)시겠습니까? ～されますか?、-아/어 주시겠습니까? ～していただけますか?
만약(에)/ 만일 もし／万一	-(으)면 + -아/어 주시기 바랍니다 ～なら～してくださるようお願いします、-(으)면 + -아/어 주십시오 ～なら～してください

꼭/반드시 ぜひ／必ず	-아/어야 합니다 〜しなければいけません、-(으)셔야 합니다 〜なさらなければいけません、-아/어 주십시오 〜してください
별로/전혀/좀처럼 別に／全然／なかなか	-지 않다 〜しない、-지 못하다 〜できない、안/못 〜ない／〜できない、없다 ない

実用文でよく使われる単語

実用文でよく使われる単語です。これらの単語を覚えておくと役に立ちます。

目的	単語
募集、大会	모집하다 募集する、뽑다 選ぶ、관심이 있다 関心がある、신청하다 申請する、신청서 申請書、신청 기간 申請期間、날짜 日付、제출하다 提出する 방문하다 訪問する、참가하다 参加する、참여하다 参加する、가입하다 加入する、지원하다 志願する、문의하다 問い合わせる、환영하다 歓迎する、접수하다 受け付ける、선착순 先着順、공모전 公募展、수기 手記、남녀노소 老若男女、젊은이 若者、지원자 志願者、누구나 誰でも 대회가 열리다 大会が開かれる、대회에 참가하다 大会に参加する、대회에 참여하다 大会に参加する
案内	안내 案内、알림 お知らせ、알리다 知らせる
故障	고장이 나다 故障する、사용이 불가능하다 使用ができない、멈추다 止まる、문제가 생기다 問題が起きる、사용할 수 없다 使用できない、수리하다 修理する、고치다 直す
観覧	매표소 チケット売り場、관람하다 観覧する、관람객 観覧客、방청객 傍聴客、시청자 視聴者、예매하다 予約して買う、입장료 入場料、입장권 入場券、전시회 展示会
利用	대출하다 貸し出す、이용하다 利用する、빌리다 借りる、반납하다 返却する、반납일 返却日、연체하다 延滞する、연체료 延滞料、요금 料金、보험금을 받다 保険金を受け取る、(돈을) 내다 （お金を）払う

警告	위험하다 危険だ、금지되다 禁止される、주의하다 注意する、유의하다 留意する、조심하다 気を付ける、불가능하다 不可能だ、벌금 罰金、이용하다 利用する
招待	초대하다 招待する、축하하다 祝う、참석하다 出席する、집들이 引っ越し祝いのパーティー、돌잔치 トルジャンチ（1歳の誕生祝い）、결혼식 結婚式、환갑잔치 還暦祝いのパーティー、졸업식 卒業式、입학식 入学式
出席、参加	참석하다 出席する、축하하다 祝う、감사하다 感謝する
ショッピングのレビュー	만족하다 満足する、마음에 들다 気に入る、불만족스럽다 不満足だ、부족하다 足りない、별로다 いまいちだ、잘(딱) 맞다 ぴったりだ
払い戻し、交換	환불하다 払い戻す、교환하다 交換する、바꾸다 替える、환불(교환)이 가능하다/불가능하다 払い戻し（交換）が可能だ／不可能だ、영수증 領収書
分ける、譲る、求める	무료 無料、구하다 求める、거의 ほぼ、사용하다 使用する、원하다 願う、찾다 探す、구하다/구함 求める／求む、-(으)ㄹ/(으)신 분 〜する／なさった方、필요하다 必要だ、 연락하다 連絡する、궁금하다 気になる、문의하다 問い合わせる、사항 事項
紛失	-(으)ㄴ 분(가지고 계신 분) 〜した方（持っていらっしゃる方）、찾다 探す、잃어버리다 なくしてしまう、가지고/데리고 있다 持って／連れている、보관하다 保管する、연락하다 連絡する、사례하다 謝礼する、분실물 落とし物、분실물센터 落とし物センター
変更、キャンセル	변경하다 変更する、바꾸다 変える、취소하다 キャンセルする、연기하다 延期する
手紙、Eメール	~에게/께 〜へ、~ 드림/올림 〜より
ラジオ	청취자 リスナー、신청곡 リクエスト曲、애청자 愛聴者、DJ(디제이) DJ、사연을 보내다/소개하다 お便りを送る／紹介する、(신청곡을) 틀다 （リクエスト曲を）かける

次の文章において、かっこの中に入る適切な言葉を書いてみましょう。

① 초대합니다. 우리 민지가 태어난 지 1년이 되었습니다. 그래서 민지에게 사랑을 주신 분들을 모시고 (   )를 하려고 합니다.

② 초대합니다. 얼마 전에 이사를 하고 이제 집이 정리가 됐어요. 그래서 가까운 친구들과 함께 (   )를 하려고 해요.

③ 초대합니다. 저희 아버지께서 이제 60번째 생신을 맞이하게 되었습니다. 그래서 소중한 분들을 모시고 (   )를 하려고 합니다.

④ 안녕하세요, 고객님. 저희 쇼핑몰에서 구입하신 제품에 문제가 있다고 하셨지요? 제품에 문제가 생겼을 경우에는 100% (   )이 가능합니다. 계좌번호를 알려 주시면 제품 금액을 보내 드리도록 하겠습니다.

⑤ 안녕하세요, 고객님. 저희 쇼핑몰에서 구입하신 신발 사이즈가 작다고요? 사이즈가 문제라면 한 번은 무료로 (   )을 하실 수 있습니다. 원래 받은 제품을 보내 주시면 한 사이즈 큰 걸로 보내 드리겠습니다.

⑥ 10월 9일 한글날을 맞이해 외국인 글쓰기 대회가 열립니다. 한국에서 유학 중인 외국인 학생이라면 (   ) 참가하실 수 있습니다. 많은 관심 부탁드립니다.

⑦ 한국여행사에서 가을 제주도 여행 상품을 준비했습니다. (   ) 20명에게는 제주도에서 이용할 수 있는 관광지 입장권을 드립니다. 그러니까 빨리 예약을 해 주세요.

⑧ 강아지를 잃어버렸습니다. 어제 저녁에 잠깐 문을 열어 놨는데 저희 집 강

아직 '초코'가 집 밖으로 나갔습니다. 혹시 '초코'를 보셨거나 (
　　) 분은 저에게 연락해 주시기 바랍니다.

⑨ 이 건물은 전체가 금연 건물이므로 실내에서 흡연이 (　　　　　　).
　　따라서 담배를 피우실 분은 건물 밖으로 나가 주시기 바랍니다.

⑩ 뮤지컬 '사랑하니까'에 월, 수, 금요일에 출연하기로 한 김민수 씨의 공연이
　　화, 목, 토요일로 (　　　　)되었습니다. 예매하실 때 참고하시기 바랍니
　　다.

解答・訳

　今回の失敗クリニックは、実用文で使われる単語を整理したものです。問題51を理
解したり答えを書いたりするのに必要な単語なので、覚えておくといいでしょう。

① 돌잔치　② 집들이　③ 환갑잔치　④ 환불　⑤ 교환
⑥ 누구나　⑦ 선착순　⑧ 데리고 계신　⑨ 불가능합니다　⑩ 변경

① 招待します。うちのミンジが生まれてから1年がたちました。ですので、ミンジを愛してくだ
　　さる方をお招きしてトルジャンチをしようと思います。
② 招待します。少し前に引っ越しをして、ようやく家が片付きました。ですので、近くにいる友
　　達と一緒に引っ越し祝いをしようと思います。
③ 招待します。うちの父が今回で60回目のお誕生日を迎えることになりました。ですので、大
　　切な方たちをお招きして還暦祝いをしようと思います。
④ こんにちは、お客さま。当ショッピングモールでご購入された品物に問題があったとおっ
　　しゃっていましたよね？　品物に問題が生じた場合は、全額払い戻しが可能です。口座
　　番号をお教えいただければ製品の金額をお送りします。
⑤ こんにちは、お客さま。当ショッピングモールでご購入された靴のサイズが小さいとのこと
　　ですね？　サイズが問題であれば、一度は無料で交換を承ります。もともと受け取った品

物をお送りくだされば、ワンサイズ大きいものをお送りします。

⑥ 10月9日ハングルの日を迎え、外国人作文コンテストが開かれます。韓国で留学中の外国人学生であれば誰でも参加することができます。多くの関心をお寄せください。

⑦ 韓国旅行会社が、秋の済州島旅行商品を準備しました。先着順で20名さまに済州島で利用できる観光地入場券を差し上げます。ですので、早く予約をしてください。

⑧ 子犬を見失ってしまいました。昨日夜に少しドアを開けておいたら、うちの家の子犬「チョコ」が家の外に出て行きました。もし「チョコ」を見掛けたか、連れていらっしゃる方は、私に連絡してくださいますようお願いします。

⑨ この建物は全体が禁煙の建物なので、室内で喫煙することは不可能です。従って、たばこを吸う方は建物の外に出て行ってくださいますようお願いします。

⑩ ミュージカル「愛しているから」に月・水・金曜日に出演することになったキム・ミンスさんの公演が、火・木・土曜日に変更になりました。ご予約の際はご参考になさるようお願いします。

問題51 攻略法を考える

 1　答案作成の戦略

　問題51は比較的簡単ですが、練習をしなければいい点数を取るのは難しいです。そのため、下のSTEPに合わせて段階別に練習をするといいでしょう。

STEP 1	**文章の種類が何か、把握する。** 実用文の種類には案内文、招待状、Eメール、携帯メール、インターネットの書き込み、手紙などがあります。問題を見たらすぐに文章の種類が何か、考えてみてください。
STEP 2	**タイトルを見て文章を書いた目的を考えてみる。** どうしてこの文章を書いたのかが分かれば、かっこ内に答えを書きやすいです。タイトルがあったら、タイトルがその文章の目的を教えてくれる場合が多いです（タイトル：アルバイト生募集→目的：募集）。タイトルがなかったら、文章の中から目的を見つけなければいけません。
STEP 3	**⑦、⑥の前後の文を読んで、ふさわしい内容を書いてみる。** 前後の文を読んでかっこに入る内容を推測してみてください。⑦は普通、目的を説明する場合が多く、⑥は文章を読む人に言いたいこと（お願い、意向を問うなど）を書く場合が多いです。接続詞や副詞はヒントになることがあるので、特に気を付けなければいけません。
STEP 4	**STEP3で書いた答えに中級文法と単語を使っているか再度確認してみる。** 中級文法と単語が要求されるため、それに合う文法と単語を使っているか再度確認してみてください。適切な文法と単語を使っていればそのままにして、適切でなければ直します。

2　答案作成の手順

　前で学んだ答案作成の戦略を利用して問題を解いてみましょう。

51. 다음 글의 ㉠과 ㉡에 알맞은 말을 각각 쓰시오. (10점)

초대 합니다

한 달 전에 이사 를 했습니다.
그동안 집안 정리 때문에 정신이 없었는데 이제 좀 정리 가 됐습니다.
그래서 저희 집에서 (㉠   ). (㉡   )?
그 시간 이 괜찮으신지 연락 주시면 감사하겠습니다.

☞ 이사 (引っ越し) +정리 (片付け) +초대 (招待) =引っ越し祝い

☞ 그 시간 (その時間) : ○月○日○曜日○時

STEP 1　文章の種類を選んでみましょう。
　①案内文　②招待状　③Eメール　④携帯メール

STEP 2　文章の目的を書いてみましょう。
　(　引っ越し後の招待　)

STEP 3　㉠と㉡の前後の文を読んで、ふさわしい内容を作って書いてみましょう。

㉠	파티를 할까 합니다 パーティーをしようかと思います
㉡	금요일 저녁 6시에 올 수 있어요 金曜日夕方6時に来られますか

㉠ 招待します → 引っ越しをしました → 片付きました。だから㉠
㉡ かっこの後ろにユ 시간이 (その時間が) があるので、文章を書いた人が決めた日にち
　と時間に来られるかを尋ねる内容を書かなければいけません。

STEP 4　上で書いた文に中級文法・単語があるか確認して再度書いてみましょう。

㉠	집들이를 할까 합니다 引っ越し祝いをしようかと思います
㉡	금요일 저녁 6시에 와 주시겠습니까 金曜日夕方6時に来ていただけますか

㉠ 引っ越しをして招待するという内容なので、집들이という正確な単語を使わなければい

けません。

ⓛ -습니다、저희などの表現があるので、ⓛにも-습니까を使わなければいけません。

③ 答案作成を練習

前で学んだ答案作成の戦略を利用して、下の答えを書いてみましょう。

51. 다음 글의 ㉠과 ⓛ에 알맞은 말을 각각 쓰시오. (10점)

과모임 안내

안녕하십니까? 경영학과 과모임 안내입니다.

이번 주 금요일에 (　　㉠　　).

중요한 회의 내용이 있으니까 모두 꼭 와 주시기 바랍니다.

혹시 (　　ⓛ　　). 제 연락처는 010-1234-5678입니다.

学科の集まりの案内

こんにちは。経営学科の科の集まりの案内です。

今週金曜日に (　　㉠　　)。

重要な会議内容があるので、全員必ず来てくださるようお願いします。

もし (　　ⓛ　　)。私の連絡先は010-1234-5678です。

STEP 1　文章の種類を選んでみましょう。

①案内文　②招待状　③Eメール　④携帯メール

STEP 2　文章の目的を書いてみましょう。

(　　　　　　　　　)

STEP 3　㉠とⓛの前後の文を読んで、ふさわしい内容を作って書いてみましょう。

㉠	

㉠	

STEP 4　上で書いた文に中級文法・単語があるか確認して再度書いてみましょう。

㉠	
㉡	

【解答】

STEP 1　③

STEP 2　学科の集まりの案内

STEP 3~4

㉠	과모임을 하려고 합니다 学科の集まりをしようと思います
㉡	못 오시는 분은 연락해 주시기 바랍니다 来られない方は連絡してくださるようお願いします

【学習者の解答例および評価】

㉠	㉡	点数
과모임을 하려고 합니다 学科の集まりをしようと思います	못 오시는 분은 연락해 주시기 바랍니다 来られない方は連絡してくだ さるようお願いします、궁금한 점이 있으면 연락해 주시기 바랍니다 気になる点があれば連絡してくださ るようお願いします	5

과모임을 합니다 学科の集まりをします、과모임을 하고 싶습니다 学科の集まりをしたいです、과모임을 할까 합니다 学科の集まりをしようかと思います	못 오면 연락하십시오 来られないなら連絡してください、이번 주 금요일에 못 오십니까? 今週金曜日に来られませんか?、못 오는 사람은 연락해 주세요 来られない人は連絡してください	3~4
오십시오 来てください、모일 거예요 集まる予定です、회의가 있습니다 会議があります	못 오세요? 来られませんか?、안 와요? 来ませんか?、질문 있어요? 質問ありますか?	1~2
과모임 안내를 해요 学科の集まりの案内をします、과모임을 하기 바랍니다 学科の集まりをするようお願いします、오시겠습니다 いらっしゃいます	늦을 거 같아요 遅れそうです、올 거예요? 来ますか?、저에게 전화해 주십시오 私に電話してください	0

㋒ 学科の集まりをすると知らせることが目的なので、計画を表す−(으)려고 하다を使わなければいけません。

㋓ かっこがピリオドで終わっているので、疑問文を使えません。

次の文で間違っている部分を直してみましょう。

① 교수님, 지금 통화 괜찮습니까?

② 고객 여러분, 저희 호텔에서는 무료로 인터넷을 이용할 수 있습니다.

③ 도서관에서 전화를 받을 때는 반드시 나가 주기 바랍니다.

④ (다이어트 광고) 날씬해지고 싶지 않습니까?

⑤ 이번 주 금요일이 가능하면 연락 주시기 바랍니다.

⑥ 그동안 저희 딸에게 관심을 가져 줘서 감사합니다.

⑦ 제 지갑을 가지고 있는 사람은 연락 주시면 감사드리겠습니다.

⑧ 이번에 제 가게에서 전시회를 하려고 합니다.

⑨ 3달 이상 등록하신 분께는 운동복을 1달 무료로 줍니다.

⑩ 만 원 이상 구매하신 분께 무료로 배달을 해 주겠습니다.

解答・訳

　今回の失敗クリニックは、敬語を使うときに学習者がよく間違えるものを整理したものです。特に問題51の答えを書くときは、状況によって適切な敬語を使わなければいけません。

1) −(으)시−を付けた敬語

① 괜찮습니까? ⇨ 괜찮으십니까
② 이용할 수 있습니다. ⇨ 이용하실 수 있습니다
③ 나가 주기 바랍니다. ⇨ 나가 주시기 바랍니다
④ 싫지 않습니까? ⇨ 싫지 않으십니까
⑤ 가능하면 ⇨ 가능하시면
⑥ 가져 줘서 ⇨ 가져 주셔서

〈その他の文法表現〉

−아/어야 하다 ⇨ −(으)셔야 하다 (例)제출해야 합니다 ⇨ 제출하셔야 합니다
−(으)면 되다 ⇨ −(으)시면 되다 (例)제출하면 됩니다 ⇨ 제출하시면 됩니다
−아/어도 되다 ⇨ −(으)셔도 되다 (例)가도 됩니다 ⇨ 가셔도 됩니다
−지 말고 ⇨ −지 마시고 (例)기다리지 말고 ⇨ 기다리지 마시고
−지요? ⇨ −(으)시지요? (例)오지요? ⇨ 오시지요?
−았/었지요? ⇨ −(으)셨지요? (例)했지요? ⇨ 하셨지요?

2) 語彙的敬語

⑦ 가지고 있는 사람 ⇨ 가지고 계신 분 (있다 ⇨ **계시다**)
⑧ 제 가게 ⇨ 저희 가게 (제 ⇨ **저희**)
⑨ 줍니다. ⇨ 드립니다 (주다 ⇨ **드리다**)
⑩ 해 주겠습니다. ⇨ 해 드리겠습니다 (해 주다 ⇨ **해 드리다**)

〈その他の語彙的敬語〉

집 ⇨ 댁
자다 ⇨ 주무시다
먹다, 마시다 ⇨ 드시다
있다/없다 ⇨ 계시다/안 계시다
데리다 ⇨ 모시다

죽다　　　⇨ 돌아가시다
생일　　　⇨ 생신
주다　　　⇨ 드리다

① 教授、今お電話大丈夫ですか?
② お客さま、当ホテルでは無料でインターネットをご利用いただけます。
③ 図書館で電話を取るときは、必ず(外に)出ていただきますようお願いします。
④ （ダイエット広告）スリムになりたくありませんか?
⑤ 今週の金曜日が可能でしたら、連絡を下さいますようお願いします。
⑥ この間、うちの娘を気遣っていただきありがとうございます。
⑦ 私の財布をお持ちの方はご連絡いただければ幸いです。
⑧ 今度、私どもの店で展示会をしようと思っています。
⑨ 3カ月以上ご登録いただいた方にはトレーニングウェアをひと月無料でご提供します。
⑩ 1万ウォン以上ご購入いただいた方に、無料で配達をして差し上げます。

問題51 出題傾向を知る

 従来の出題傾向

　新しい形式のTOPIKが始まったのは2014年のことです。初期に出題された問題の類型は、大きく二つに分けることができます。

【特定の対象に向けて書いた文章】
　特別な対象を相手に書いた文章がよく出題されました。相手によって敬語を適切に使って礼儀正しく文章を書くことができるか確認するための問題です。主に先生や教授、先輩などに向けて書いた文章が出題されました。囲みの箇所で敬語を使っています。

〈特定の対象に書いた文章 (例：学生が教授に)〉

이민영 교수님께.
안녕하세요? 한국어학과 2학년 미쉘입니다.
이번 주 수요일에 뵙기로 한 것 때문에 연락드렸습니다.
그런데 (수요일에 뵙기가 어려울 것 같습니다).
정말 죄송합니다.
혹시 (목요일이나 금요일로 약속을 바꿔도 되겠습니까)?
연락 주시면 감사하겠습니다.

미쉘 올림

イ・ミニョン教授へ。
こんにちは。韓国語学科2年のミシェルです。
今週水曜に お会い することにしていたので ご連絡差し上げました 。
ですが、(水曜にお会いすることが難しそうです)。
本当に申し訳ありません。
もしよろしければ、(木曜か金曜に約束を変更してもいいでしょうか)？
連絡を下さるとありがたいです。

ミシェルより

試験でよく扱われた文法表現には、以下のようなものがあります。

・-기가 어려울 것 같습니다 (〜するのが難しそうです)
・혹시 -(으)십니까? (もしかして〜されますか?)

-기가 어려울 것 같습니다は困った状況について慎重に遠回しに言う表現で、約束を
キャンセルしたり変更したりするときによく使います。혹시 -(으)십니까?は相手の都合を
慎重に聞くときに使う表現です。

【不特定の対象に向けて書いた文章】
　不特定の対象を相手に書いた文章もよく出題されました。状況に合うフォーマルな表現
を知っていて使えるか確認するための問題です。

〈不特定の対象に書いた文章〉

싸게 팝니다

저는 유학생인데 공부를 마치고 다음 주에 고향으로 돌아갑니다. 그래서
지금 (물건을 싸게 팔려고 합니다). 책상, 의자, 컴퓨터, 냉장고, 텔레비전 등
이 있습니다. 이번 주 일요일까지 방을 비워 줘야 합니다. (토요일 전까지 연
락 주시기 바랍니다). 제 연락처는 010-1234-5678입니다.

安く売ります

私は留学生ですが、勉強を終えて来週故郷に帰ります。それで、今
(品物を安く売ろうと思います)。机、椅子、パソコン、冷蔵庫、テレ
ビなどがあります。今週日曜日までに部屋を空けなければいけませ
ん。(土曜日より前に連絡を下さるようお願いします)。私の連絡先
は010-1234-5678です。

試験でよく扱われた文法表現には、以下のようなものがあります。

・-(으)려고 합니다 (〜しようと思います)
・-아/어 주시기 바랍니다 (〜してくださるようお願いします)

　-(으)려고 합니다は今後の計画を説明するときに使う表現で、主に文章を書いた目的を表明するときによく使います。-아/어 주시기 바랍니다は、頼むときに使う-아/어 주세요のフォーマルな表現です。

2　最近の出題傾向

　以前の問題と最近の問題を比べてみても、問題51は大きく変わっていません。ほとんどが「特定の対象に向けて書いた文章」と「不特定の対象に向けて書いた文章」が入れ替わり出題されています。その他、次のような問題も出題されています。

　以前は文末までを書かなければいけませんでしたが、最近は文の中間に内容を書かなければならない問題も出ます。

以前	最近
지금 (물건을 무료로 드리려고 합니다). 今 (品物を無料で差し上げようと思います)。	책을 (빌려 주셔서) 감사합니다. 本を (貸してくださり) ありがとうございます。

　最近は以下の文法が試験に出たことがあります。

-(느)ㄴ다/자/냐/(으)라고 합니다 〜すると／しようと／するのかと／しろと言っています	일기예보에 의하면 (내일 비가 온다고 합니다). 天気予報によると (明日雨が降るそうです)。
~을/를 주셔서 감사합니다 〜を下さってありがとうございます	저에게 이렇게 (좋은 기회를 주셔서) 감사합니다. 私にこのように (いい機会を下さって) ありがとうございます。
-(으)면 좋겠습니다 〜ならうれしいです	호텔이 버스정류장에서 (가까웠으면 좋겠습니다). ホテルがバス停から (近ければうれしいです)。

　また、最近は副詞との呼応関係を利用して書く必要がある問題も試験に出ました。

꼭 必ず	제 수업 자료도 꼭 (<u>받아 주셨으면 좋겠습니다</u>). 私の授業の資料も必ず（受け取ってくださるとうれしいです）。
아직 まだ	제가 아직 (한국말을 잘 못해서) 실수를 자주 합니다. 私はまだ（韓国語が上手ではなくて）ミスをよくします。
거의 ほとんど	책은 거의 (사용하지 않아서) 아주 깨끗합니다. 本はほとんど（使っていないので）とてもきれいです。

3 高得点に備えるヒント

　以下の表現はどんな状況で使うのか、必ず勉強しておいてください。よく出る文法はとにかく覚えましょう。

特定の対象に使う表現	-기가 어려울 것 같습니다 〜するのが難しそうです
	혹시 もしよければ + -아/어도 되겠습니까? 〜してもいいですか？ + -아/어 주실 수 있으십니까? 〜していただけますか？ + ~ 괜찮으십니까? 〜大丈夫ですか？
	-아/어 주셔서 감사합니다 〜してくださりありがとうございます
	-고 싶습니다 〜したいです
	-(느)ㄴ다/자/냐/(으)라고 합니다 〜すると／しようと／するのかと／しろと言っています
	-(으)면 좋겠습니다 〜ならうれしいです

40

不特定の対象に使う表現	-(으)려고 합니다 〜しようと思います
	-아/어 주시기 바랍니다 〜してくださるようお願いします
	〜이든지 가능합니다/괜찮습니다 〜でも可能です／大丈夫です

敬語を正確に使うことが大事です。敬語をきちんと知っておくようにしましょう。

以下の文法は問題51の文章の中によく出てくる表現です。問題を解くのに助けになる文法を学んでおきましょう。

-(으)ㄴ 덕분에 〜したおかげで -는 덕분에 〜するおかげで	선배님이 도와주신 덕분에 과제를 잘할 수 있었습니다. 先生が手伝ってくださったおかげで課題がうまくできました。
〜이라면 -(으)실 수 있습니다 〜だったら〜なさることができます	우리 학교 학생이라면 누구나 참가하실 수 있습니다. わが校の学生であれば誰でも参加できます。
-아/어 주시면 감사하겠습니다 〜してくださったらありがたいです	연락해 주시면 감사하겠습니다. 連絡してくださったらありがたいです。

※ [1~8] 다음 글의 ㉠과 ㉡에 알맞은 말을 각각 쓰시오. (10점)

1

초대합니다

우리 영호가 태어난 지 1년이 되었습니다.

1년 동안 여러분 덕분에 건강하게 컸습니다.

그래서 여러분을 모시고 (㉠   ).

(㉡   )? 그 날짜가 가능하신지 연락 주시면 감사하겠습니다.

㉠	
㉡	

解答にかかった時間　(　　　)分

2

이미영 부장님께,

안녕하세요? 신입사원 왕준입니다.

지난번에 댁에 초대해 주셔서 이번에는 부장님을 저희 집으로 초대하고 싶습니다.

제가 일은 아직 (㉠   ). 그렇지만 요리는 자신이 있습니다.

다음 주 토요일과 일요일 중에 언제 시간이 되십니까?

저는 (㉡   ). 편한 요일을 말씀해 주시면 감사하겠습니다.

　　　　　　　　　　　　　　　　　　　　　　　왕준 올림

㉠	
㉡	

解答にかかった時間　(　　　)分

3

싸게 팝니다

제가 제주도로 이사를 가게 돼서 쓰던 물건들을 정리해야 합니다.
산 지 얼마 안 된 소파가 있는데 가져갈 수는 없어서 (㉠).
사지 않고 전화로 물어보기만 하는 분이 많아서 힘듭니다.
그러니까 (㉡). 물어보기만 하실 분은 연락하지 말아 주십시오.

㉠	
㉡	

解答にかかった時間　（　　　）分

4

새 책 팝니다

한 달 전에 샀는데 시험을 안 보게 돼서 (㉠).
책을 사고 전혀 (㉡).
원래 가격은 20,000원인데 15,000원에 드릴 테니까 관심이 있으신 분은 아래의 연락처로 연락 주시기 바랍니다.

샤오밍 010-1234-5678

㉠	
㉡	

解答にかかった時間　（　　　）分

5

기타 동호회 회원 모집

저희 기타 동호회에서 함께 연주할 회원을 모집합니다.

기타에 관심이 있는 분이라면 (　　㉠　　).

(　　㉡　　)?

그래도 걱정하지 마십시오.

저희가 친절하게 가르쳐 드립니다.

함께 연주하실 분은 동호회 인터넷 카페에 신청해 주시기 바랍니다.

㉠	
㉡	

解答にかかった時間　（　　　）分

대학생 해외 봉사단 모집

※ 신청 : 5/10 ~ 5/20

※ 봉사 활동 : 7/1 ~ 7/31

여러분, 방학을 의미 있게 보내고 싶지 않으십니까?

이번에 저희 국제 협력처에서 (　　㉠　　).

봉사 활동 기간은 7월 1일부터 한 달간이며 아프리카에서 봉사 활동을 하게 됩니다.

우리 학교 학생은 누구나 신청이 가능합니다.

신청하실 이메일 주소는 bongsa@university.ac.kr입니다.

(　　㉡　　).

날짜를 꼭 지켜 주시기 바랍니다.

㉠	
㉡	

解答にかかった時間　（　　　）分

7

[공지 사항] 설악산 여행 안내

모레 떠나는 설악산 여행에 대해 몇 가지 알려 드립니다.

가끔 구두를 신고 오시는 분들이 있는데 등산을 해야 하니까 (㉠).

그리고 일기예보에 의하면 (㉡). 그러니까 옷을 따뜻하게 입고 오시기 바랍니다.

㉠	
㉡	

解答にかかった時間 （ ）分

8

사장님께,

그동안 잘 지내셨습니까? 저는 고향에서 잘 지내고 있습니다.

그런데 며칠 전에 같이 아르바이트했던 아유미 씨에게 (㉠).

정말 축하드립니다. 사장님을 닮았으면 딸이 아주 예쁠 것 같습니다.

그래서 작은 선물을 샀습니다. (㉡)?

집이나 가게 중에서 받기 편한 곳을 알려 주시면 그곳으로 보내드리겠습니다.

아기와 사장님 모두 건강하게 지내시기를 바랍니다.

유키 드림

㉠	
㉡	

解答にかかった時間 （ ）分

解答例・解説・訳

1 トルジャンチ（1歳の誕生祝い）に招待する文章

㋑	㋺	点数
돌잔치를 하려고 합니다 トルジャンチをしようと思います	1월 9일에 시간이 되십니까 1月9日に時間ありますか	5
생일파티를 하려고 생각합니다/ 하기로 했습니다 誕生日パーティー をしようと思っています／すること にしました、같이 파티를 하고 싶습 니다 一緒にパーティーをしたいです	1월 9일에 올 수 있나요 1月9日に 来られますか、다음주 목요일 오후 3시 괜찮아요 来週木曜日の午後 3時は大丈夫ですか	3〜4
파티를 하고 싶어요 パーティーをし たいです、감사드리고 싶습니다 感 謝申し上げたいです	그 날짜에 시간이 되십니까 その 日時間ありますか、영호의 생일에 시간이 있습니까 ヨンホの誕生日 に時間ありますか	1〜2
초대하고 싶습니다 招待したいで す、같이 밥을 먹습니까 一緒にご 飯を食べますか、초대합니다 招待 します	언제 되는지 모르겠죠 いつになる のか分からないでしょう、언제 시간 이 가능해요 いつ都合がいいですか	0

㋑ トルジャンチをすると知らせることがこの文章の目的なので、㋑の答えには計画を表す
  −(으)려고 하다（〜しようと思う）を使うといいでしょう。

㋺ かっこの後ろに「?」があるので、疑問文になるように書かなければいけません。

[1~8] 次の文章の㋑と㋺にふさわしい言葉をそれぞれ書きなさい。(10点)

> **招待します**
>
> うちのヨンホが生まれて1年になりました。
> 1年間、皆さんのおかげで健やかに育ちました。
> そのため、皆さんをお招きして（　㋑　）。
> （　㋺　）? その日にちが可能か、連絡いただけるとありがたいです。

問題51 練習問題1

問題
51

2 新入社員が部長を家に招待する文章

㉠	㉡	点数
잘하지 못합니다 うまくできません、 자신이 없습니다 自信がありません	언제든지 가능합니다/괜찮습니다 いつでも可能です／大丈夫です	5
잘 몰라요 よく分かりません、자신 없어요 自信ありません	다 괜찮아요 全部大丈夫です	3〜4
어렵어요 難しいです（文法ミスを含 む。正しくは어려워요）	시간이 됩니다 時間があります	1〜2
잘합니다 うまくできます、쉬워요 簡単です	토요일이 괜찮습니다 土曜日がいいです	0

㉠ かっこの前に副詞아직(まだ)がありますが、아직を使って否定的な内容を述べるときは、後ろに否定表現(−지 않다、−지 못하다、안 하다など)を使わなければいけません。

㉡ 後ろに편한 요일(都合が良い曜日)を言ってほしいとあるので、모두 괜찮다(全て大丈夫だ)という内容を書かなければいけません。

イ・ミヨン部長へ
こんにちは。新入社員のワンジュンです。
先日、お宅へ招待してくださったので、今度は部長をわが家へ招待したいです。
私は、仕事はまだ（　㉠　）。ですが料理は自信があります。
来週土曜日と日曜日のうち、いつお時間がありますか?
私は（　㉡　）。都合が良い曜日をおっしゃってくださるとありがたいです。

ワンジュンより

3 ソファーを安く売る文章

㉠	㉡	点数
싸게 팔려고 합니다 安く売ろうと思います	꼭 사실 분만 연락해 주시기 바랍 니다 必ず買う方だけ連絡してくださるよう お願いします	5

싸게 팔을 겁니다 安く売るつもりです（文法ミスを含む。正しくは팔 겁니다）、싸게 팔고 싶습니다 安く売りたいです	소파가 필요한 사람만 연락 주세요 ソファが必要な人だけ連絡下さい、문자로 물어보기 바랍니다 メールで質問するようお願いします	3〜4
싸게 팔리고 싶습니다 安く売れたいです、팝습니다 売りたいです（文法ミスを含む。正しくは팝니다）	밤에 전화하지 마세요 夜に電話しないでください	1〜2
사고 싶습니다 買いたいです、가져가도 됩니다 持って行ってもいいです	연락도 어쩔 수 없어요 連絡もどうしようもないです	0

㉠ ソファーを安く売ると知らせることがこの文章の目的なので、㉠の答えには計画の －(으)려고 하다（〜しようと思う）を使うといいでしょう。

㉡ 問い合わせるだけなら連絡しないようにと言っているので、必ず買うことを条件とする内容が必要です。

안 팔습니다

私が済州島に引っ越しをすることになり、使っていた物を整理しなければいけません。
買ってからあまりたっていないソファがありますが、持って行けないので（　㉠　）。
買わずに電話で質問するだけの方が多くて困っています。
ですので（　㉡　）。질문하는 だけの方は連絡しないでください。

---

4 新しい本を売る文章

㉠	㉡	点数
(새) 책을 팔려고 합니다 （新しい）本を売ろうと思います、싸게 팔려고 합니다 安く売ろうと思います	사용하지 않았습니다 使っていません	5
필요한 사람에게 지금 팔고 있습니다 必要な人に今売っています、이 기회로 팔려고 생각합니다 この機会に売ろうと思っています	안 공부했습니다 勉強していません、안 읽었어요 読んでいません	3〜4

싸게 팔리고 싶습니다 安く売れたいです、팝습니다 売りたいです (文法ミスを含む。正しくは**팝니다**)	안 사용해요 使用しません	1~2
포기했습니다 諦めました、그만두려고 합니다 辞めようと思います	비싸지 않습니다 高くありません	0

㋐ 本を安く売ると知らせることがこの文章の目的なので、㋐の答えには計画の-(으)려고 하다 (～しようと思う) を使うといいでしょう。

㋑ 新しい本と言っていることから、使用していないことがうかがえます。副詞전혀 (全く) と否定表現 (-지 않다, -지 못하다, 안 하다など) を組み合わせて書きましょう。

新しい本　売ります

1カ月前に買いましたが、試験を受けなくなったので（　㋐　）。
本を買って全然（　㋑　）。
もともとの値段は20,000ウォンですが、15,000ウォンで差し上げるので、関心のある方は下の連絡先に連絡くださるようお願いします。

シャオミン 010-1234-5678

---

5 ギター同好会で新規会員を募集する文章

㋐	㋑	点数
누구나 들어오실 수 있습니다 誰でもお入りいただけます、누구나 참여하실 수 있습니다 誰でもご参加いただけます	기타가 처음이십니까 ギターが初めてですか、기타를 배운 적이 없으십니까 ギターを習ったことがありませんか	5
배울 수 있습니다 習うことができます、누구라도 괜찮습니다 誰でも大丈夫です	기타를 못 합니까 ギターができませんか	3~4
될 수 있습니다 なれます、할 수 있습니다 できます	회원이 아니십니까 会員ではありませんか	1~2

기타 동호회 회원 모집합니다 ギター同好会会員を募集します	회원이 아닙니다 会員ではありません	0

㉠ ギターに関心があることを条件として挙げています。누구나 –(으)ㄹ 수 있다 (誰でも
　〜できる) を使って書いてみましょう。

㉡ かっこの後ろに、心配しないで、教えてあげると言っているので、初めてかと問い掛ける
　内容を書かなければいけません。

ギター同好会 会員募集

私たちギター同好会では一緒に演奏する会員を募集します。
ギターに関心のある方であれば（　㉠　）。
（　㉡　）？
それでも心配しないでください。
私たちが親切に教えて差し上げます。
一緒に演奏なさる方は同好会インターネットカフェに申し込んでくださるようお願いします。

6 大学生海外ボランティアを募集する文章

㉠	㉡	点数
대학생 해외 봉사단을 모집하려고 합니다 大学生海外ボランティアを募集しようと思います	신청 기간은 5월 10일부터 20일까지입니다 申し込み期間は5月10日から20日までです	5
해외 봉사단을 모집하고 싶습니다 海外ボランティアを募集したいです	5월 20일까지입니다 5月20日までです	3〜4
대학생들과 봉사합니다 大学生とボランティアします	5월 10일부터 신청해요 5月10日から申し込みします	1〜2
신청을 모집합니다 申し込みを募集します	7월 31일까지예요 7月31日までです	0

㉠ 海外ボランティアを募集すると知らせることがこの文章の目的なので、㉠の答えには計
　画の–(으)려고 하다 (〜しようと思う) を使うといいでしょう。

ⓛ 後ろに日にちを守るようにとあるので、申し込み期間を書かなければいけません。

大学生海外ボランティア募集

※申し込み：5/10〜5/20
※ボランティア活動：7/1〜7/31

皆さん、夏休みを有意義に過ごしたくありませんか？

今回、私たち国際協力局で（　　㋐　　）。

ボランティア活動期間は7月1日から1カ月間で、アフリカでボランティア活動をすることになります。

わが校の学生は誰でもお申し込みが可能です。

お申し込みのためのEメールアドレスはbongsa@university.ac.krです。（　　ⓛ　　）。

日にちは必ず守ってくださるようお願いします。

7 雪岳山旅行についての注意事項を知らせる案内文

㋐	ⓛ	点数
편한 신발을(등산화를) 신고 오시기 바랍니다 楽な靴を（登山靴を）履いてくるようお願いします	날씨가 많이 춥다고 합니다 とても寒いそうです	5
구두는 좋지 않습니다 革靴はよくありません	날씨가 많이 춥대요 とても寒いそうです	3〜4
옷을 잘 입고 오십시오 服をちゃんと着てきてください	날씨가 춥습니다 寒いです	1〜2
설악산에 여행을 갑니다 雪岳山に旅行します	옷을 많이 입으세요 服をたくさん着てください	0

㋐ 革靴の話の後に登山しなければいけないと言っているので、履物についての内容を書かなければいけません。

ⓛ 일기예보에 의하면（天気予報によると）の後ろには間接話法 −다고 하다（〜だそうだ）を使わなければいけません。

> [お知らせ] 雪岳山旅行案内
>
> あさって出発する雪岳山旅行についていくつかお知らせします。
> 時々革靴を履いていらっしゃる方がいますが、登山をしなければならないので
> （　　㋐　　）。
> そして、天気予報によると（　　㋑　　）。ですので、暖かい服を着ていらっしゃる
> ようお願いします。

8 社長に子どもが生まれたことに対してお祝いするEメール

㋐	㋑	点数
사장님께서 딸을 낳으셨다는 말을 들었습니다 社長に娘さんがお産まれになったという話を聞きました	주소를 알려 주시겠습니까 住所を教えていただけますか、어디로 보내 드리면 되겠습니까 どこにお送りすればいいですか	5
"딸을 낳았어요."라고 들었습니다 「娘が産まれました。」と聞きました	가게로 보내요? 店に送りますか？	3〜4
들었습니다 聞きました	마음에 들까요 気に入るでしょうか	1〜2
딸을 낳으셨다면서요? 娘さんがお産まれになったんですってね？	선물이 어때요 プレゼントがどうですか	0

㋐ アユミさんから話を聞いたと推測できるので、間接話法の－다는 말을 듣다（〜という話を聞く）を使うのが自然です。

㋑ プレゼントを買い、後ろで場所に関することを言っているので、プレゼントをどこに送るのかという内容を書かなければいけません。

社長へ

この間、元気でいらっしゃいましたか？　私は故郷で元気に過ごしています。
ところで、数日前に一緒にアルバイトしていたアユミさんから（　　㋐　　）。
本当におめでとうございます。社長に似たら娘さんはとてもかわいいと思います。
それで小さなプレゼントを買いました。（　　㋑　　）？
家かお店か、受け取りやすい場所を教えてくださればそちらにお送りします。
赤ちゃんと社長が共に健康にお過ごしになるようお願いします。

ユキより

語彙

練習問題1の中に出てきた覚えておくべき単語や表現をまとめました。

1　태어나다 生まれる
　　덕분에 おかげで
　　모시다 お招きする、ご案内する
　　가능하다 可能だ
2　신입사원 新入社員
　　댁 お宅
　　아직 まだ
　　자신이 있다 自信がある
3　정리하다 整理する
4　전혀 全然
　　원래 もともと
　　연락처 連絡先
5　동호회 同好会
　　모집하다 募集する
　　연주하다 演奏する

　　관심이 있다 関心がある
　　인터넷 카페 インターネットカフェ
　　신청하다 申し込む
6　해외 海外
　　봉사단 ボランティア団体
　　의미가 있다 意味がある
　　국제 협력처 国際協力局
　　기간 期間
　　-간 ～間
　　아프리카 アフリカ
　　누구나 誰でも
7　공지 사항 お知らせ
　　설악산 雪岳山
　　떠나다 出発する
　　일기예보 天気予報

次の文章の下線㋐㋑の部分を適切な韓国語に直してみましょう。

1

過장님께,

안녕하세요? 지영입니다.

지난주에 집들이에 초대해 주셔서 감사합니다.

과장님 덕분에 재미있는 시간을 보냈습니다.

이번에는 ㋐ 제가 초대합니다.

다음 주 토요일과 일요일 중에 ㋑ 시간이 있습니까?

저는 주말에는 언제든지 괜찮습니다.

편하신 요일을 이야기해 주시면 감사하겠습니다.

間違っている部分を直してみましょう。

㋐제가 초대합니다 →

㋑시간이 있습니까 →

2

무료로 드립니다

제가 제주도로 이사를 가게 돼서 쓰던 물건들을 정리해야 합니다.

산 지 얼마 안 된 소파가 있는데 가져갈 수는 없어서 ㋐ 싸게 팔겠습니다.

다음 주 월요일에 이사합니다. 그러니까 ㋑ 연락하십시오.

제 연락처는 010-2345-6789입니다.

間違っている部分を直してみましょう。

㋐싸게 팔겠습니다 →

㋑연락하십시오 →

今回は、問題51を解くときに学習者がよくやる失敗を整理しました。

1

㉠제가 과장님을 저희 집으로 초대하고 싶습니다　私が課長を私の家にご招待したいです

　초대합니다 (招待します) は一方的に知らせるものです。ここでは招待したいという「希望」なので、–고 싶다 (〜したい) を使わなければいけません。そして文の形で書く必要があるので「誰が、誰を」を書かなければいけません。

㉡언제 시간이 되십니까　いつお時間がありますか

　時間があるかと丁重に聞くときは시간이 되다 (時間がある) や괜찮다 (大丈夫だ) を使わなければいけません。そして土曜日と日曜日の中から選ばなければいけないので、疑問詞언제 (いつ) が必要です。

課長

こんにちは。ジヨンです。

先週、引っ越しパーティーに招待していただいてありがとうございました。

課長のおかげで楽しい時間を過ごせました。

今度は、(　　㉠　　)。

来週の土曜日と日曜日のうち、(　　㉡　　)？

私は、週末はいつでも大丈夫です。

ご都合の良い曜日をおっしゃっていただければ幸いです。

2

㉠무료로 드리려고 합니다　無料で差し上げようと思います

　タイトルに無料で差し上げるとあるので、内容が合っていません。この文章の目的はソファを無料であげるためのものなので、㉠の答えには計画を表す–(으)려고 하다 (〜しようとする) を使うといいでしょう。

㉡연락해 주시기 바랍니다　連絡してくださるようお願いします

　連絡をお願いしているので、指示をする意味の–(으)십시오 (〜してください) ではなく、–아/어 주시기 바랍니다 (〜してくださるようお願いします) を使わなければいけ

ません。

無料で差し上げます

私が済州島に引っ越しをすることになり、使っていた物を整理しなければいけません。
買ってからあまり経っていないソファがありますが、持って行けないので（　㉠　）。
来週の月曜に引っ越しします。ですので（　㉡　）。
私の連絡先は010-2345-6789です。

問題51 練習問題2 ※解答例・解説・訳はP.61〜

※ [1~8] 다음 글의 ㉠과 ㉡에 알맞은 말을 각각 쓰시오. (10점)

1

010-2345-6789   8/16   11:00

김미정 고객님, 조금 전에 전화드렸는데 안 받으셔서 (㉠   ). 환불을 원하신다는 문자를 받았습니다. 저희 쇼핑몰은 교환은 가능하지만 환불은 불가능합니다. 혹시 (㉡   )? 생각해 보시고 연락해 주시기 바랍니다.

㉠	
㉡	

解答にかかった時間　（　　　）分

2

- 지갑을 찾습니다 -

금요일 오후에 7층 남자 휴게실에서 (㉠   ). 검은색 지갑인데 그 안에 있는 가족 사진은 저에게 매우 소중한 것입니다. 주민등록증과 교통카드도 찾고 싶습니다. 혹시 지갑을 보셨거나 보관하고 계신 분이 있으면 (㉡   ).
찾아 주신 분께 사례하겠습니다. 제 연락처는 010-2222-3333입니다.

㉠	
㉡	

解答にかかった時間　（　　　）分

3

안녕하세요, 정민 누나.

매일 아침 누나 라디오 잘 듣고 있어요.

항상 듣기만 하다가 처음으로 (　　㉠　　).

오늘 여자 친구하고 만난 지 100일 되는 날이라서 특별한 선물을 해 주고 싶었거든요.

누나의 아름다운 목소리로 저희 100일을 축하해 주시면 정말 좋을 것 같아요.

그리고 제 여자 친구에게 (　　㉡　　). "지영아, 사랑해"

㉠	
㉡	

解答にかかった時間　（　　　）分

4

[한국항공] 예약 안내

김미정 고객님께,

예약하신 8월 16일 인천 출발 북경행 HE0629편 항공권에 대한 안내입니다.

항공권 구입 기한은 8월 13일 17시 30분입니다.

그러니까 (　　㉠　　).

만약 기한까지 구입하지 않으시면 (　　㉡　　).

취소 후에는 처음부터 다시 예약을 하셔야 합니다.

㉠	
㉡	

解答にかかった時間　（　　　）分

5

준호 ♥ 지영
사랑으로 만난 두 사람이 이제 두 사람이 아닌 하나가 되려고 합니다.
바쁘시겠지만 저희 결혼식에 오셔서 (　　㉠　　).
죄송하지만 주차장이 매우 좁습니다. 그러니까 (　　㉡　　).
버스나 지하철 이용 시 명동역에서 내리시면 됩니다.

㉠	
㉡	

解答にかかった時間　（　　）分

6

다이어트의 혁신!!!! '파워헬스'
(　　㉠　　)?
그러면 오늘부터 하루 10분씩 '파워헬스'를 시작해 보십시오.
그동안 야외에서 힘들게 운동하셨습니까?
'파워헬스'는 집에서 텔레비전을 보면서 (　　㉡　　).
쉽고 편한 '파워헬스'! 여러분도 경험해 보세요.
주문 전화는 1234-5678입니다.

㉠	
㉡	

解答にかかった時間　（　　）分

7

010-2345-6789 8/16 10:55

미영 씨, 미안해요. 우리 11시에 만나기로 했잖아요. 그런데 (
⊙   ).
아침에 일어나 보니까 이미 10시였어요. ㅜㅜ
지금 지하철 타고 가고 있는데 거의 (ⓛ   ).
조금만 기다려 주세요.

⊙	
ⓛ	

解答にかかった時間　（　　　）分

8

왕신아, 안녕?

그동안 잘 지냈지? 나 다음 주에 (⊙   ). 회사에서 일로 가
는 건데 잠깐이라도 너희 고향 구경 좀 시켜 줘. 그런데 핸드폰을
바꾸면서 연락처가 다 없어졌어.
미안하지만 (ⓛ   )? 답장 기다릴게.

미영이가

⊙	
ⓛ	

解答にかかった時間　（　　　）分

60

解答例・解説・訳

1 払い戻しの問い合わせに対して返事を送った携帯メール

㉠	㉡	点数
문자 메시지를 남깁니다/보냅니다 携帯メールを残します／送ります	교환이라도 하시겠습니까 交換でもなさいますか	5
문자 보내요 メールを送ります	교환하시겠습니까 交換なさいますか	3~4
알려 드립니다 お知らせいたします	교환해요 交換しますか	1~2
전화했습니다 電話しました、죄송 합니다 申し訳ありません	환불하고 싶어요 払い戻ししたいですか	0

㉠ 전화드렸는데 안 받으셔서 (電話を差し上げましたがお出にならないので) という言葉
があるので、他の方法でメッセージを伝えるという内容を書かなければいけません。

㉡ 交換のみ可能と言っており、後ろに考えてみてほしいという言葉があるので、交換につい
ての話を書かなければいけません。

[1~8] 次の文章の㉠と㉡にふさわしい言葉をそれぞれ書きなさい。(10点)

> 010-2345-6789　8/16　11:00
>
> キム・ミジョン様、少し前に電話を差し上げましたがお出にならないので (　㉠　)。
> 払い戻しをご希望というメールを受け取りました。当ショッピングモールは、交換は可能
> ですが払い戻しは不可能です。もしかして (　㉡　)？ お考えになって、連絡してく
> ださるようお願いします。

2 財布をなくして探す文章

㉠	㉡	点数
지갑을 잃어버렸습니다 財布をなくしました	꼭 연락해 주시기 바랍니다 必ず連絡してくださるようお願いしま す	5

지갑을 잊어버렸습니다/놓고 갔습니다 財布を忘れてしまいました／置いて行きました	알려 주세요 教えてください、연락해 주세요 連絡してください	3~4
혹시 지갑을 본 적이 있어요? もしかして財布を見たことありますか?	저에게 연락해도 돼요 私に連絡してもいいです、저에게 연락합니다 私に連絡します	1~2
지갑을 찾습니다 財布を探しています	감사합니다 感謝します	0

㉠ 財布を探しているので、財布をなくしてしまったという内容をまず書かなければいけません。

㉡ 財布を見たり保管したりしている人に向けて、連絡をしてほしいという内容を書かなければいけません。

財布を探しています

金曜日の午後に7階男子休憩室で（ ㉠ ）。黒い財布ですが、その中にある家族写真は私にとってとても大事なものです。住民登録証と交通カード（ICカード）も取り戻したいです。もし財布を見たり保管したりしてくださった方がいたら（ ㉡ ）。
見つけてくださった方に謝礼します。私の連絡先は010-2222-3333です。

---

3 ラジオにお便りを送る文章

㉠	㉡	点数
문자를 보내요 メールを送ります、사연을 보내요 お便りを送ります	사랑한다고 전해 주세요 愛していると伝えてください、이 말을 하고 싶어요 この言葉を言いたいです	5
문자를 써요 メールを書きます	그 말을 하기 바라요 その言葉を言うようお願いします、이렇게 말하세요 このように言ってください	3~4

편지를 써거든요 手紙を書いたんです（文法ミスを含む。正しくは썼거든요）、특별한 일을 하려고 할 거예요 特別なことをしようとするつもりです（文法ミスを含む。-려고 하다と-ㄹ 거예요を同時に使うことはできない）	행복한 말하세요 幸せな話をしてください（つづりのミスを含む。正しくは행복한 말 하세요）	1～2
듣은 것 같아요 聞いたようです（文法ミスを含む。正しくは들은 것 같아요）、전화해요 電話します、열심히 듣고 있어요 一生懸命聞いています	뭔가 말하면 좋겠어요 何か言えたらうれしいです	0

㉠ 前に듣기만 하다가（聞いているだけでしたが）があるので、聞いているのとは違う行動を取るという内容を書かなければいけません。

㉡ 여자 친구에게（彼女に）があるので、間接話法-ㄴ다고（～と）を使うことができます。

> こんにちは、ジョンミン姉さん。
> 毎朝、お姉さんのラジオを楽しく聞いています。
> いつも聞いているだけでしたが、初めて（　㉠　）。
> 今日、彼女と付き合ってから100日になる日なので、特別なプレゼントをしてあげたかったんです。
> お姉さんの美しい声で私たちの100日を祝ってくださったら本当に喜ぶと思います。
> そして、私の彼女に（　㉡　）。「ジヨン、愛してる」

4 飛行機のチケットを予約後、購入期限についての案内文

㉠	㉡	点数
그 전까지 항공권을 구입하시기 바랍니다 その前に航空券を購入なさるようお願いします	예약이 취소됩니다 予約がキャンセルされます	5

구입하기 바랍니다 購入するようお願いします、입금하십시오 入金してください	예약을 취소할 수도 있어요 予約をキャンセルすることもあります	3〜4
구입하십시오 購入してください	다시 예약을 하셔야 합니다 再度予約をなさらなければいけません	1〜2
예약하기 바랍니다 予約するようお願いします、다시 확인하세요 再度確認してください	예약 안내입니다 予約の案内です	0

㉠ 予約はすでにしており、この前に購入期限が書かれているので、購入するようにという内容を書かなければいけません。

㉡ キャンセル後、再び予約しなければならないと言っているので、期限までに購入しない場合、予約がキャンセルされるという内容を書かなければいけません。

[韓国航空] 予約案内

キム・ミジョン様

予約なさった8月16日仁川発北京行きHE0629便の航空券についてのご案内です。

航空券購入期限は8月13日17時30分です。

ですので（　㉠　）。

万一期限までに購入されなければ（　㉡　）。

キャンセル後は初めから再度予約をなさらなければいけません。

---

5 結婚を知らせる招待文（招待状）

㉠	㉡	点数
축하해 주시기 바랍니다 祝ってくださるようお願いします	대중교통을 이용해 주시기 바랍니다 公共交通機関を利用してくださるようお願いします	5
축하해 주세요 祝ってください	주차하기 힘듭니다 駐車するのは大変です、차를 가지고 오지 마십시오 車で来ないでください	3〜4

참석해 주시기 바랍니다 参席してくださるようお願いします	어렵습니다 難しいです	1~2
감사합니다 ありがとうございます	죄송합니다 申し訳ありません	0

㉠ 前に 오셔서 (いらっしゃって) があるので、祝ってほしいという内容を書かなければいけません。

㉡ 駐車場が狭いことや、後ろでバス、地下鉄のことを言っているので、大중교통 (公共交通機関) という表現を使うとよいでしょう。

ジュノ ♥ ジヨン

愛で出会った二人が、もう二人ではなく一つになろうとしています。
お忙しいでしょうが、私たちの結婚式にお越しになり、（　㉠　）。
申し訳ありませんが、駐車場がとても狭いです。ですので、（　㉡　）。
バスや地下鉄利用時は、明洞駅で降りれば大丈夫です。

---

6 ダイエット運動器具の広告文

㉠	㉡	点数
날씬한 몸매를 원하십니까 スリムな体をお望みですか、살을 빼고 싶으십니까 痩せたいですか	쉽고 편하게 하실 수 있습니다 簡単で楽にできます	5
다이어트를 하고 싶어요 ダイエットをしたいですか	쉽고 편하게 하세요 簡単で楽にやってください	3~4
운동을 싫어합니까 運動が嫌いですか	합니다 します	1~2
파워헬스를 알아요 パワーヘルスを知っていますか	쉽고 편합니다 簡単で楽です	0

㉠ ダイエット運動器具の広告なので、ダイエットと関連した内容を書かなければいけません。

㉡ 上に 힘들다 (つらい) があり、下に 쉽고 편하다 (簡単で楽だ) があるので、簡単で楽に運動することができるという内容を書かなければいけません。

```
ダイエットの革新!!!!「パワーヘルス」
(      ㉠      )？
でしたら今日から1日10分ずつ「パワーヘルス」を始めてみてください。
これまで野外でつらく運動をされていましたか？
「パワーヘルス」は家でテレビを見ながら（      ㉡      ）。
簡単で楽な「パワーヘルス」！ 皆さんも経験してください。
注文の電話は1234-5678です。
```

7 約束の変更についての携帯メール

㉠	㉡	点数
11시에 만나기 힘들 것 같아요 11時に会うのは難しいと思います、 조금 늦을 것 같아요 少し遅れると思います、 늦잠을 자 버렸어요 寝坊をしてしまいました	다 와 가요 (もう)着くところです、다 왔어요 (もう)着きます、도착했어요 着きました	5
어제 너무 피곤해요 昨日とても疲れました	다 가요 着きます、도착해요 到着します	3~4
지금 가는 중이에요 今向かっているところです	가고 있어요 向かっています	1~2
미안해요 ごめんなさい、오늘 안 만나요 今日会いません	미안해요 ごめんなさい、길이 막혀요 道が混んでいます	0

㉠ 携帯メールを送った理由は、約束の時間に遅れることを知らせるためなので、遅れる事実やその理由などを書かなければいけません。

㉡ 前에 거의 (ほとんど) があるので、거의+다+動詞の表現を使うことができます。

```
┌─────────────────────────────────────────────┐
│ 010-2345-6789  8/16  10:55                    │
├─────────────────────────────────────────────┤
│ ミヨンさん、ごめんなさい。僕たち11時に会うことにしたじゃないですか。でも（  ㋐  │
│   ）。                                          │
│ 朝起きたらすでに10時でした。TT                    │
│ 今地下鉄に乗って向かっていますが、ほとんど（   ㋑   ）。            │
│ 少しだけ待ってください。                           │
└─────────────────────────────────────────────┘
```

8 他の国の友達に送るEメール

㋐	㋑	点数
너희 고향에 가게 됐어 あなたの故郷に行くことになったの	연락처 좀 알려 줄래 ちょっと連絡先教えてくれる、알려 줄 수 있어 教えてもらえる	5
왕신 씨의 고향에 갈 거예요 ワンシンさんの故郷に行くつもりです	연락처 좀 가르쳐 줘 ちょっと連絡先教えて	3〜4
만나고 싶어 会いたい、네 고향에 가고 싶어요 あなたの故郷に行きたいです	연락처 알아 連絡先知ってる	1〜2
만나요 会います、고향에 가 故郷に行く	고향에서 만나 故郷で会う	0

㋐ 友人宛てに書いたEメールなのでパンマル（ため口）で書かなければいけません。また、会社の仕事によって行く状況になったので–게 되다（〜することになる）を使わなければいけません。

㋑ 連絡先がなくなったのでEメールを書いています。連絡先を教えてくれるかと尋ねなければいけません。

> ワンシン、元気?
>
> これまで元気にしてた?　私、来週（　　㋐　　）。会社の仕事で行くんだけど、少しでもあなたたちの故郷の見物をさせてよ。ところで、携帯を替えて連絡先が全部なくなったの。
>
> 悪いけど（　　㋑　　）?　返事待ってるね。
>
> ミヨンより

語彙

練習問題2の中に出てきた覚えておくべき単語をまとめました。

1　환불 払い戻し
　원하다 望む
　쇼핑몰 ショッピングモール
　교환 交換
　가능하다 可能だ
　불가능하다 不可能だ
　혹시 もしかして
2　휴게실 休憩室
　소중하다 大事だ
　주민등록증 住民登録証
　보관하다 保管する
　사례하다 謝礼する
4　-행 ～行き
　편 便
　항공권 航空券

　구입 購入
　기한 期限
　만약 もし
　취소 キャンセル
5　되다 なる
　주차장 駐車場
　~시 ～時
6　혁신 革新
　파워 パワー
　야외 野外
　경험하다 経験する
　주문 注文
7　거의 ほとんど
8　답장 手紙の返事

68

次の文章で下線の部分を適切な韓国語に直してみましょう。

① 중요한 회의 내용이 있으니까 모두 꼭 와 주시기 바랍니다. 혹시 제 연락처<u>를 모르시면 연락해 주시기 바랍니다</u>? 제 연락처는 010-1234-5678입니다.

→

② 진수를 사랑해 주신 분들을 모시고 돌잔치를 하려고 합니다. <u>시간이 괜찮으십니까</u>? 그 날짜가 가능하신지 연락 주시면 감사하겠습니다.

→

③ 미영 씨, 우리 내일 3시에 백화점 앞에서 만나기로 했잖아요. 그런데 <u>3시가 안 돼요</u>. 내일 아르바이트가 3시에 끝나거든요.

→

④ 안녕하세요, 정민 누나. 매일 아침 누나 라디오 잘 듣고 있어요. 그리고 제 여자 친구에게 <u>사랑해요 이야기해 주세요</u>."지영아, 사랑해."

→

⑤ 혹시 지갑을 보셨거나 보관하고 계신 분이 있으면 <u>저에게 연락하세요</u>. 찾아 주신 분께 사례하겠습니다. 제 연락처는 010-2222-3333입니다.

→

解答·訳

今回の失敗クリニックは、状況や文法に合っていない表現を整理したものです。

① **제 연락처를 모르십니까**

かっこの後に「?」があるので、혹시 + −(으)면 −아/어 주시기 바랍니다 (もし

〜なら、〜してくださるようお願いします) ではなく、혹시 ＋ −까? (もしかして〜ですか?) を使わなければいけません。

②11월 12일이 괜찮으십니까

かっこの後に그 날짜가 (その日にちが) とあるので、具体的な日にちを書かなければいけません。

③3시에 만나기가 힘들 것 같아요

あることが안 된다 (駄目だ) と言うとき、直接的に言うよりも−(으)ㄹ 것 같다 (〜そうだ) のように注意深く遠回しに言うのがよいです (約束の変更やキャンセル、断りなどでよく使います)。

④사랑한다고 이야기해 주세요

間接話法を使う必要があります。−ㄴ다고 (〜すると) を使わなければいけません。

⑤저에게 연락해 주시기 바랍니다

お願いをする状況なので、指示をする意味の−(으)세요 (〜してください) ではなく−아/어 주세요 (〜してください) を使わなければいけません。さらに、−습니다 (〜します) で終わらなければならずフォーマルな状況なので、−아/어 주시기 바랍니다 (〜してくださるようお願いします) を使わなければいけません。

① 重要な会議内容があるので、全員必ず来てくださるようお願いします。もしかして私の連絡先をご存じありませんか? 私の連絡先は010-1234-5678です。
② チンスを愛してくださる方々をお招きしてトルジャンチをしようと思います。11月12日は大丈夫でしょうか? その日にちが可能かどうか、ご連絡下されば幸いです。
③ ミヨンさん、私たち明日の3時にデパートの前で会うことにしたじゃないですか。でも3時に会うのが難しそうです。明日アルバイトが3時に終わるんです。
④ こんにちは、ジョンミン姉さん。毎朝、お姉さんのラジオを楽しく聞いています。そして、私の彼女に愛していると伝えてください。「ジヨン、愛してる」
⑤ もし財布を見たり、保管したりしてくださった方がいたら私に連絡を下さるようお願いします。見つけてくださった方に謝礼します。私の連絡先は010-2222-3333です。

問題51 練習問題3 ※解答例・解説・訳はP.73〜

※ [1~4] 다음 글의 ㉠과 ㉡에 알맞은 말을 각각 쓰시오. (각 10점)

1

깨끗한 책 사세요

제가 시험공부를 하려고 책을 샀는데 집에 있는 책과 내용이 비슷합니다. 그래서 (　　㉠　　). 책은 일주일 전에 샀습니다. 거의 (　　㉡　　) 아주 깨끗합니다. 직접 보신 후에 사셔도 됩니다. 관심이 있으신 분은 010-1234-5678로 연락 주시기 바랍니다.

㉠	
㉡	

解答にかかった時間　（　　　）分

2

룸메이트 구함

안녕하세요! 경영학과 2학년 트엉이라고 합니다. 제가 지금은 기숙사에서 살고 있는데 다음 달에 학교 근처에 있는 원룸으로 (　　㉠　　). 그런데 혼자 지내기에 월세가 비싸서 같이 생활할 (　　㉡　　). 우리 학교 유학생이면 좋겠습니다. 관심이 있는 친구는 연락해 주시기 바랍니다. 010-1234-5678

㉠	
㉡	

解答にかかった時間　（　　　）分

3

선배님, 안녕하십니까? 마이클입니다. 부탁드릴 일이 있어서 메일을 씁니다.

제가 며칠 전에 수리 센터에 노트북을 맡겼는데 내일 찾으러 오라고 합니다.

그런데 급한 사정이 생겨서 오늘 고향에 가야 합니다. 그래서 제가 노트북을 찾으러 갈 수 없을 것 같습니다. 혹시 저 대신에 (㉠)?

선배님도 바쁘실 텐데 (㉡) 죄송합니다.

마이클

㉠	
㉡	

解答にかかった時間　（　　　）分

4

미영 씨,

지난주에 돈을 (㉠) 감사합니다.

돈이 급하게 필요했는데 미영 씨 덕분에 문제가 잘 해결됐습니다.

주말에 아르바이트비를 받는데 혹시 돈을 다음 주 월요일에 (㉡)?

그럼 연락 기다리겠습니다.

㉠	
㉡	

解答にかかった時間　（　　　）分

解答例・解説・訳

1 不特定の対象に向けて書いた案内文

㉠ 책을 팔려고 합니다 本を売ろうと思います

㉡ 사용하지 않아서 使っていないので

　この文は不特定を対象に書いた案内文です。文章のタイトルで 책을 사세요(本を買ってください) と言っているので、本を売る計画だということが分かります。

㉠ −(으)려고 합니다 (〜しようと思います) は今後の計画を説明するときに使う表現で、文章を書いた目的を表明するときによく使います。そして、他の人に対して本を買ってくださいと言っているので、文を書いた人は 팔다 (売る) を使わなければいけません。

㉡ 前に 거의 (ほとんど) という副詞があると、後ろに普通 −지 않다 (〜しない) が来ます。そして、なぜ本がきれいなのか説明しなければいけないので、理由の文法 −아/어서 (〜なので) などを使って書きましょう。

[1~4] 次の文章の㉠と㉡にふさわしい言葉をそれぞれ書きなさい。(10点)

きれいな本買ってください

私は試験勉強をしようと本を買いましたが、家にある本と内容が似ています。そのため（　㉠　）。本は1週間前に買いました。ほとんど（　㉡　）とてもきれいです。直接ご覧になった後で買っていただいても構いません。関心がある方は010-1234-5678に連絡下さるようお願いします。

---

2 不特定の対象に向けて書いた案内文

㉠ 집을 옮기려고 합니다 家を移ろうと思います、이사하려고 합니다 引っ越そうと思います

㉡ 룸메이트를 구하고 싶습니다 ルームメイトが欲しいです、룸메이트를 찾고 있습니다 ルームメイトを探しています

　この文は不特定の人を対象に書いた案内文です。文章のタイトルで 룸메이트 구함 (ルームメイト募集) と言っているので、ルームメイトが欲しいという内容であることが分かります。

㉠ −(으)려고 합니다 (〜しようと思います) は今後の計画を説明するときに使う表現で、文章を書いた目的を表明するときによく使います。寮から学校の近くのワンルームに行く

と言っているので、옮기다（移る）や이사하다（引っ越す）などの単語が必要です。

ⓛ かっこの前の혼자 지내기에 월세가 비싸서 같이 생활할（一人で暮らすのに家賃が高いので一緒に生活する）という部分からも、ルームメイトが欲しいと思っていることが分かります。

ルームメイト募集

こんにちは！　経営学科2年のトゥオンイといいます。私は今は寮に住んでいますが、来月学校の近所にあるワンルームに（　　ⓖ　　）。ですが、一人で暮らすのに家賃が高いので一緒に生活する（　　ⓛ　　）。うちの学校の留学生ならうれしいです。関心がある人は連絡してくださるようお願いします。010-1234-5678

---

3 特定の対象に向けて頼む内容のEメール

ⓖ 노트북을 찾으러 가 주실 수 있으십니까

　　ノートパソコンを取りに行っていただけますか

ⓛ 부탁드려서 お願いして、귀찮게 해 드려서 面倒を掛けて

　この文は特定の対象（先輩）にお願いをするために書いたEメールです。

ⓖ かっこの前の혹시 저 대신에（もしできたら、私の代わりに）と、後ろの「？」を通じて、丁寧にお願いをしていることが推測できます。従って、－아/어 주실 수 있으십니까?（～していただけますか?）という表現を使わなければならず、このとき敬語にも注意を払う必要があります。

ⓛ かっこの後ろの죄송합니다（申し訳ありません）を見て、前に－아/어 드려서（～して）が来なければならないということを考えましょう。

先輩、こんにちは。マイケルです。お願いしたいことがあってメールを書いています。私は数日前に修理センターにノートパソコンを預けたんですが、明日取りに来るようにと言っています。
ですが、急な事情ができて今日故郷に帰らなければいけません。そのため、私はノートパソコンを取りに行けそうにありません。もしできたら、私の代わりに
（　　㋐　　）？
先輩もお忙しいでしょうが、（　　㋑　　）申し訳ありません。

マイケル

4 特定の対象に向けて許可を求める携帯メール

㋐ 빌려 주셔서 貸してくださって
㋑ 돌려 드려도 되겠습니까 返してもいいですか、돌려 드려도 괜찮으시겠습니까 返しても大丈夫ですか

この文は特定の対象（ミヨンさん）に許可を求めるために書いた携帯メールです。

㋐ かっこの後ろの감사합니다（ありがとうございます）を見て、前に−아/어 주셔서（〜してくださって）が来なければならないということを考えなければいけません。

㋑ かっこの前の혹시（もしかして）と、後ろの「？」、そして対話の内容を通じて、許可を求めていることが推測できます。従って、−아/어도 되겠습니까？（〜してもいいですか？）という表現を使わなければならず、このとき敬語にも注意を払う必要があります。

ミヨンさん、
先週お金を（　　㋐　　）ありがとうございます。
お金が急に必要だったんですが、ミヨンさんのおかげで問題がうまく解決しました。
週末にバイト代を受け取るのですが、もしかしてお金を来週月曜日に（　　㋑　　）？
それでは、連絡待ってます。

語彙

練習問題3の中に出てきた覚えておくべき単語や表現をまとめました。

1 **거의** ほとんど

2 **원룸** ワンルーム

월세 月々の家賃

3 **선배** 先輩

부탁하다 お願いする

수리 센터 修理センター

노트북 ノートパソコン

맡기다 預ける

급하다 急だ

사정이 생기다 事情が生じる

대신에 代わりに

4 **덕분에** おかげで

문제 問題

해결되다 解決する

問題52
説明文を完成させる

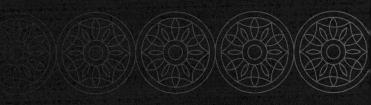

問題 52

説明文を完成させる

問題52の概要

問題52は、説明文を読み二つの空欄がある文章を完成させる問題です。通常、4～7文で構成されており、TOPIK 3級レベルとなっています。配点は10点で、空欄が二つあるので、それぞれ5点ずつ配点されます。5分以内に解答することを目標にしましょう。

52. 다음 글의 ㉠과 ㉡에 알맞은 말을 각각 쓰시오. (10점)

어려운 일이 생겼을 때 그 일을 대하는 우리의 태도는 크게 두 가지이다. (㉠). 다른 하나는 어려워서 불가능하다고 포기하는 것이다. 그런데 긍정적인 결과를 기대할수록 좋은 결과를 얻을 확률이 높다. 반대로 (㉡). 그러므로 우리는 시련이나 고난이 닥쳤을 때일수록 더욱 긍정적으로 생각할 필요가 있다.

問題52 基本を理解する

 説明技法とは何か

　問題52は、1段落の説明文で構成されています。理解しやすい説明文を書くにはさまざまな技法、すなわち説明技法を利用しなければいけません。説明技法とは、文章を書くときにその文章を読む人が読みやすいように論理的に説明する技法を意味します。

여름은 덥다. 그렇지만 겨울은 춥다.　　夏は暑い。しかし、冬は寒い。
→　説明技法「対照」

上のように、二つの対象を比較して違いを示すのが、まさにこの説明技法です。

2 **説明技法の種類と重要性**

説明技法の種類	羅列、比較・対照、類推、因果、言い換え・要約、分類、分析、定義、例示

　それぞれの説明技法にはそれに伴う表現があり、この表現を知っていれば問題を解くことができます。例えば、上で出た例のように여름은 덥다. 그렇지만 겨울은 (　　　　).と出題された場合、「対照」を表す그렇지만 (しかし) があることから、かっこに反対の単語を書かなければいけないということが分かります。
　問題52を初めて見ると、何を書かなければいけないのか分からずに慌てます。従って、説明技法とそれに伴う表現を知っておかなければいけません。次の文章を見てみましょう。

어려운 일이 생겼을 때 그 일을 대하는 우리의 태도는 크게 두 가지이다. (㉠). 다른 하나는 어려워서 불가능하다고 포기하는 것이다. 그런데 긍정적인 결과를 기대할수록 좋은 결과를 얻을 확률이 높다. 반대로 (㉡). 그러므로 우리는 시련이나 고난이 닥쳤을 때일수록 더욱 긍정적으로 생각할 필요가 있다.

困難なことが起きたとき、そのことに対するわれわれの態度は大きく2種類である。(㉠)。もう一つは、困難で不可能だと諦めることだ。だが、肯定的な結果を期待するほど、良い結果を得る確率が高い。反対に (㉡)。それゆえ、われわれは試練や苦難が迫ったときであるほど、より肯定的に考える必要がある。

ここでは㉡の前に반대로 (反対に) という言葉が使われており、前の内容と反対の内容を書かなければいけないことが分かります (対照)。

3 説明文で知っておくべき表現

各説明技法に伴う表現

問題52を解くに当たって知っておくべき説明技法とそれに伴う表現です。例文と一緒に見てみましょう。

【羅列】

関連した内容を並べて説明する技法のことをいいます。

例文	건강을 위해서는 첫째, 아침밥을 꼭 먹고 둘째, 잠을 푹 자고 셋째, 꾸준히 운동해야 한다. 健康のためには、一つ、朝食を必ず食べ、二つ、ぐっすりと眠り、三つ、地道に運動しなければならない。

表現	그리고 そして、또 また、또한 さらに、게다가 その上
	하나는/다른 하나는 一つは／もう一つは、먼저(우선)/다음으로 まず／次に、첫째/둘째/셋째 一つ目／二つ目／三つ目、시작/중간/끝 最初／途中／最後、우선/다음으로/마지막으로 まず／次に／最後に
	~도 있고 ~도 있다 〜もあり〜もある、-고 -다 〜で〜である、-(으)며 -다 〜であり〜である、-기도 하고 -기도 하다 〜でもあり〜でもある、~뿐만 아니라 〜だけでなく

【対照】
　二つ以上の対象が持っている違いを説明する技法のことをいいます。

例文	언니는 조용하고 말이 없는 데 반해 동생은 활발하고 말이 많다. 姉は静かで無口なのに対して、妹は活発で口数が多い。
表現	하지만 しかし、그렇지만 だが、그러나 しかし、그런데 だが
	반면에 反面、반대로 反対に、오히려 むしろ
	-는/(으)ㄴ 데 반해 〜する・なのに対して、-는/(으)ㄴ 반면에 〜する・な一方、~와/과 다르게(달리) 〜とは違い

【類推】
　同じだったり似ていたりするものを通じて、他のものや現象を推測する技法のことをいいます。

例文	마라톤은 긴 시간 동안 고통을 참고 이겨내야 한다. 인생도 마찬가지이다. マラソンは長時間苦痛に耐えて打ち勝たなければならない。人生も同じである。
表現	A는 -다/B도 마찬가지이다 Aは〜である／Bも同じである、이처럼 このように

【言い換え・要約】
　前に来る内容を整理して言い直したり、短く要約したりする説明技法のことをいいます。

例文	나는 기다리는 것을 가장 싫어하고 일도 빨리 하려고 한다. 즉 나는 성격이 급한 사람이다. 私は待つことが最も嫌いで、仕事も早くしようとしている。すなわち、私はせっかちな人だ。
表現	즉 すなわち、요약하면 要約すると、곧 すなわち、바꾸어 말하면 言い換えると、다시 말하면 言い直すと

文法表現

　説明方法に伴う表現の他に、問題52の説明文で知っておくべき文法表現です。例文と一緒に見てみましょう。

【仮定】

　事実ではないことを事実のように考える文法表現です。

例文	만일 세상에 자동차가 없다면 빨리 이동하기가 힘들 것이다. もし世界に自動車がなければ、速く移動するのが大変だろう。	
表現	만일/만약에 -(으)면/다면 万一／もし〜なら	-(으)ㄹ 것이다 〜するだろう
		-(으)ㄹ 수도 있다 〜するかもしれない

【部分否定】

　全体ではなく部分を否定する文法表現です。

例文	모델들은 보통 키가 크다. 그렇지만 모델이라고 해서 모두 다 키가 큰 것은 아니다. モデルたちは普通背が高い。だが、モデルだからといって全員が背が高いわけではない。
表現	그렇지만/그러나/하지만 -다고 해서 -는/(으)ㄴ 것은 아니다 だが／しかし／でも〜だからといって〜する・なわけではない

【理由】

　前に来る文の内容について、なぜそうなのか理由を説明する文法表現です。

例文	나는 밥을 먹었다. 왜냐하면 배가 고팠기 때문이다. 私はご飯を食べた。なぜなら、おなかがすいていたからである。
表現	왜냐하면／그래야／그 이유는 -기 때문이다 なぜなら／それでこそ／その理由は〜だからだ

【判断基準】

　ある判断の基準になることを説明する文法表現です。

例文	음식의 맛은 누가 만드느냐에 따라 달라진다. 食べ物の味は誰が作るかによって変わる。
表現	~은/는 ~에 따라(서) 다르다/달라지다 〜は〜によって異なる／変わる、 -냐/느냐에 따라(서) 다르다/달라지다 〜するかによって異なる／変わる

【当為（すべきこと）】

　必ずそうしなければならないということを説明する文法表現です。

例文	살을 빼려면 운동을 해야 한다. 痩せるには運動をしなければならない。	
表現	-(으)려면 〜するには、-기 위해서 〜するために	-아/어야 하다 〜しなければならない
	그래야 それでこそ	-(으)ㄹ 수 있다 〜することができる
	그래서 それで、그러므로 それゆえ、 따라서 従って、그렇기 때문에 そのた め	-는/(으)ㄴ 것이 좋다 〜する・なの がいい、-(으)ㄹ 필요가 있다 〜す る必要がある、-아/어야 하다 〜し なければならない

叙述文（ハンダ体平叙形）

　問題52は説明文なので、全て叙述文（ハンダ体平叙形）で書かなければいけません。ハンダ体の平叙形は、用言の語幹に-다や-(느)ㄴ다を付けて作るのが基本です。以下の表は、ハンダ体のさまざまな語尾と表現を整理したものです。

現在	形容詞	-다 〜い・だ	싸다 安い、적다 少ない、행복하다 幸せだ、다르다 違う、크다 大きい、춥다 寒い
	動詞	-ㄴ/는다 〜する	간다 行く、먹는다 食べる、운동한다 運動する、부른다 呼ぶ、쓴다 書く、산다 生きる、짓는다 作る
	名詞	〜이다 〜だ	학생이다 学生だ、의사이다 医者だ
過去	形容詞	-았/었다 〜かった	쌌다 安かった、적었다 少なかった、행복했다 幸せだった、달랐다 違った、컸다 大きかった、추웠다 寒かった
	動詞	-았/었다 〜した	갔다 行った、먹었다 食べた、운동했다 運動した、불렀다 呼んだ、썼다 書いた、살았다 生きた、지었다 作った
	名詞	〜이었다/였다 〜だった	학생이었다 学生だった、의사였다 医者だった
未来／推測	形容詞	-(으)ㄹ 것이다 〜いだろう	쌀 것이다 安いだろう、적을 것이다 少ないだろう、행복할 것이다 幸せだろう、다를 것이다 違うだろう、클 것이다 大きいだろう、추울 것이다 寒いだろう
	動詞	-(으)ㄹ 것이다 〜するだろう	갈 것이다 行くだろう、먹을 것이다 食べるだろう、운동할 것이다 運動するだろう、부를 것이다 呼ぶだろう、쓸 것이다 書くだろう、살 것이다 生きるだろう、지을 것이다 作るだろう
	名詞	〜일 것이다 〜だろう	학생일 것이다 学生だろう、의사일 것이다 医者だろう

以下の表は、叙述文でよく間違える単語と表現を整理したものです。

間違った表現 (×)	正しい表現 (○)
있는다 ×	있다 いる
없는다 ×	없다 いない
다른다 ×	다르다 違う
필요한다 ×	필요하다 必要だ
중요한다 ×	중요하다 重要だ
복잡한다 ×	복잡하다 複雑だ
할 수 있는다 ×	할 수 있다 〜できる
먹고 싶어 하다 ×	먹고 싶어 한다 食べたがる
예쁘기도 한다 ×、슬퍼하기도 하다 ×	예쁘기도 하다 きれいでもある (예쁘다は形容詞)、슬퍼하기도 한다 悲しみもする (슬퍼하다は動詞)
예쁘지 않는다 ×、먹지 않다 ×	예쁘지 않다 きれいではない (예쁘다は形容詞)、먹지 않는다 食べない (슬퍼하다は動詞)
공부해야 하다 ×	공부해야 한다 勉強しなければならない
학생인다 ×、어렵기 때문인다 ×	학생이다 学生だ、어렵기 때문이다 難しいからだ

次の単語の反対の単語を書いてください。

単語	対義語	単語	対義語	単語	対義語
낙관적	비관적	가짜		오르다	
빠르다		밝다		올라가다	
얇다		국내		상승하다	
가볍다		긍정적		현실적	
간단하다		빨리		동성	
나타나다		빌리다		기쁨	
게으르다		웃음		성공	
입학하다		버리다		(전원을) 켜다	
깊다		(힘이) 세다		전통적	
꺼내다		사다		병이 걸리다	
날씬하다		감소하다		직접적	

낮다		늘다		승낙하다	
편하다		최소		수동적	
출국		초보		해롭다	
외향적		녹다		눈을 뜨다	
이기다		죽다		(자원이) 부족하다	
희망		배고프다		(스트레스 를) 받다	

解答・訳

　問題52は対義語を知っていると大変役に立ちます。分からなかったものは覚えてしまいましょう。

単語	対義語	単語	対義語	単語	対義語
낙관적 楽観的	비관적 悲観的	가짜 偽物	진짜 本物	오르다 上がる	내리다 下がる
빠르다 早い	느리다 遅い	밝다 明るい	어둡다 暗い	올라가다 上がる	내려가다 下がる
얇다 薄い	두껍다 厚い	국내 国内	해외 海外	상승하다 上昇する	하락하다 下落する

가볍다 軽い	무겁다 重い	긍정적 肯定的	부정적 否定的	현실적 現実的	이상적 理想的 비현실적 非現実的
간단하다 簡単だ	복잡하다 複雑だ	빨리 早く	천천히 ゆっくり	동성 同性	이성 異性
나타나다 現れる	사라지다 消える	빌리다 借りる	갚다/돌 려주다 返す	기쁨 喜び	슬픔 悲しみ
게으르다 怠惰だ	부지런하 다 まめだ	웃음 笑い	울음 泣き	성공 成功	실패 失敗
입학하다 入学する	졸업하다 卒業する	버리다 捨てる	줍다 拾う	(전원을) 켜다 （電源を） つける	끄다 切る
깊다 深い	얕다 浅い	(힘이) 세 다 （力が）強 い	약하다 弱い	전통적 伝統的	현대적 現代的
꺼내다 取り出す	넣다 入れる	사다 買う	팔다 売る	병이 걸 리다 病気にか かる	병이 낫다 病気が治 る
날씬하다 細身だ	뚱뚱하다 太っている	감소하다 減少する	증가하다 増加する	직접적 直接的	간접적 間接的

낮다 低い	높다 高い	늘다 増える	줄다 減る	승낙하다 承諾する	거절하다 断る
편하다 楽だ	불편하다 不便だ	최소 最小	최대 最大	수동적 受動的	능동적 能動的
출국 出国	입국 入国	초보 初歩	전문가 専門家	해롭다 害がある	이롭다 利益がある
외향적 社交的	내성적 内気	녹다 解ける	얼다 凍る	눈을 뜨다 目を開ける	눈을 감다 目を閉じる
이기다 勝つ	지다 負ける	죽다 死ぬ	살다 生きる	(자원이) 부족하다 (資源が) 足りない	넘치다 あふれる 풍부하다 豊富だ
희망 希望	절망 絶望	배고프다 空腹だ	배부르다 満腹だ	(스트레스 를) 받다 (ストレス を)受ける	해소하다 解消する 풀다 解く

問題52 攻略法を考える

1 答案作成戦略を学ぶ

　問題52は、見た目には難しく見えますが、少し練習すれば答えを書くのは簡単です。ですので、以下のSTEPに合わせて段階別に問題を解く練習をするといいでしょう。

STEP 1	**最初の文を読んで、どんな内容なのか推測してみる。** 問題を見たらすぐに最初の文を読んで最も重要な単語に印を付けます。普通、最初の文に文章全体の内容を理解するのに必要な情報が最も多く書かれています。
STEP 2	**かっこを中心に説明方法を考えてみる。** ㋑、㋺の前や後ろにある接続詞や説明方法を表す表現がヒントとなるので、㋑、㋺の前後を確認して説明方法を考えてみてください。
STEP 3	**㋑、㋺の前後の文を読んで、ふさわしい内容を書いてみる。** 前後の文からヒントを探してかっこに入る内容を推測してみてください。㋑は中心となる内容を説明する文を書かなければいけないことが多く、㋺の前には普通接続詞があるので、接続詞と前後の文を読んで内容を推測して答えを書いてみてください。
STEP 4	**STEP 3で書いた答えに適切な文法と単語を使っているか再度確認してみる。** 中級の中・上レベルの文法と単語が要求されるため、それに合う文法と単語を使っているか再度確認してみてください。適切な文法と単語を使っていればそのままにして、適切でなければ直します。

2 答案作成の過程を学ぶ

　前で学んだ答案作成の戦略を利用して問題を解いてみましょう。

52. 다음 글의 ㉠과 ㉡에 알맞은 말을 각각 쓰시오. (10점)

> 　어려운 일이 생겼을 때 그 일을 대하는 우리의 태도는 크게 두 가지 이다.
> （　　㉠　　）. 다른 하나는 어려워서 불가능하다고 포기하는 것이다. 그
> 런데 긍정적인 결과를 기대할수록 좋은 결과를 얻을 확률이 높다. 반대로
> （　　㉡　　）. 그러므로 우리는 시련이나 고난이 닥쳤을 때일수록 더욱 긍
> 정적으로 생각할 필요가 있다.

問題52

STEP 1　最初の文を一度書いて、重要な単語に印を付けてください。

最初の文	어려운 일이 생겼을 때 그 일을 대하는 우리의 태도는 크게 두 가지이다.

STEP 2　㉠、㉡の前後にある接続表現と説明技法を書いてください。

	接続表現	説明技法
㉠	다른 하나는 もう一つは	羅列
㉡	반대로 反対に	対照

STEP 3　㉠と㉡の前後の文を読んで、ふさわしい内容を作って書いてください。

㉠	어려워도 포기하지 않는다 困難でも諦めない
㉡	나쁜 결과를 생각하면 좋은 결과를 얻을 확률이 낮다 悪い結果を考えると、良い結果を得る確率が低い

㉠ 困難なことに対する2種類の態度とは？

① 하나는（一つは）→ 어려워도 포기하지 않는 것（困難でも諦めないこと）

② 다른 하나는（もう一つは）→ 어려워서 불가능하다고 포기하는 것（困難で不可能
　だからと諦めること）

㉡ かっこの前に 반대로（反対に）があるので、反対となる内容を書かなければいけません。

STEP 4　上で書いた文に中級文法・単語があるか確認して再度書いてください。

91

㉠	하나는 아무리 어려워도 절대 포기하지 않는 것이다 一つは、いくら困難でも絶対に諦めないことだ
㉡	부정적인 결과를 생각하면 좋은 결과를 얻을 확률이 낮다 否定的な結果を考えると、良い結果を得る確率が低い

㉠ かっこの後ろに다른 하나는 (もう一つは) があるので、하나는 (一つは) を使わなければいけません。

㉡ かっこの前に긍정적인 (肯定的な) があるので、反対の부정적인 (否定的な) を使わなければいけません。

---

3 答案作成を練習してみる

前で学んだ答案作成の戦略を利用して、下の答えを書いてみましょう。

52. 다음 글의 ㉠과 ㉡에 알맞은 말을 각각 쓰시오. (10점)

> 앞으로 일어날 미래에 대한 우리의 태도는 크게 두 가지이다. (㉠
>). 다른 하나는 미래에 나쁜 일만 일어날 것이라고 생각하는 태도이다. 그
> 런데 조사에 의하면 낙관적으로 생각하는 사람의 미래가 더 밝을 확률이
> 높다고 한다. 반면에 (㉡   ). 그러므로 아직 일어나지 않은 미래에
> 대해 낙관적으로 생각하는 것이 좋다.

> 今後起きる未来に対するわれわれの態度は大きく2種類である。(㉠)。もう一
> つは未来に悪いことばかり起きるだろうと考える態度だ。だが、調査によると、楽観的に考え
> る人の未来の方が明るい確率が高いという。反面、(㉡)。それゆえ、まだ起きてい
> ない未来に対しては楽観的に考えるのがよい。

STEP 1 最初の文を一度書いて、重要な単語に印を付けてください。

最初の文	

STEP 2　㋐、㋑の前後にある接続表現と説明技法を書いてください。

	接続表現	説明技法
㋐		
㋑		

STEP 3　㋐と㋑の前後の文を読んで、ふさわしい内容を作って書いてください。

㋐	
㋑	

STEP 4　3番で書いた文に中級文法・単語があるか確認して再度書いてください。

㋐	
㋑	

【解答】

STEP 1

最初の文	앞으로 일어날 <u>미래</u>에 대한 우리의 <u>태도</u>는 크게 <u>두 가지</u>이다.

STEP 2

	接続表現	説明技法
㋐	다른 하나는 もう一つは	羅列
㋑	반면에 反面	対照

STEP 3~4

㉠	하나는 미래에 좋은 일만 일어날 것이라고 생각하는 것이다 一つは、未来にいいことだけ起きるだろうと考えることだ
㉡	비관적으로 생각하는 사람의 미래가 밝을 확률은 낮다고 한다 悲観的に考える人の未来が明るい確率は低いという

【学習者の解答例および評価】

㉠	㉡	点数
하나는 미래에 좋은 일만 일어날 것이라고 생각하는 것이다 一つは、未来にいいことだけ起きるだろうと考えることだ	비관적으로 생각하는 사람의 미래가 밝을 확률은 낮다고 한다 悲観的に考える人の未来が明るい確率は低いという	5
첫 번째로 미래에 좋은 일만 일어날 것이다 最初に、未来にいいことだけ起きるだろう	비관적인 결과를 생각하면 나쁜 결과를 얻는다 悲観的な結果を考えると悪い結果を得る	3~4
좋은 일만 일어날 거예요 いいことだけ起きるでしょう	나쁜 결과를 생각하면 나쁜 결과가 있어요 悪い結果を考えると悪い結果があります	1~2
나쁜 일이 일어날 것이다 悪いことが起きるだろう	좋은 결과를 기대하면 좋다 いい結果を期待するといい	0

㉠ 未来に対する態度が2種類とあり、㉠の後ろに나쁜 일(悪いこと)とあるので、㉠には
反対の内容を書かなければいけません。また、㉠の後ろに다른 하나(もう一つ)がある
ので、㉠には하나는(一つは)を書かなければいけません。

㉡ 반면에(反面)があるので、反対となる内容を書かなければいけません。㉡の前の文の
対義語を書けば大丈夫です。例：낙관적(楽観的)⇔비관적(悲観的)、확률이 높다
(確率が高い)⇔확률이 낮다(確率が低い)

項目別チェック｜ことわざ

次のことわざを読み、適切なことわざの意味との間に線を引いてつなげてみてください。

① 발 없는 말이 천리 간다
② 원숭이도 나무에서 떨어진다
③ 고생 끝에 낙이 온다
④ 윗물이 맑아야 아랫물이 맑다
⑤ 백지장도 맞들면 낫다
⑥ 세 살 적 버릇이 여든까지 간다
⑦ 싼 게 비지떡이다
⑧ 시작이 반이다
⑨ 배보다 배꼽이 더 크다
⑩ 수박 겉핥기

A 아무리 익숙하고 잘하는 사람이라도 가끔 실수할 때가 있다.
B 윗사람이 잘 해야 아랫사람도 잘한다.
C 값이 싼 물건은 당연히 품질도 안 좋다.
D 큰 것보다 작은 것에 돈이나 노력이 더 많이 든다.
E 무슨 일이든지 시작하기가 어렵고 시작하면 일을 끝내는 것은 그리 어렵지 않다.
F 말은 아주 빠르게 퍼져 나가므로 말조심을 해야 한다.
G 어릴 때 생긴 버릇은 노인이 되어도 고치기 어렵다.
H 어떤 일을 자세히 알지 못하고 겉만 대충 보는 것.
I 쉬운 일이라도 같이 협력해서 하면 훨씬 쉽다.
J 어려운 일이나 힘든 일을 겪은 후에 반드시 즐겁고 좋은 일이 생긴다.

解答・訳

今回は、ことわざを勉強します。問題52ではことわざが出てくることがあるので、ことわざの意味を知っていれば役に立ちます。

① F ② A ③ J ④ B ⑤ I ⑥ G ⑦ C ⑧ E ⑨ D ⑩ H

---

① 발 없는 말이 천리 간다　足のない言葉が千里を走る
意味：うわさ話はとても早く広まるので言葉に気を付けなければならない。悪事千
　　　里を走る。
例：발 없는 말이 천리 간다고 두 사람이 사귄다는 사실을 하루 만에 모두
　알게 되었다.
　　悪事千里を走るというが、二人が付き合っているという事実を1日で皆が知る
　　ことになった。

---

② 원숭이도 나무에서 떨어진다　猿も木から落ちる
意味：どんなに手慣れていて上手な人でも時々失敗することがある。
例：원숭이도 나무에서 떨어진다고 수영 선수가 바다에 놀러 갔다가 물에
　빠졌다고 한다.
　　猿も木から落ちるというが、水泳選手が海に遊びに行って溺れたそうだ。

---

③ 고생 끝에 낙이 온다　苦労の末に楽が来る
意味：難しいことや大変なことを経た後には必ず楽しく良いことが起きる。苦は楽
　　　の種。
例：고생 끝에 낙이 온다고 철수는 여러 번 시험을 봐서 의대에 합격했다.
　　苦は楽の種というが、チョルスは何度も試験を受けて医大に合格した。

---

④ 윗물이 맑아야 아랫물이 맑다　上の水が清ければこそ下の水が清い
意味：目上の者が良く振る舞ってこそ、下の者も良く振る舞う。上清ければ下濁らず。
例：윗물이 맑아야 아랫물이 맑다고 부모가 아이들 앞에서 잘못된 모습을
　보이면 아이들은 그대로 따라 한다.
　　上清ければ下濁らずというが、両親が子どもたちの前で間違った姿を見せれ
　　ば子どもたちはそのまままねをする。

---

⑤ 백지장도 맞들면 낫다　白紙一枚でも力を合わせれば軽い（ましだ）
意味：簡単なことであっても一緒に協力してやればはるかに簡単だ。
例：백지장도 맞들면 낫다고 영희는 친구의 도움을 받아서 이사를 금방 끝
　냈다.
　　白紙一枚でも力を合わせれば軽いというが、ヨンヒは友達に手伝ってもらって
　　引っ越しをすぐに終わらせた。

⑥ 세 살 적 버릇이 여든까지 간다　3歳の頃の癖が80歳まで続く
意味：幼い頃に付いた癖は老人になっても直すのが難しい。三つ子の魂百まで。
例：세 살 적 버릇이 여든까지 간다고 어릴 때부터 좋은 습관을 갖는 것이
　　중요하다.
　　三つ子の魂百までというし、幼い頃から良い習慣を付けるのが重要だ。

⑦ 싼 게 비지떡이다　安いのがおから餅だ
意味：安い品物は当然品質も良くない。安物買いの銭失い。
例：싼 게 비지떡이라고 싸게 산 스웨터를 한 번밖에 안 입었는데 다 늘어
　　나 버렸다.
　　安物買いの銭失いというが、安く買ったセーターを一度しか着ていないのにすっ
　　かり伸びてしまった。

⑧ 시작이 반이다　始めるのが半分だ
意味：どんなことでも始めるのが難しく、始めれば終えるのはそれほど難しくない。
例：시작이 반이라고 논문 주제를 잡았으니까 금방 쓸 수 있을 것이다.
　　始めるのが半分だというし、論文のテーマを決めたからすぐに書けるはずだ。

⑨ 배보다 배꼽이 더 크다　腹よりへそが大きい
意味：大きいことよりも小さいことに金や努力がたくさんかかる。
例：배보다 배꼽이 더 크다고 친구가 산 밥값보다 내가 산 커피값이 더 많
　　이 나왔다.
　　腹よりへそが大きいというが、友達が出したご飯代よりも私が出したコーヒー
　　代の方が高かった。

⑩ 수박 겉 핥기　スイカの皮なめ
意味：あることを詳しく知ろうとせずに、うわべだけをざっと見ること。
例：공부를 할 때 수박 겉 핥기 식으로 대충 공부하면 어려운 문제가 나왔
　　을 때 풀 수 없다.
　　勉強をするときスイカの皮をなめるように適当に勉強していたら、難しい問題
　　が出たときに解けない。

問題52 出題傾向を知る

1 従来の出題傾向

　新しいTOPIKが始まり、これまでに出題された問題の類型は、大きく二つに分けることができます。

【反対】
前や後ろの内容と反対の内容を書かなければいけない問題がよく出ました。

> 　사람들은 여러 가지 다양한 방법으로 다이어트를 한다. 한 가지 음식만 먹으면서 다이어트를 하기도 하고 (㉠ 아무것도 안 먹으면서 다이어트를 하기도 한다). 그러나 이렇게 한 가지 음식만 먹거나 무조건 아무것도 안 먹는 방법으로 다이어트를 하면 일시적으로 살이 빠질 수는 있지만 다시 살이 찌기 쉽다. 반면에 (㉡ 운동으로 다이어트를 하면 다시 살이 잘 찌지 않는다). 따라서 성공적인 다이어트를 위해서는 반드시 운동을 해야 한다.

> 　人はあれこれと多様な方法でダイエットをする。一つの食べ物のみ食べるダイエットをしたりもするし、(㉠ 何も食べないダイエットをしたりもする)。しかし、このように一つの食べ物だけ食べたり、とにかく何も食べない方法でダイエットをしたりすると、一時的に痩せることはあるが、リバウンドしやすい。反面、(㉡ 運動でダイエットをすると、リバウンドすることはあまりない)。従って、ダイエットに成功するためには、必ず運動をしなければならない。

試験でよく扱われた文法表現には、以下のようなものがあります。

- ・ 그러나 (しかし)
- ・ 반대로 (反対に)
- ・ 반면에 (反面)

　그러나、반대로、반면에は前後の内容が違うことを表す接続詞です。このような接続詞が問題に出てきたら、接続詞の前や後ろに反対の内容を考えて答えを書かなければいけま

せん。

【羅列】
いくつかのことを羅列しながら説明する問題もよく出ました。

> 　사람들은 여러 가지 다양한 방법으로 다이어트를 한다. 한 가지 음식만 먹으면서 다이어트를 하기도 하고 (㉠ 아무것도 안 먹으면서 다이어트를 하기도 한다). 그러나 이렇게 한 가지 음식만 먹거나 무조건 아무것도 안 먹는 방법으로 다이어트를 하면 일시적으로 살이 빠질 수는 있지만 다시 살이 찌기 쉽다. 반면에 (㉡ 운동으로 다이어트를 하면 다시 살이 잘 찌지 않는다). 따라서 성공적인 다이어트를 위해서는 반드시 운동을 해야 한다.

試験でよく扱われた文法表現には、以下のようなものがあります。

・ –기도 하고 + –기도 하다 (〜したりもするし+〜したりもする)
・ 하나는 + 다른 하나는 (一つは+もう一つは)

–기도 하고 –기도 하다や하나는… 다른 하나는…はいくつかのことを羅列するときに使う説明技法です。このような表現が一部だけ提示されていたら、残りの部分に羅列の説明技法を使い、内容に合わせて答えを書けば大丈夫です。

② 最近出題された問題

以前の問題と最近の問題を比べてみると、問題52は大きく変わっていません。ですが、最近は反対や羅列だけでなくさまざまな接続詞、さまざまな説明技法が出題されています。

以前は文末までを書かなければいけませんでしたが、最近は文の中間に内容を書かなければいけない問題も出ます。

以前のかっこの位置	最近見られるようになったかっこの位置
왜냐하면 (날씨가 기분에 영향을 주기 때문이다). なぜなら、(天気が気分に影響を与えるからだ)。	날씨가 안 좋을수록 (밝은 옷을 입는) 것이 좋다. 天気が悪いほど (明るい服を着る) 方がいい。

【さまざまな説明技法、接続詞、文法】

　最近はさまざまな説明技法や接続詞、文法が試験に出ています。従って、それらと呼応する表現を正確に知っていなければいけません。

이처럼 このように	이처럼 (사람마다 생각하는 것이 다르다는 것을 알 수 있다). このように (人によって考えることが違うことが分かる)。
-(느)ㄴ다/자/냐/(으)라고 하다 〜すると／しようと／するのかと／しろと言う	전문가들은 (건강을 위해 적정 온도를 유지하라고 한다). 専門家は (健康のために適正な温度を維持しろと言う)。
-기 위해서(는) 〜するために (は)	건강해지기 위해서는 (자주 운동을 해야 한다). 健康になるためには (頻繁に運動をしなければならない)。

3　高得点に備えるヒント

　下記の表現をどのような状況で使うか、必ず勉強しておいてください。よく出る文法はとにかく覚えましょう（P.78〜83参照）。

-기 위해서는 〜するためには	+	-아/어야 하다 〜しなければならない	目的を表すとき
(전문가)들은 (専門家) たちは	+	-(느)ㄴ다/자/냐/(으)라고 하다 〜すると／しようと／するのかと／しろと言う	引用して言うとき
왜냐하면 なぜなら	+	-기 때문이다 〜だからだ	理由を言うとき

그러므로 そのため	+ -는 것이 좋다　～するのがいい -아/어야 하다　～しなければならない -(으)ㄹ 필요가 있다　～する必要がある	結論を整理して言うとき
이처럼 このように、 이렇게 こうして	+ (앞에서 언급한 내용 정리) 　(前で言及した内容の整理)	言及した内容を整理して言うとき
A는 -다. B도 마찬가지이다. Aは～である。Bも同じである		前で説明したものと後ろが同じだと言うとき

　普通、反対の内容がよく出るので、対義語を必ず勉強しておいてください（P.86～89参照）。

　問題52は한다체の形式で答えを書かなければいけません。日頃から한다체の文に慣れておくようにしましょう（P.83～85、114～116参照）。

※ [1~8] 다음 글의 ㉠과 ㉡에 알맞은 말을 각각 쓰시오. (10점)

1

텔레비전이 우리에게 미치는 나쁜 영향은 크게 두 가지이다. (
㉠   ). 다른 하나는 텔레비전을 보면서 자기도 모르는 사이에 비속
어나 유행어에 노출된다는 것이다. 이처럼 텔레비전은 우리의 눈 건강
에도 언어생활에도 지장을 준다. 반대로 (㉡   ). 왜냐하면 뉴스
나 다양한 프로그램을 통해서 많은 정보를 얻을 수 있고 방송을 즐기
면서 스트레스를 해소할 수도 있기 때문이다.

㉠	
㉡	

解答にかかった時間　（　　　）分

2

사람들은 여러 가지 다양한 방법으로 다이어트를 한다. 한 가지 음
식만 먹으면서 다이어트를 하기도 하고 (㉠   ). 그러나 이렇게
한 가지 음식만 먹거나 무조건 아무것도 안 먹는 방법만으로 다이어트
를 하는 것은 일시적으로 살이 빠질 수는 있지만 다시 살이 찌기 쉽다.
반면에 (㉡   ). 따라서 성공적인 다이어트를 위해서는 반드시
운동을 해야 한다.

㉠	
㉡	

解答にかかった時間　（　　　）分

3

언어는 그 사람의 인격을 보여 준다. 인격이 훌륭한 사람은 이야기할 때 예의 바르고 아름다운 말을 쓴다. 반면에 (　　㉠　　). 이처럼 상대방과 대화해 보면 그 사람의 인격을 알 수 있다. 그러므로 (　　㉡　　). 말을 통해 그 사람이 훌륭한 인격을 지닌 사람인지 아닌지를 알 수 있기 때문이다.

㉠	
㉡	

解答にかかった時間　（　　　）分

問題52

4

'웃으면 복이 온다' 는 말이 있다. 무슨 일이든지 긍정적으로 생각하면 좋은 일이 생길 것이라는 말이다. 옛날부터 우리 조상은 좋은 일이 생겨서 웃는 것이 아니라고 생각했다. 반대로 (　㉠　　). 그러므로 (　　㉡　　).

㉠	
㉡	

解答にかかった時間　（　　　）分

5

과학의 발달은 인류에게 다양한 혜택을 가져다주었다. 암 치료가 가능해졌고 로봇이 청소도 대신해 주게 되었다. 이처럼 과학의 발전으로 인해 고치기 어려웠던 질병을 고칠 수 있게 되었을 뿐만 아니라 (　㉠　　). 그렇지만 (　　㉡　　). 왜냐하면 과학의 발달로 핵무기나 환경오염 등의 안 좋은 결과들도 생겼기 때문이다.

㉠	
㉡	

6　　여러 종류의 악기를 함께 연주할 때는 다른 사람의 소리를 들으며 연주해야 아름다운 소리를 낼 수 있다. 그런데 만일 (　　㉠　　). 우리 사회도 마찬가지이다. 사회를 구성하는 모든 개인도 다른 사람들의 의견에 귀를 기울여야 한다. 그래야 (　　㉡　　).

㉠	
㉡	

7　　잠은 얼마나 자는 것이 좋을까? 사람들은 보통 피곤함을 느끼면 충분히 잠을 자려고 한다. 그러나 9시간 이상 잠을 자는 것은 오히려 질병을 유발할 수 있기 때문에 (　　㉠　　). 그런데 수면 시간이 6시간보다 적을 경우 역시 면역력이 약해질 수 있다. 따라서 (　　㉡　　).

㉠	
㉡	

8

> 서양인과 동양인은 외모와 말하는 방식에 차이가 있다. 서양인은 눈이 크고 코가 높다. 반면에 (　　㉠　　). 또한 서양인은 말을 할 때 직접적으로 표현을 하는 편이다. 그렇지만 (　　㉡　　)

㉠	
㉡	

解答にかかった時間　（　　　　）分

解答例・解説・訳

1

㉠	㉡	点数
하나는 (오랫동안 시청함에 따라) 눈 건강이 나빠진다는 것이다 一つは、（長い間視聴するにつれて）目の健康状態が悪くなるということだ	텔레비전은 우리에게 좋은 영향을 미치기도 한다 テレビはわれわれにとって良い影響を及ぼしたりもする	5
첫 번째는 눈이 나빠질 수도 있다 一つ目は、目が悪くなることもある	텔레비전이 좋은 것도 있다 テレビがいいこともある	3～4
눈이 나빠지거나 건강이 안 좋아진다 目が悪くなったり健康状態が良くなくなったりする	텔레비전이 우리에게 미치는 좋은 영향이다 テレビがわれわれに及ぼすいい影響だ	1～2
시간을 낭비한다 時間を浪費する	뉴스나 다양한 프로그램이 좋다 ニュースやさまざまな番組がいい	0

㉠ 後ろにある 지장을 주다（支障を来す）の意味が分かれば、目の健康について書かなければいけないということが分かります。

㉡ 後ろでテレビの長所について話しているので、悪い影響とは逆のいい影響について書

かなければいけません。

［1~8］次の文章の㋑と㋺にふさわしい言葉をそれぞれ書きなさい。(10点)

> テレビがわれわれに及ぼす悪い影響は大きく二つだ。（　㋑　）。もう一つはテレビを見ながら自分も知らぬ間に俗語や流行語にさらされることだ。このように、テレビはわれわれの目の健康にも言語生活にも支障を来す。反対に（　㋺　）。なぜなら、ニュースやさまざまな番組を通してたくさんの情報を得ることができ、放送を楽しみながらストレスを解消することもできるからだ。

2

㋑	㋺	点数
아무것도 안 먹기도 한다 何も食べなかったりもする、무조건 굶기도 한다 一切ご飯を抜いたりもする	운동을 해서 살을 빼면 다시 살이 잘 찌지 않는다 運動をして痩せるとリバウンドすることはあまりない	5
아무것도 안 먹는다 何も食べない	운동을 해서 살을 빼면 좋다 運動をして痩せるといい	3~4
아무것도 안 먹습니다 何も食べません	운동하면 성공적이 높다 運動すれば成功率が高い（単語のミスを含む。正しくは성공률）	1~2
건강도 좋기도 해요 健康も良かったりもします、s 運動をしなかったりもする	쉽게 살이 찐다 簡単に太る、살이 찌기 어렵다 太りにくい	0

㋑ 後ろで안 먹는 방법（食べない方法）について話しており、前に−기도 하다（〜したりもする）があるので−기도 하다を使わなければいけません。

㋺ 前に반면에（反面）があるので、反対となる内容を書かなければいけません。

人はあれこれと多様な方法でダイエットをする。一つの食べ物だけ食べるダイエットをしたりもするし、（　㉠　）。しかし、このように一つの食べ物だけ食べたり、とにかく何も食べなかったりする方法でダイエットをするのは、一時的に痩せることはあるがリバウンドしやすい。反面、（　㉡　）。従って、ダイエットに成功するためには、必ず運動をしなければならない。

問題52

3

㉠	㉡	点数
인격이 훌륭하지 못한 사람은/그렇지 않은 사람은 예의 없거나 나쁜 말을 쓴다 人格が立派でない人は／そうでない人は礼儀がなかったり悪い言葉を使ったりする	어떤 사람의 인격을 파악하고 싶다면 대화를 해 보는 것이 좋다 ある人の人格を把握したければ対話をしてみるのがよい	5
인격이 나쁜 사람은 예의 나쁘거나 나쁜 말을 쓴다 人格が悪い人は礼儀が悪かったり悪い言葉を使ったりする	말을 할 때 조심해야 한다 話すとき気を付けなければならない	3〜4
인격이 안 좋은 사람은 말이 안 아름답다 人格が良くない人は言葉が美しくない	언어와 인격은 관계가 있다 言語と人格は関係がある	1〜2
안 아름다운 말을 쓴다 美しくない言葉を使う	언어와 인격이 중요한다 言語と人格が重要だ	0

㉠ 前に반면에（反面）があるので、反対の内容を書かなければいけません。人格が훌륭하다（立派だ）に対して、훌륭하지 못하다（立派ではない）や그렇지 않다（そうではない）と書けば大丈夫です。

㉡ 言葉を通して人格を知ることができるという内容の後ろに그러므로（それゆえ）があるので、人格を知りたければ対話をしなければならないという内容を書かなければいけないということが分かります。

言語はその人の人格を示す。人格が立派な人は、話すとき礼儀正しく美しい言葉を使う。反面、（　㋐　）。このように、相手と対話してみると、その人の人格を知ることができる。それゆえ、（　㋑　）。言葉を通じてその人が立派な人格を備える人かどうかを知ることができるからだ。

4

㋐	㋑	点数
웃으면 좋은 일이 생긴다고 생각했다 笑うといいことが起きると考えた	많이 웃고 긍정적으로 생각해야 한다 たくさん笑って肯定的に考えなければならない	5
긍정적으로 생각하면 좋은 일이 생긴다 肯定的に考えるといいことが起きる	많이 웃기 바랍니다 たくさん笑うようお願いします	3〜4
부정적으로 생각하면 나쁜 일이 생긴다 否定的に考えると悪いことが起きる	부정적으로 생각하면 나쁜 일이 생긴다 否定的に考えると悪いことが起きる	1〜2
나쁜 일이 생기면 웃지 않는다 悪いことが起きると笑わない	부정적으로 생각하는 것이다 否定的に考えるのである	0

㋐ 前に반대로（反対に）があるので、反対の内容を書かなければいけません。

㋑ 그러므로（それゆえ）の後ろにはそれまで述べた根拠から得られる結論を書かなければいけないので、ここでは－아/어야 한다（〜しなければならない）などの適切な文法表現を使いましょう。他に－는 것이 좋다（〜するのがよい）、－(으)ㄹ 필요가 있다（〜する必要がある）なども使うことができます。

「笑う門には福来たる」という言葉がある。どういうことでも肯定的に考えればいいことが起きるだろうという言葉だ。昔から、われわれの先祖はいいことが起きて笑うのではないと考えた。反対に（　㋐　）。それゆえ（　㋑　）。

5

㉠	㉡	点数
우리의 생활이 편리해졌다 われわれの生活が便利になった	과학의 발달이 꼭 좋은 것만은 아니다 科学の発達が必ずしもいいことだけではない、과학의 발달은 인류에게 나쁜 결과도 가져다주었다 科学の発達は人類に悪い結果ももたらした	5
생활이 편리하게 됐다 生活が便利になった	과학의 발달은 나쁜 일도 있다 科学の発達は悪いこともある	3〜4
생활이 발달했다 生活が発達した	안 좋은 결과도 생겼다 良くない結果も生じた	1〜2
암 치료가 가능해졌다 がん治療が可能になった	과학은 혜택을 가져다주었다 科学は恩恵をもたらした	0

㉠ 前で言った例を整理して説明しているので、生活が便利になったという内容を書かなければいけません。

㉡ 前に그렇지만 (だが) があるので、反対の内容を書かなければいけません。

> 科学の発達は人類にさまざまな恩恵をもたらした。がん治療が可能になり、ロボットが掃除も代わりにしてくれるようになった。このように、科学の発展によって治すのが難しかった病気を治せるようになっただけでなく、(㉠)。だが (㉡)。なぜなら、科学の発達で核兵器や環境汚染などの良くない結果も生じたからだ。

6

㉠	㉡	点数
다른 사람의 소리는 듣지 않고 혼자 연주를 하면 아름다운 소리를 낼 수 없다 他の人の音は聞かずに一人で演奏をすると美しい音を出せない	사회가 잘 돌아갈 수 있기 때문이다 社会がうまく回っていくからだ	5

혼자 연주를 하면 연주가 이상해 질 수 있다 一人で演奏をすると演奏がおかしくなることがある	아름다운 사회를 만들다 美しい社会をつくる	3~4
연주할 수 없으면 노래가 엉망이다 演奏できなければ歌がめちゃくちゃだ	아름다운 연주를 할 수 있다 美しい演奏ができる	1~2
다른 사람의 소리를 들어야 한다 他の人の音を聞かなければならない	개인이 사회를 구성한다 個人が社会を構成する	0

㉠ 前にそれなのに 만일 (だが万一) があるので反対の内容を仮定して書くことができます。後ろに우리 사회도 마찬가지이다 (われわれの社会も同じだ) があるので、演奏とわれわれの社会を比較している文章だということを念頭に置いて書きましょう。

㉡ 前にそうしてこそ (そうしてこそ) があります。そうしてこそはその前の귀를 기울여야 (耳を傾けてこそ) を指し、そうしなければならない理由を述べる文法表現として使われています。理由を述べているので、後ろに-기 때문이다 (~するからだ) を使わなければいけません。

いろいろな種類の楽器を一緒に演奏するときは、他の人の音を聞きながら演奏してこそ美しい音を出すことができる。だが、万一 (㉠   )。われわれの社会も同じだ。社会を構成する全ての個人も他の人の意見に耳を傾けなければならない。そうしてこそ (㉡   )。

7

㉠	㉡	点数
너무 많이 자는 것은 좋지 않다 寝過ぎるのは良くない	잠은 적당히 자는 것이 좋다 睡眠は適度に取るのがいい、6시간에서 8시간 정도 자는 것이 좋다 6時間から8時間程度寝るのがいい	5
너무 많이 자면 좋지 않는다 寝過ぎると良くない (文法ミスを含む。正しくは 좋지 않다)	6시간보다 많이 자야 한다 6時間より多く寝なければならない	3~4

110

オ히려 나쁘다 むしろ悪い	얼마나 자느냐에 따라 효과가 다르다 どれくらい寝るかによって効果が異なる	1~2
피곤할 때 충분히 자야 한다 疲れているとき十分に睡眠を取らなければならない	푹 자야 한다 ぐっすり寝なければならない	0

㉠ 前で、たくさん寝ることが病気を誘発することがあると言っているので、たくさん寝るのは良くないという内容を書かなければいけません。

㉡ 前で、睡眠時間が短いのもまた免疫力が落ちることがあると言っているので、適度に寝なければならないという内容を書かなければいけません。

> 睡眠はどれくらい取るのがいいだろうか？ 人は普通、疲労を感じると十分に睡眠を取ろうとする。しかし、9時間以上寝るのはかえって疾病を誘発することがあるので（　㉠　）。だが、睡眠時間が6時間より少ない場合もまた、免疫力が弱くなることがある。従って（　㉡　）。

8

㉠	㉡	点数
동양인은 눈이 작고 코가 낮다 東洋人は目が小さく鼻が低い	동양인은 말을 할 때 간접적으로 표현을 하는 편이다 東洋人は話をするときに間接的に表現をする方だ	5
동양인이 눈이 작고 코가 작다 東洋人が目が小さく鼻が小さい	동양인은 말을 할 때 직접적이지 않는다 東洋人は話をするときに直接的ではない（文法ミスを含む。正しくは**직접적이지 않다**）	3~4

눈이 작고 코가 작다 目が小さく鼻が小さい	동양인은 말을 작게 조금 한다 東洋人は少し話を小さくする	1〜2
동양인은 외모가 다르다 東洋人は外見が違う	동양인은 말하는 방식에 차이가 있다 東洋人は話し方に違いがある	0

㋐ 西洋人(目が大きく鼻が高い)と東洋人の外見の違いについて比較する内容を書かなければいけません。

㋑ 西洋人(直接的に表現する)と東洋人の話し方の違いについて比較する内容を書かなければいけません。

> 西洋人と東洋人は外見と話し方に違いがある。西洋人は目が大きく鼻が高い。反面、(㋐)。また、西洋人は話をするときに直接的に表現する方だ。だが、(㋑)。

語彙
練習問題1の中に出てきた覚えておくべき単語や表現をまとめました。

1 영향을 미치다 影響を及ぼす
　비속어 俗語、スラング
　유행어 流行語
　노출되다 むき出しになる、直接触れる、さらされる
　지장을 주다 支障を来す
　정보 情報
　얻다 得る
　해소하다 解消する
2 무조건 とにかく、絶対
　일시적 一時的
　반면에 反面
　따라서 従って
　성공적 良い結果に終わること

　반드시 必ず
3 인격 人格
　훌륭하다 立派だ
　예의 바르다 礼儀正しい
　상대방 相手
　그러므로 それゆえ
　인격을 지니다 人格を備える
4 웃으면 복이 온다 笑う門には福来る
　긍정적 肯定的
　생기다 起きる
　조상 先祖
5 과학 科学
　발달 発達
　인류 人類

혜택 恩恵
가져다주다 もたらす
암 がん
치료 治療
로봇 ロボット
대신하다 代わる、代わりをする
질병 疾病、病気
핵무기 核兵器
환경 오염 環境汚染

6 종류 種類
악기 楽器
연주하다 演奏する
소리를 내다 音を出す
마찬가지 同じ
사회 社会
구성하다 構成する
개인 個人

귀를 기울이다 耳を傾ける
그래야 そうしてこそ

7 느끼다 感じる
충분히 十分に
오히려 かえって
유발하다 誘発する
수면 睡眠
경우 場合
역시 〜もまた
면역력 免疫力

8 서양인 西洋人
동양인 東洋人
외모 外見
방식 方式
차이 違い
직접적 直接的
표현을 하다 表現をする

問題52

113

次の文で下線を引いた部分を適切な韓国語に直してみましょう。

① 현재 서울에는 다양한 나라에서 온 사람들이 <u>살다</u>.

② 실패를 경험해 보지 않은 사람은 <u>없는다</u>.

③ 오래 쉬는 것보다 잘 쉬는 것이 <u>중요한다</u>.

④ 외국으로 유학을 가려면 무엇보다도 큰 용기가 <u>필요한다</u>.

⑤ 대부분의 사람들은 부자가 <u>되고 싶어 하다</u>.

⑥ 성공으로 인해 기뻐하기도 하고 실패로 인해 <u>슬퍼하기도 하다</u>.

⑦ 무슨 일이든지 열심히 하면 <u>성공할 수 있는다</u>.

⑧ 건강을 위해서 꾸준히 <u>운동해야 하다</u>.

⑨ 부정적으로 생각하는 사람은 언제나 <u>즐겁지 않는다</u>.

⑩ 어떤 나라의 사람들은 돼지고기를 <u>먹지 않다</u>.

　今回は、한다体を書くときに学習者がよく間違えるものを整理しました。問題52、53、54はどれも한다体で書かなければいけないので、한다体は必ず勉強しましょう。

① 살다.

　　⇨ **산다** (動詞、ㄹ変則)

② 없는다.

　　⇨ **없다** (形容詞)

③ 중요한다.

　　⇨ **중요하다** (形容詞)

④ 필요한다.

　　⇨ **필요하다** (形容詞)

⑤ 되고 싶어 하다.

　　⇨ **되고 싶어 한다**

　-고 싶어 하다는動詞のように活用します (-고 싶다는形容詞のように活用)。

⑥ 슬퍼하기도 하다.

　　⇨ **슬퍼하기도 한다** (動詞)

　※形容詞 + -기도 하다 ⇨ **예쁘기도 하다**

　※動詞 + -기도 한다 ⇨ **좋아하기도 한다**

⑦ 성공할 수 있는다.

　　⇨ **성공할 수 있다**

　-(으)ㄹ 수 있다는形容詞のように活用します。

⑧ 운동해야 하다.

　　⇨ **운동해야 한다**

　-아/어야 하다는動詞のように活用します。

⑨ 즐겁지 않는다.

　　⇨ **즐겁지 않다** (形容詞の否定)

⑩ 먹지 않다.

⇨ **먹지 않는다** (動詞の否定)

※形容詞＋－지 않다 ⇨ **예쁘지 않다**

※動詞＋－지 않는다 ⇨ **좋아하지 않는다**

① 現在ソウルにはさまざまな国から来た人々が暮らしている。
② 失敗を経験したことのない人はいない。
③ 長く休むことよりもしっかりと休むことが重要だ。
④ 外国へ留学に行くなら、何よりも大きな勇気が必要だ。
⑤ ほとんどの人々はお金持ちになりたがる。
⑥ 成功によって喜んだりもするし、失敗によって悲しんだりもする。
⑦ どんなことでも一生懸命やれば成功させられる。
⑧ 健康のためにこつこつと運動しなければいけない。
⑨ 否定的に考える人はいつも楽しくない。
⑩ 特定の国の人々は、豚肉を食べない。

問題52 練習問題2　※解答例・解説・訳はP.120〜

※ [1~8] 다음 글의 ㉠과 ㉡에 알맞은 말을 각각 쓰시오. (10점)

1

　　문제를 해결하기 위해서 정보는 많을수록 좋다고 말하는 경우가 많다. 그런데 실제로 (　　㉠　　). 왜냐하면 정보가 많을 경우 어떤 정보가 그 문제를 해결할 때 가장 유용한지 정말 필요한 정보인지 파악하는 데에 시간을 많이 써 버리기 때문이다. 과거에 비해 우리는 많은 정보를 쉽게 얻을 수 있다. 그렇지만 이 정보를 이용할 때는 신중해야 할 필요가 있다. 그래야 (　　㉡　　).

㉠	
㉡	

解答にかかった時間　（　　　）分

2

　　유학생이 집을 구할 때는 여러 가지 조건을 생각해야 한다. 먼저 유학생이므로 안전을 가장 중요하게 생각해야 한다. (　　㉠　　). 아무리 좋은 집이라도 교통이 불편하면 생활을 편하게 할 수 없다. 그러나 실제로 (　　㉡　　). 오히려 집값을 가장 중요하게 생각하는데 그 이유는 부모님에게 용돈을 받으며 생활하기 때문이다.

㉠	
㉡	

解答にかかった時間　（　　　）分

3

　　실패하는 사람들은 항상 '나중에', '내일'이라는 단어를 입에 달고 다니며 해야 할 일을 나중으로 미룬다. 반면에 (　　㉠　　). 어떤 일을 하기에 가장 좋은 날이 따로 있지 않다. 어떤 일을 하기에 가장 좋은 시간은 '오늘' 그리고 바로 '지금'이다. 그러므로 '내일'과 '나중'은 패자들의 단어이고 (　　㉡　　).

㉠	
㉡	

解答にかかった時間　（　　　　）分

4

　　지하철역에는 장애인들을 위한 엘리베이터가 설치되어 있다. 그러나 (　　㉠　　). 이로 인해 정작 장애인들은 꼭 필요할 때 이 시설을 이용하기가 어렵다. 따라서 정부는 비장애인들의 엘리베이터 사용을 금지하거나 벌금을 내도록 해야 할 것이다. 그래야 (　　㉡　　).

㉠	
㉡	

解答にかかった時間　（　　　　）分

5

　　'아침에 먹는 사과는 보약'이라는 말이 있다. 아침에 먹는 사과가 건강에 약처럼 좋다는 뜻이다. 왜 아침에 먹는 사과라고 했을까? 그 이유는 아침에 먹는 사과는 건강을 유지하는 데 효과적이지만 저녁에 먹는 사과는 위를 불편하게 만들어서 건강에 큰 효과를 주지 못하기 때문이다. 이처럼 사과의 효능은 (　　㉠　　). 그러므로 (　　㉡　　).

㉠	
㉡	

解答にかかった時間　（　　　）分

6 '토끼와 거북이'라는 옛날이야기가 있다. 거북이는 토끼와의 달리기 시합에서 끝까지 노력해서 결국 토끼를 이겼다. 그런데 만일 (㉠). 이것은 우리의 인생도 마찬가지이다. (㉡). 왜냐하면 어떤 일을 하는 도중에 포기하는 사람은 성공하기 힘들기 때문이다.

㉠	
㉡	

解答にかかった時間　（　　　）分

7 운동은 언제 하는 것이 좋을까? 아침에 운동을 하는 것이 건강에 좋다고 생각하는 사람들이 있다. 그러나 (㉠). 저녁에 비해서 아침에는 아직 몸이 풀리지 않은 상태이기 때문이다. 그런데 저녁에 운동을 한다고 해서 다 좋은 것은 아니다. 잠자기 한 시간 전에 운동을 하면 수면을 방해할 수 있다. 따라서 (㉡).

㉠	
㉡	

解答にかかった時間　（　　　）分

8

　　대학은 고등학교와 완전히 다르다. 모든 일을 자기 스스로 해야 하기 때문이다. 고등학교에서는 교사가 정해 준 계획대로 공부를 해야 한다. 반면에 (　　㉠　　). 그렇기 때문에 고등학교를 졸업하기 전까지는 수동적인 학생들이 많다. 하지만 (　　㉡　　).

㉠	
㉡	

解答にかかった時間　（　　　　）分

解答例・解説・訳

1

㉠	㉡	点数
정보가 많다고 해서 꼭 좋은 것은 아니다 情報が多いからといって必ずしもいいわけではない	시간을 절약할 수 있기 때문이다 時間を節約できるからだ	5
정보가 많으면 좀 나쁠 수 있다 情報が多いと少し悪いことがある	시간을 써 버리지 않는다 時間を使ってしまわない	3～4
정보가 없다 情報がない	시간을 지루하지 않는다 時間を退屈に過ごすことがない（文法ミスを含む。지루하다は「退屈である」という意味の形容詞であるが、動詞として使用している）	1～2
문제를 해결하기 힘들다 問題を解決するのが大変だ	정보를 얻을 수 있다 情報を得ることができる	0

㉠ 前에 그런데 実際로（だが実際には）があるので、実際にはそうではないという内容を書かなければいけません。

120

㉁ 前にユ래야（そうしてこそ）があります。ユ래야はその前の신중해야（慎重になってこそ）を指し、そうしなければならない理由を述べる文法表現として使われています。理由を述べているので、後ろに-기 때문이다（〜するからだ）を使わなければいけません。

問題52

[1~8] 次の文章の㉠と㉁にふさわしい言葉をそれぞれ書きなさい。(10点)

> 問題を解決するために情報は多いほどいいと言う場合が多い。だが、実際には（　　㉠　　）。なぜなら、情報が多い場合、ある情報がその問題を解決するときに最も有用なのか、本当に必要な情報なのか把握するのに時間をたくさん使ってしまうからだ。過去に比べてわれわれは多くの情報を簡単に得ることができる。だが、この情報を利用するときは慎重になる必要がある。そしてこそ（　　㉁　　）。

2

㉠	㉁	点数
그 다음으로 교통의 편리함을 생각해야 한다 その次に交通の利便性を考えなければならない	유학생들은 안전이나 교통 조건을 그다지 중요하게 생각하지 않는다 留学生は安全や交通の条件をそれほど重要と考えない	5
교통이 중요하다 交通が重要だ	안전이나 교통이 중요하지 않게 생각하다 安全や交通は重要ではないと考える	3〜4
안전만큼 중요한 것이 없기 때문이다 安全ほど重要なことはないからだ	안전과 교통이 중용하지 않다 安全と交通は重要ではない	1〜2
집값도 중요하다 家の値段も重要だ	집값이 가장 중요하다 家の値段が最も重要だ	0

㉠ まず安全について述べ、後ろで交通について述べているので、다음으로（次に）という表現と、交通に関することを書かなければいけません。

㉁ 前にユ러나 실제로（しかし実際には）があるので、実際にはそうではないという内容を書かなければいけません。

留学生が家を探すときはいろいろ条件を考えなければならない。まず、留学生なので安全を最も重要と考えなければならない。（　　㋐　　）。いくらいい家でも交通の便が悪ければ、住み心地のよい生活はできない。だが実際には（　　㋑　　）。むしろ家の値段を最も重要と考えるのだが、その理由は両親から仕送りを受けながら生活しているためである。

3

㋐	㋑	点数
성공하는 사람들은 해야 할 일을 미루지 않는다 成功する人はしなければならないことを延ばさない	'오늘'과 '지금'은 승자들의 단어이다 「今日」と「今」は勝者の言葉だ	5
실패하지 않는 사람들은 일을 나중으로 안 미룬다 失敗しない人はことを後に延ばさない	'오늘'과 '지금'은 성공자들의 단어이다 「今日」と「今」は成功者の言葉だ	3〜4
성곤하는 사람들은 이런 말을 못 한다 成功する人はこういう言葉は言えない	성공하는 사람들은 이런 단어 사용하지 않다 成功する人はこういう言葉を使用しない（文法ミスを含む。正しくは사용하지 않는다）	1〜2
가장 좋은 날이 없다 最もいい日はない	말하지 말고 지금 해야 한다 言わずに今やらなければならない	0

㋐ 前に반면에（反面）があるので、失敗する人と反対となる内容を書かなければいけません。

㋑ 前で失敗と成功を比較しているので、패자（敗者）と反対となる内容を書かなければいけません。

　　失敗する人は常に「後で」、「明日」という言葉を口癖にして、しなければならないことを後に延ばす。反面、（　　㋐　　）。あることをするのに最もいい日は別に存在しない。あることをするのに最もいい時間は「今日」、そしてまさに「今」である。それゆえ、「明日」と「後」は敗者の言葉であり、（　　㋑　　）。

4

㉠	㉡	点数
비장애인들이 이 엘리베이터를 자주 사용한다 非障害者がこのエレベーターをよく使用する	장애인들이 필요할 때 엘리베이터를 이용할 수 있기 때문이다 障害者が必要な時にエレベーターを利用できるからだ	5
보통 사람들이 자주 탄다 普通の人がよく乗る	엘리베이터를 탈 수 있기 때문이다 エレベーターに乗ることができるからだ	3〜4
자꾸 고장이 난다 頻繁に故障する	장애인들이 편하다 障害者が楽だ	1〜2
이용하기가 어렵다 利用するのが難しい	사용을 금지하거나 벌금을 낸다 使用を禁止したり罰金を払ったりする	0

㉠ 前にユ러나 (しかし) があり、下の内容からエレベーターの利用が難しい理由を推測できます。

㉡ 前にユ래야 (そうしてこそ) があります。ユ래야はその前の엘리베이터 사용을 금지하거나 벌금을 내도록 해야 (エレベーター使用を禁止したり罰金を払わせたりしてこそ) を指し、そうしなければならない理由を述べる文法表現として使われています。理由を述べているので、後ろに-기 때문이다 (〜するからだ) を使わなければいけません。

> 지하철의 駅에는 障害者のための엘리베이터가 설치されている。しかし (㉠)。 이によって、いざ障害者が必要な時にこの施設を利用するのは難しい。従って、政府は비장애인의 엘리베이터 사용을 금지하거나 벌금을 払わせたりしなければならないだろう。そうしてこそ (㉡)。

5

㉠	㉡	点数
먹는 시간에 따라 다르다 食べる時間によって異なる、언제 먹느냐에 따라 다르다 いつ食べるかによって異なる	사과는 가급적 아침에 먹어야 한다 リンゴはできるだけ朝食べなければならない、사과는 가급적 아침에 먹는 것이 좋다 リンゴはできるだけ朝食べるのがいい	5
시간에 따라 다른다 時間によって異なる（文法ミスを含む。正しくは다르다）、먹는 시간에 관계가 있다 食べる時間に関係がある	아침 사과가 좋은 효과가 볼 수 있다 朝のリンゴはいい効果が見られる（文法ミスを含む。正しくは효과를 볼 수 있다もしくは효과가 있다）	3〜4
아침에 더 효과적이다 朝がより効果的だ	저녁에 먹지 말고 아침에 먹기만 한다 夜食べずに朝食べてばかりいる、아침에 먹으면 좋고 저녁에 먹으면 안 좋다 朝食べると良く夜食べると良くない	1〜2
약만큼 좋다 薬と同じくらいいい、건강에 좋다 健康にいい、별로 없다 別にない	사과를 먹지 말아야 한다 リンゴを食べるのをやめなければならない	0

㉠ 前の内容から、食べる時間によって効果が変わることが分かります。

㉡ 前の内容を見ると、朝食べるのが効果的ということが分かりますが、ユ러므로（それゆえ）があるので結論を示すために-는 것이 좋다（〜するのがいい）を使って書けば大丈夫です。

「朝食べるリンゴは滋養強壮剤」という言葉がある。朝食べるリンゴが薬のように健康にいいという意味である。なぜ朝食べるリンゴと言われているのだろうか？ その理由は、朝食べるリンゴは健康を維持するのに効果的だが、夜食べるリンゴは胃を不快にして健康に大きな効果を与えられないからだ。このように、リンゴの効能は（　㉠　）。それゆえ（　㉡　）。

6

㉠	㉡	点数
거북이가 도중에 포기했다면 토끼를 이기지 못했을 것이다 亀が途中で諦めていたらウサギに勝てなかっただろう	거북이처럼 포기하지 않고 끝까지 노력해야 성공할 수 있다 亀のように諦めずに最後まで努力してこそ成功できる	5
거북이 포기했으면 못 이겼을 거예요 亀が諦めていたら勝てなかったでしょう	끝까지 포기하면 안 됐다 最後まで諦めてはならない	3〜4
거북이가 노력하지 않으면 이길 수 없다 亀が努力しなかったら勝てない	어떤 일을 포기하면 성공하기 힘든다 あることを諦めたら成功するのは難しい	1〜2
꾸준히 노력하면 이길 수 있다 たゆまず努力すれば勝つことができる	토끼가 이길 수도 있다 ウサギが勝つこともある	0

㉠ 前に그런데 만일 (だが万一) があるので、反対の内容を仮定して書くことができます。

㉡ 前に인생도 마찬가지이다 (人生も同じだ) があるので、人生と比較して類推した内容を書かなければいけません。

> 「ウサギと亀」という昔話がある。亀はウサギとのかけっこの試合で最後まで努力して、結局ウサギに勝った。だが万一（　㉠　）。これはわれわれの人生も同じである。
> （　㉡　）。なぜなら、あることをしている途中で諦める人は、成功するのは難しいからだ。

7

㉠	㉡	点数
아침에 운동하는 것은 건강에 좋지 않다 朝運動するのは健康に良くない	너무 늦지 않은 저녁에 운동하는 것이 좋다 あまり遅くない夜に運動するのがいい	5
아침에 운동을 하기가 건강에 나쁘다 朝運動をするのは健康に悪い	잠자기 2시간 전에 하면 좋다 寝る2時間前にするといい	3〜4
아침에 운동이 힘든다 朝の運動は大変だ	운동은 시간과 관계가 있다 運動は時間と関係がある	1〜2
아침 유동은 건강에 좋다 朝の運動は健康にいい	운동은 안 해야 한다 運動はしてはならない	0

㉠ 前にユ러나 (だが) があるので、反対の内容を書かなければいけません。

㉡ 朝の運動は良くなく、夜の運動は寝る1時間前にすると良くないと言っているので、内容を推測できます。

> 運動はいつするのがいいだろうか? 朝運動をするのが健康にいいと考える人がいる。だが
> (㉠)。夜に比べて朝はまだ体がほぐれていない状態だからだ。だが夜に運動を
> したからといって全ていいわけではない。寝る1時間前に運動をすると睡眠を妨害すること
> がある。従って(㉡)。

8

㉠	㉡	点数
대학교에서는 자기 스스로 계획을 세워서 공부해야 한다 大学では自分から計画を立てて勉強しなければならない	대학생이 되면 능동적으로 변한다 / 변해야 한다 大学生になると能動的に変わる／変わらなければならない	5

대학은 교사가 정해 주지 않는다 大学は教師が決めてくれない	대학은 스스로 하는 학생이 많다 大学は自分からやる学生が多い	3～4
대학은 혼자 한다 大学は一人でする	졸업 후에 수동적인 느낌이 없다 卒業後に受動的な感じがない	1～2
고등학교니까 쉽다 高校なので簡単だ	대학교니까 어렵다 大学なので難しい	0

㉠ 前に反面に (反面) があるので、反対となる内容を書かなければいけません。

㉡ 前に하지만 (しかし) があるので、수동적 (受動的)⇔능동적 (能動的) のように、反対となる内容を書かなければいけません。

> 大学は高校と完全に異なる。全てのことを自分からやらなければならないからだ。高校では教師が決めてくれた計画通りに勉強をしなければならない。反面、(㉠)。そのため、高校を卒業する前までは受動的な学生が多い。しかし (㉡)。

語彙

練習問題2の中に出てきた覚えておくべき単語や表現をまとめました。

1 해결하다 解決する
　정보 情報
　실제로 実際に
　유용하다 有用だ
　파악하다 把握する
　얻다 得る
　신중하다 慎重だ
　그래야 そうしてこそ
2 집을 구하다 家を探す
　조건 条件
　안전 安全
　교통 交通
　불편하다 不便だ
　오히려 むしろ

　용돈 小遣い、仕送り
3 실패 失敗
　나중에 後で
　입에 달고 다니다 口癖にする
　미루다 延期する
　따로 別途
　바로 まさに
　패자 敗者
4 장애인/비장애인 障害者／非障害者
　설치되다 設置される
　정작 いざ
　시설 施設
　정부 政府
　금지하다 禁止する

벌금 罰金

5 보약 滋養強壮剤
유지하다 維持する
효과적 効果的
위 胃
효능 効能

6 토끼 ウサギ
거북이 亀
달리기 かけっこ
시합 試合
결국 結局
이기다 勝つ

인생 人生
도중 途中
포기하다 諦める
성공하다 成功する

7 몸이 풀리다 体がほぐれる
상태 状態
수면 睡眠
방해하다 妨害する

8 완전히 完全に
스스로 自分から
정하다 決める
수동적 受動的

項目別チェック | 問題52でよく間違える表現

次の文章の㉠㉡を適切な韓国語に直してみましょう。

1

텔레비전이 우리에게 미치는 나쁜 영향은 크게 두 가지이다. ㉠ (눈이 나빠진다는 것과). 다른 하나는 텔레비전을 보면서 자기도 모르는 사이에 비속어나 유행어에 노출된다는 것이다. 이처럼 텔레비전은 우리의 눈 건강에도 언어생활에도 지장을 준다. 반대로 ㉡ (**텔레비전은 좋은 것도 있어요**). 왜냐하면 뉴스나 다양한 프로그램을 통해서 많은 정보를 얻을 수 있고 방송을 즐기면서 스트레스를 해소할 수도 있기 때문이다.

㉠눈이 나빠진다는 것과 →
㉡텔레비전은 좋은 것도 있어요 →

2

　사람들은 여러 가지 다양한 방법으로 다이어트를 한다. 한 가지 음식만 먹으면서 다이어트를 하기도 하고 ㉠ (**운동을 한다**). 그러나 이렇게 한 가지 음식만 먹거나 무조건 아무것도 안 먹는 방법만으로 다이어트를 하는 것은 일시적으로 살이 빠질 수는 있지만 다시 살이 찌기 쉽다. 반면에 운동으로 살을 빼면 다시 살이 잘 찌지 않는다. 따라서 성공적인 다이어트를 위해서는 ㉡ (**운동을 한다**).

㉠운동을 한다 →
㉡운동을 한다 →

解答・訳

　上記は、問題52の答えを書くときに学習者がよくやる失敗を整理したものです。

1

㉠ 하나는 눈이 나빠진다는 것이다　一つは、目が悪くなるということだ

　かっこの後ろにピリオドがあるので、~와/과 (~と) でつなげてはならず、-(ㄴ)ㄴ다
(~だ) で終えなければいけません。かっこの前に두 가지 (二つ) があり、かっこの後
ろに다른 하나 (もう一つ) があるので、하나는 (一つは) という表現を使わなければ
いけません。

㉡ 텔레비전은 좋은 영향을 미치기도 한다　テレビは良い影響を及ぼしたりもする

　説明文なので-아/어요 (~です) と書いてはならず、-(ㄴ)ㄴ다 (~だ) と書かなけ
ればいけません。また、上で나쁜 영향 (悪い影響) という言葉を使っているので、反
対の言葉である좋은 영향 (良い影響) を使うのがいいでしょう。

> 　텔레비가 우리에게 미치는 나쁜 영향은 크게 __ 다. (　㉠　)。또 한 가지는 텔레비
> 를 보면서 자신도 모르는 사이에 속어나 유행어에 노출되는 것이다. 이와 같이, 텔레비는 우리
> 의 눈 건강에도 언어 생활에도 지장을 준다. 반대로 (　㉡　)。왜냐하면, 뉴스나
> 여러 가지 프로그램을 통해서 많은 정보를 얻을 수 있고, 방송을 즐기면서 스트레스를 해
> 소할 수도 있기 때문이다.

2

㉠ 무조건 굶기도 한다　一切ご飯を抜いたりもする

　かっこの後ろの文で한 가지 음식만 먹거나 무조건 아무것도 안 먹는 방법 (一
つの食べ物だけ食べたり、とにかく何も食べなかったりする方法) と言っているので、
食べないという内容を書かなければいけません。そして、かっこの前で-기도 하고
(~したりして) を使っているので、後ろでも-기도 한다を使って自然につなげなけれ
ばいけません。

㉡ 운동을 해야 한다　運動をしなければならない

　かっこの前에 성공적인 다이어트를 위해서는 (ダイエットに成功するためには) と
あるので、ここでは-아/어야 한다 (~しなければならない) などの適切な文法表現を
使いましょう。他に-는 것이 좋다 (~するのがよい)、-(으)ㄹ 필요가 있다 (~する
必要がある) なども使うことができます。

人はあれこれと多様な方法でダイエットをする。一つの食べ物だけ食べるダイエットをしたりもするし、（　㋐　）。しかし、このように一つの食べ物だけ食べたり、とにかく何も食べなかったりする方法でダイエットをするのは、一時的に痩せることはあるがリバウンドしやすい。反面、運動をして痩せるとリバウンドすることはあまりない。従って、ダイエットに成功するためには、（　㋑　）。

※ [1~4] 다음 글의 ㉠과 ㉡에 알맞은 말을 각각 쓰시오. (각 10점)

1

> '가는 말이 고와야 오늘 말이 곱다' 는 말이 있다. 이 말은 다른 사람에게 말을 좋게 해야 상대방도 나에게 똑같이 반응한다는 것을 의미한다. 내가 먼저 예의를 갖춰 말을 하면 (㉠   ). 반면에 내가 예의 없이 말을 하면 상대방도 예의 없이 말을 할 것이다. 이처럼 내가 어떻게 말을 하느냐에 따라서 (㉡   ).

㉠	
㉡	

解答にかかった時間　（　　　）分

2

> 최근 미세 먼지가 심한 날이 많다. 미세 먼지가 입이나 코로 들어가면 건강에 안 좋은 영향을 미친다. 그래서 미세 먼지가 심한 날에는 건강을 위해서 꼭 (㉠   ). 그런데 전문가들은 마스크를 쓸 때 (㉡   ) . 왜냐하면 미세 먼지용 마스크를 쓰지 않고 일반 마스크를 쓰면 거의 효과가 없기 때문이다.

㉠	
㉡	

解答にかかった時間　（　　　）分

3

> 등산을 즐겨 하는 사람들이 많다. 사람들이 등산을 하는 목적은 (㉠) 것이다. 몇 시간 동안 산을 오르내리면 몸이 튼튼해지기 때문이다. 그런데 맑은 공기를 마시면 스트레스가 풀려서 마음도 저절로 건강해진다. 이처럼 등산은 단순히 (㉡) 정신 건강에도 도움을 준다.

㉠	
㉡	

解答にかかった時間 （ ）分

4

> 가족이라도 서로 예의를 지켜야 한다. 그런데 가족에게는 아무 말이나 함부로 하는 사람이 있다. 왜냐하면 가족이니까 다 (㉠). 하지만 가족이라고 해서 다 이해해 줄 수 있는 것은 아니다. 그러므로 가족 간에도 (㉡).

㉠	
㉡	

解答にかかった時間 （ ）分

解答例・解説・訳

1

㉠ 다른 사람/상대방도 예의를 갖춰 말을 할 것이다
　他の人／相手も礼儀をわきまえて言うだろう

㉡ 상대방의 반응이 달라진다/달라진다는 것을 알 수 있다
　相手の反応が変わる／変わるということが分かる

　가는 말이 고와야 오는 말이 곱다 (言う言葉が美しければ返ってくる言葉も美しい) は、自分が先に言葉や行動を良くしてこそ他の人も同じように良く反応するという意味のことわざです。従って、나의 말/행동 (自分の言葉／行動) と상대방의 말/행동 (相手の言葉／行動) が互いに対応していなければいけません。

㉠ かっこの前に내가 먼저 예의를 갖추다 (自分が先に礼儀をわきまえる) があるので、상대방도 예의를 갖추다 (相手も礼儀をわきまえる) を使わなければいけません。そして、-(으)면 (〜すると) があるので、文の終わりに-(으)ㄹ 것이다 (〜するだろう) を使わなければいけません。

㉡ 이처럼 (このように) は、前で言った言葉を再び整理するときに使います。そして、-느냐에 따라서 (〜するかによって) は前の状況によって結果が変わると述べるときに使うので、この文章の主題を再度書けば大丈夫です。

[1~4] 次の文章の㉠と㉡にふさわしい言葉をそれぞれ書きなさい。(10点)

> 「言う言葉が美しければ返ってくる言葉も美しい」という言葉がある。この言葉は、他の人にいい言葉を使ってこそ相手も自分に同じように反応するということを意味する。自分が先に礼儀をわきまえて言えば（　㉠　）。反面、自分が礼儀なく言うと相手も礼儀なく言うだろう。このように、自分がどのように言うかによって（　㉡　）。

2

㉠ 마스크를 써야 한다　マスクを着けなければならない

㉡ 미세 먼지용 마스크를 써야 한다고 한다/쓰라고 한다
　微細粒子用マスクを着けなければならないと言う／着けるように言う

㉠ かっこの前に건강을 위해서 (健康のために)、かっこの後ろに마스크를 쓸 때 (マスク

を着けるとき) があるので、かっこには마스크를 쓰다 (マスクを着ける) を入れなければいけません。その際、~을/를 위해서 (〜のために) があるので、それに合わせて-아/어야 한다 (〜しなければならない) などの適切な文法表現を使いましょう。他に-는 것이 좋다 (〜するのがよい)、-(으)ㄹ 필요가 있다 (〜する必要がある) なども使うことができます。

ⓛ かっこの前에마스크를 쓸 때 (マスクを着けるとき)、かっこの後ろに미세 먼지용 마스크를 쓰지 않으면 효과가 없다 (微細粒子用マスクを着けないと効果がない) という内容があるので、かっこには미세 먼지용 마스크를 쓰다 (微細粒子用マスクを着ける) を書かなければいけません。その際、かっこの前に전문가들은 (専門家は) があるので、間接話法を使わなければいけません。

> 　　最近、微細粒子がひどい日が多い。微細粒子が口や鼻から入ると健康に良くない影響を及ぼす。そのため、微細粒子がひどい日には健康のために必ず (　　ⓐ　　)。ところで、専門家はマスクを着けるとき (　　ⓑ　　)。なぜなら、微細粒子用マスクを着けず普通のマスクを着けると、ほぼ効果がないからだ。

3

ⓐ 몸을 건강하게/튼튼하게 하는　体を健康に／丈夫にする
ⓑ 몸 건강에만 도움을 주는 것이 아니라　体を健康に／丈夫にする

ⓐ かっこには登山をする目的を書かなければいけませんが、かっこの後ろには몸이 튼튼해진다 (体が丈夫になる) があるので答えを簡単に推測できます。その際、ここはかっこが文の中間にあるので-다や-ㄴ/는다などの終結形で書いてはならず、後ろの것이다 (ことだ) に合うように連体形の-는を書かなければいけません。

ⓑ かっこの前に이처럼 (このように) があるので、前の内容を整理する文章を書かなければいけません。ここもかっこが文の中間にありますが、단순히 (単に) があるので、-는 것이 아니라 (〜するのではなく) や-(으)ㄴ 것이 아니라 (〜なのではなく) と組み合わせて文を完成させなければいけません。

4

㋐ 이해해 줄 있다고 생각하기 때문이다　理解してくれると考えるからだ
㋑ 서로 예의를 지켜야 한다　互いに礼儀を守らなければならない

㋐ かっこの後ろに하지만 가족이라고 해서 다 이해할 수 없다 (しかし、家族だからといって全て理解することはできない) という内容があるので、かっこには家族だから全て理解してくれるという内容を書かなければなりません。その際、왜냐하면 (なぜなら) があるので-기 때문이다 (〜だからだ) を使わなければなりません。
㋑ かっこの前に그러므로 (そのため) があるので、前に言った言葉を再度整理しなければなりません。そして、그러므로の後には-아/어야 한다 (〜しなければならない) などの適切な文法表現を使いましょう。他に-는 것이 좋다 (〜するのがよい)、-(으)ㄹ 필요가 있다 (〜する必要がある) なども使うことができます。

語彙

練習問題3の中に出てきた覚えておくべき単語や表現をまとめました。

1 가는 말이 고와야 오는 말이 곱다
言う言葉が美しければ返ってくる言葉
も美しい
반응하다 反応する
예의를 갖추다 礼儀をわきまえる

2 미세 먼지 微細粒子
영향을 미치다 影響を及ぼす
심하다 ひどい
전문가 専門家
마스크 マスク
미세 먼지용 微細粒子用
일반 一般、普通の
효과 効果

3 즐겨 하다 好んでする

목적 目的
오르내리다 登り下りする
튼튼하다 丈夫だ
맑다 澄んでいる
공기 空気
저절로 自然と
단순히 単純に、単に
정신 건강 精神の健康

4 서로 互いに
예의를 지키다 礼儀を守る
아무 何の
함부로 むやみに
간 間

問題53
グラフや表を見て
文章で表現する

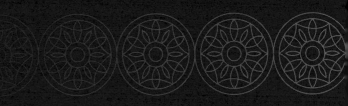

問題 53 | グラフや表を見て文章で表現する

問題53の概要

問題53は、提示されたグラフや情報を利用して説明する文章を完成させる問題です。文章は200〜300字で書かなければいけません。TOPIK 3、4級レベルの問題とされており、配点は30点です。10〜15分で解答することを目標にしましょう。

53. 다음을 참고하여 '아이를 꼭 낳아야 하는가'에 대한 글을 200~300자로 쓰시오. 단, 글의 제목을 쓰지 마시오. (30점)

- 조사 기관 : 결혼문화연구소
- 조사 대상 : 20대 이상 성인 남녀 3,000명

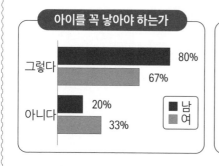

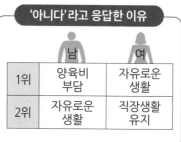

問題53-1 基本を理解する

　グラフを基にした作文とは何か

問題の紹介

　問題53は、表やグラフを見てそれを文章で表現する問題です。ここでは、グラフを見て文章を書く方法を学びます。以下は、さまざまなグラフの形態です。

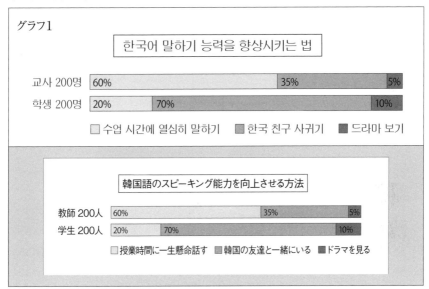

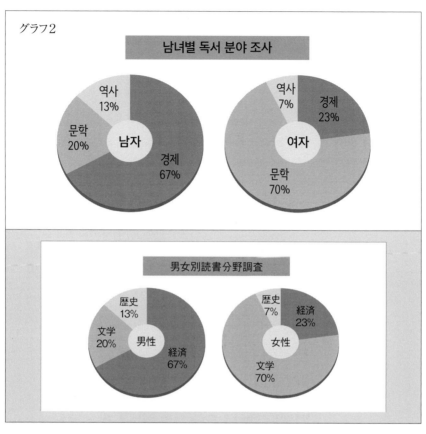

グラフ2

남녀별 독서 분야 조사

역사 13%
문학 20%
남자
경제 67%

역사 7%
경제 23%
여자
문학 70%

男女別読書分野調査

歴史 13%
文学 20%
男性
経済 67%

歴史 7%
経済 23%
女性
文学 70%

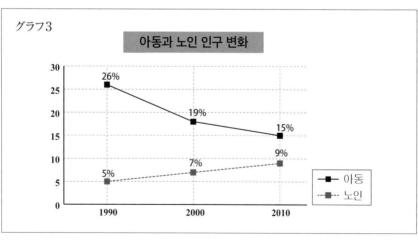

グラフ3

아동과 노인 인구 변화

26%
19%
15%
5%
7%
9%

1990 2000 2010

■ 아동
■ 노인

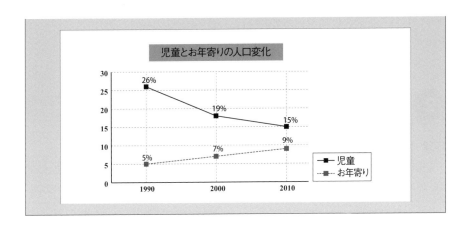

グラフを文章で書き直す

　上のグラフを見ると、情報が図や単語で表現されていますが、これを-(ㄴ)ㄴ다などで終わる完全な文に書き換えなければいけません。このようにすると、グラフにある内容を正確に表現できます。

グラフ1	수업 시간에 열심히 말하기 60% 授業時間に一生懸命話す 60% ⇨ 수업 시간에 열심히 말해야 한다가 60%로 나타났다. ⇨ 「授業時間に一生懸命話さなければならない」が60%だった。
グラフ2	독서 분야 - 남자: 경제 67% 読書分野 - 男性：経済 67% ⇨ 남자의 경우는 경제 분야가 67%로 가장 높게 나타났다. ⇨ 男性の場合は、経済分野が67%で最も高かった。
グラフ3	노인 인구 : 2000년 7% → 2010년 9% お年寄りの人口：2000年 7% → 2010年 9% ⇨ 2000년에 7%였던 노인 인구가 2010년 9%로 증가하였다. ⇨ 2000年に7%だったお年寄りの人口が2010年は9%に増加した。

出題された類型介

　問題53において、グラフの出題類型にはアンケートのグラフや、時系列のグラフなどがあります。アンケートのグラフとは、アンケート結果を示すグラフで、P.141のグラフ1やP.142の

グラフ2のような形です。時系列のグラフとは、一般的に一定の期間の変化を示すグラフで、P.142のグラフ3のような形態です。

 ## グラフを基にした作文の方法

序論・本論・結論の内容構成

　問題53に出題されるグラフの形はさまざまですが、文章を書く方法は似ています。以下は、グラフを見てどのように文章を書かなければいけないのか、簡単に整理したものです。

序論	問題文を利用して調査の対象、テーマ（調査期間）を書く。（1～2文）
本論	グラフを分析する文章を書く。（200字程度） ①グラフの中の内容は全て書く。 ②自分の考えや推測した内容は書かない。
結論	グラフを通して分かった内容や見通しを書く。（1～2文）

　問題53でどのようなグラフが出ても、ほとんどが上のような内容を構成すれば大丈夫です。200～300字の作文問題は、長い文章を書くのではなく、1段落の短い文章を完成させるのが目的です。従って原稿用紙に文章を書くとき、序論・本論・結論の段落を分けなくても構いません。

出題された類型の詳細

【アンケートのグラフ】

　以下は「アンケートのグラフ」の問題です。答案を見て、どのように書かなければいけないか考えてみてください。

53. 다음은 '스트레스를 푸는 방법'에 대해 직장인 남녀를 대상으로 실시한 설문 조사입니다. 그래프를 보고, 조사 결과를 비교하여 200~300자로 쓰십시오. (30점)

스트레스 푸는 방법

남자 200명　■60%　▨35%　□5%
여자 200명　■10%　▨25%　□65%

■운동하기　▨음악 듣기　□쇼핑하기

이		그	래	프	는		직	장	인	
남	녀		각	각		20	0			
명	을		대	상	으	로		스	트	레
스	를		푸	는		방	법	에		
대	해		조	사	를		실	시	한	
것	이	다	.		조	사		결	과	
남	자	의		경	우	는		스	트	레
스	를		풀	기		위	해			
운	동	을		한	다	가		60	%	로
	가	장		높	게		나	타		
난		데		반	해		여	자	는	
운	동	한	다	가		10	%	에		
불	과	했	다	.	그		다	음	으	로
	남	자	는		음	악	을			
듣	는	다	가		35	%	,		여	자
는		25	%	로		나	타	났	다	.
마	지	막	으	로		남	자	는		쇼
핑	이		5	%	에		불	과		
했	으	나		여	자	는		65	%	로
	1	위	를		차	지	했	다	.	
이		설	문		조	사		결	과	를
	통	해	서		직	장	인			
남	자	와		여	자	의		스	트	레
스		푸	는		방	법	이			
다	르	다	는		것	을		알		수
	있	다	.							

53. 次は「ストレス解消法」について、会社員の男女を対象に実施したアンケートです。グラフを見て、調査結果を比較して200～300字で書きなさい。(30点)

ストレス解消法

男性200人	60% / 35% / 5%
女性200人	10% / 25% / 65%

■運動する　☑音楽を聞く　□買い物をする

　このグラフは、会社員の男女それぞれ200人を対象に、ストレス解消法について調査を実施したものである。調査の結果、男性の場合は「ストレスを解消するために運動をする」が60%で最も高かったのに対し、女性は「運動する」が10%にすぎなかった。その次に男性は「音楽を聞く」が35%、女性は25%となった。最後に、男性は「買い物」が5%にすぎなかったが、女性は65%で1位を占めた。このアンケートの結果を通して、会社員の男性と女性のストレス解消法が違うということが分かる。

　この答案を見ながら、アンケートのグラフの問題の内容と表現を勉強してみます。

①序論
　序論には、問題文を利用してアンケートの対象とテーマを書きます。

序論	이 그래프는 (　　　　　)을/를 대상으로 (　　　　　)에 대해 설문 조사를 실시한 것이다. このグラフは (　　　　　) を対象に (　　　　　) についてアンケートを実施したものである。

②本論

本論	조사 결과/그 결과 ~의 경우 (　　　　)이/가 (　　)%로 가장 높게 나타났다. 調査の結果／その結果、～の場合は(　　　　)が(　　)%で最も高かった。 (　　　　)이/가 (　　)%를 차지했다/(　　)%로 나타났다. (　　　)が(　　)%を占めた／(　　)%だった。

응답자의 (　　)%는 (　　　　　)고 응답했다.
回答者の(　　)%は(　　　　)と答えた。

(　　　　　)이/가 (　　)%, (　　　　　)이/가 (　　)%를 차지했다 /
(　　)%로 나타났다.
(　　　　)が(　　)%、(　　　　)が(　　)%を占めた／(　　)%
だった。

(　　　　　) (　　)%, (　　　　) (　　)% 순으로 나타났다.
(　　　　)(　　)%、(　　　　)(　　)%の順だった。

(　　　　　)이/가 그 뒤를 이었다.
(　　　　)がその後に続いた。

(　　　　　)이/가 모두 (　　)%로 동일하게 나타났다.
(　　　　)がどちらも(　　)%で同じだった。

(　　　　)은/는 (　　)%에 불과했다.
(　　　　)は(　　)%にすぎなかった。

먼저 まず、그 다음으로 次に、마지막으로 最後に
　　　　　＋
반면에 一方、-는 반면에 〜する一方、-(으)ㄴ 반면에 〜な一方、〜와/과 다
르게(달리) 〜とは違い

③結論

結論には、主にアンケートの分析を通して分かったことを簡単に1文程度で書けば大丈夫です。

| 結論 | 이 (설문) 조사 결과를 통해서 (　　　　　)다는 것을 알 수 있다.
この (アンケート) 調査の結果を通して、(　　　　　) だということが分かる。 |

　アンケートのグラフを分析するときは、

1) いろいろな表現を使うとよいでしょう。

　나타나다 表れる、**차지하다** 占める、**불과하다** （～に）すぎない、**달하다** 達する

2) 二つの対象を比較・対照する表現が必要です。

　동일하게 同一に、**반면에** 一方、**-(으)ㄴ/는 데 반해** ～するのに対して、**~와/과**
　달리 ～とは違い

【時系列のグラフ】

　以下は「時系列のグラフ」の問題です。答案を見て、どのように書かなければいけないか考えてみてください。

53. 다음은 '20대와 40대의 취업률 현황'에 대한 그래프입니다. 그래프를 보
고, 결과를 비교하여 200~300자로 쓰십시오. (30점)

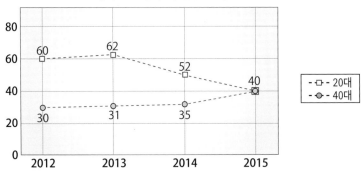

20대와 40대의 취업률 현황

이	그	래	프	는		20	12	년	부	터		20	15	년	까	지	의
20	대	와		40	대	의		취	업	률		현	황	에		대	해	나
타	냈		것	이	다	.	조	사		결	과		20	대	의		경	우
20	12	년	에		취	업	률	이		60	％	였	는	데		20	13	년	에

는		62	%	로		소	폭		증	가	했	다	가		20	14	년	에	
52	%	로		크	게		감	소	하	였	다	.		그		후		20	15	년
에		40	%	로		또		다	시		10	%		이	상		감	소	하
였	다	.	40	대	의		경	우		20	12	년	에	는			취	업	률	이
30	%	였	는	데		20	13	년	에		31	%	로		소	폭		증	가
하	였	고		20	14	년	,	20	15	년		각	각		35	,	40	%	로
꾸	준	히		증	가	하	였	다	.	이		그	래	프	를		통	해	
20	대	의		취	업	률	은		감	소	하	고		있	는		반	면	에
40	대	의		취	업	률	은		꾸	준	히		증	가	하	고		있	다
는		것	을		알		수		있	다	.									

問題53

53. 次は「20代と40代の就職率の現状」についてのグラフです。グラフを見て、結果を比較して200〜300字で書きなさい。(30点)

このグラフは2012年から2015年までの20代と40代の就職率の現状について表したものだ。調査の結果、20代の場合、2012年に就職率が60%だったのが2013年には62%に小幅増加したが、2014年に52%へ大きく減少した。その後、2015年に40%へと再び10ポイント以上減少した。40代の場合、2012年には就職率が30%だったが2013年に31%に小幅増加し、2014年、2015年はそれぞれ35、40%で続けて増加した。このグラフを通して、20代の就職率は減少している一方、40代の就職率は増加を続けているということが分かる。

この答案を見ながら、時系列のグラフの問題の内容と表現を勉強してみます。

① 序論

序論には、問題文を利用して期間と対象、およびテーマを書きます。

序論	이 그래프는 [　　부터 　　까지] [~의] (　　)에 대해 나타낸/조사한 것이다. このグラフは [　　から 　　まで] [~の] (　　) について表した／調査したものである。

② 本論

本論には、グラフの内容を分析して書きます。

本論	조사 결과/그 결과 ~의 경우 (　　)에 ~이/가 (　　)%였다. 調査の結果／その結果、〜の場合、(　　) に〜が (　　) ％だった。 (　　)에 (　　)%로 [　　%] 감소했다/증가했다. (　　)に(　　)%へ[　　ポイント]減少した／増加した。 (　　)에 (　　)%로 [　　%] 증가했다가/감소했다가 (　　)%로 [　　%] 감소했다/증가했다. (　　)に(　　)%へ[　　ポイント]増加したが／減少したが(　　)%へ[　　ポイント]減少した／増加した。 계속 続けて、꾸준히 たゆまず、급격히 急激に、소폭 小幅、대폭 大幅、다시 再び 　　　　　　　＋ 증가하다 増加する、늘어나다 増える、상승하다 上昇する、올라가다 上がる、감소하다 減少する、줄어들다 減る、하락하다 下落する、떨어지다 落ちる、내려가다 下がる

③結論

　結論には、主にグラフの分析を通して分かったことを簡単に1文程度で書けば大丈夫です。ただし、問題で見通しを書く指示がある場合、見通しを追加で書きます。

結論	이 그래프를 통해 (　　　　　)다는 것을 알 수 있다. このグラフを通して、(　　　　) ということが分かる。 (　　　　　)(으)ㄹ 전망이다. (　　　　)する見通しだ。

　時系列のグラフを分析するときは、**増加했다、감소했다、늘어났다、줄어들었다**などのように、グラフの中の数字の変化を正確に書くことが重要です。

問題53

1 答案作成の戦略

　問題53のグラフの問題は、原稿用紙に答えを書かなければいけません。問題を見てすぐに書き始めずに、段階別に書く計画を立てた後に文章を書くようにしましょう。

STEP 1	問題をじっくり読んで何を書かなければいけないか把握する。
	問題をじっくりと確認するだけでも、何を書かなければいけないか分かります。
STEP 2	序論と本論に必要な表現を考えてみる。
	グラフを見て、序論、本論に必要な表現を考えます。序論ではグラフの調査の対象やテーマ、期間などを書かなければいけません。本論ではアンケートとグラフに使われている多様な表現を使うことができます。
STEP 3	グラフに合った表現を利用して序論、本論を書く。
	実際に原稿用紙に文章を書くようにします。グラフに提示された情報を適切な文法表現を使って文章で表現することが重要です。 例) 2010년 인구 5% ↑ ⇨ 2010년에는 인구가 5% 증가하였다. 2010年 人口 5%↑ ⇨ 2010年には人口が5%増加した。
STEP 4	問題に合った結論を書く。
	問題に見通しや自分の考えを書く指示があれば、結論部分に簡単に見通しや考えを書きます。特別な言及がなければ、グラフを分析した後、分かった内容を簡単に書きます。

2 答案作成の手順

前で学んだ答案作成の戦略を利用して、答えを書いてみましょう。

53. 다음은 '스트레스를 푸는 방법'에 대해 직장인 남녀를 대상으로 실시한 설문 조사입니다. 그래프를 보고, 조사 결과를 비교하여 200~300자로 쓰십시오. (30점)

스트레스 푸는 방법

| 남자 200명 | 60% | 35% | 5% |
| 여자 200명 | 10% | 25% | 65% |

■ 운동하기　☑ 음악 듣기　□ 쇼핑하기

☞ テーマ：스트레스를 푸는 방법（ストレス解消法）
☞ 対象：직장인 남녀（会社員の男女）
☞ 男性は「운동（運動）＞음악（音楽）＞쇼핑（買い物）」
☞ 女性は「쇼핑（買い物）＞음악（音楽）＞운동（運動）」

問題53

STEP 1　問題文の中から、文章を書くのに必要となる最も重要な部分を探してください。

스트레스를 푸는 방법 ストレス解消法、직장인 남녀 会社員の男女、설문 조사 アンケート、비교 比較

STEP 2　序論、本論の内容について簡単に計画を立ててください。

序論	対象	직장인 남녀 각각 200명 会社員の男女それぞれ200人	テーマ	스트레스를 푸는 방법 ストレス解消法
本論	グラフの比較	남자의 가장 %가 높은 결과를 여자와 비교 男性の最も割合が高い結果を女性と比較		
		남자의 두 번째로 %가 높은 결과를 여자와 비교 男性の2番目に割合が高い結果を女性と比較		
		남자의 가장 낮은 결과를 여자와 비교 男性の最も低い結果を女性と比較		

STEP 3　序論、本論に必要な文法表現を考えてください。

序論	対象	~을/를 대상으로 ～を対象に	テーマ	~에 대한 설문 조사를 실시했다 ～についてのアンケートを実施した

本論	グラフの比較	( )%로 가장 높게 나타났다 ( )%で最も高かった
		( )%를 차지했다 ( )%を占めた
		( )%에 불과했다 ( )%にすぎなかった

STEP 4 最後に結論部分を書いてください。

結論	직장인 남자와 여자의 스트레스 푸는 방법이 다르다 会社員の男性と女性のストレス解消法は違う

STEP 5 答えを書いてください。

P.145に答えがあります。

---

3 答案作成を練習

前で学んだ答案作成の戦略を利用して、下の答えを書いてみましょう。

53. 다음은 '건강을 지키는 방법'에 대해 60대와 20대 400명을 대상으로 실시한 설문 조사입니다. 그래프를 보고, 조사 결과를 비교하여 200~300자로 쓰십시오. (30점)

건강을 지키는 방법

60대 400명	62%	30%	8%
20대 400명	55%	5%	40%

■ 운동하기　☑ 건강식품 먹기　□ 잘 자기

53. 次は「健康を守る方法」について60代と20代400人を対象に実施したアンケートです。グラフを見て、調査結果を比較して200～300字で書きなさい。(30点)

健康を守る方法

60代400人	62%	30% 8%
20代400人	55% 5%	40%

■ 運動する　☑ 健康食品を食べる　□ よく寝る

STEP 1　問題文の中から、文章を書くのに必要となる最も重要な部分を探してください。

STEP 2　序論、本論の内容について簡単に計画を立ててください。

序論	対象		テーマ	
本論	グラフの比較			

STEP 3　序論、本論に必要な文法表現を考えてください。

序論	対象		テーマ	
本論	グラフの比較			

STEP 4　最後に結論部分を書いてください。

結論	

STEP 5　答えを書いてください。

【解答】
STEP 1

건강을 지키는 방법 健康を守る方法、60대와 20대 400명 대상 60代と20代の
400人が対象、설문 조사 アンケート、비교 比較

STEP 2

序論	対象	60대와 20대 각각 400명 60代と20代それぞれ400人	テーマ	건강을 지키는 방법 健康を守る方法
本論	グラフの 比較	방법① 60대: 가장 높은 % > 중간 % > 가장 낮은 % 20대: 가장 높은 % > 중간 % > 가장 낮은 % 方法① 60代:最も高い割合>中間の割合>最も低い割合 20代:最も高い割合>中間の割合>最も低い割合 방법 ② 60대와 20대의 가장 높은 % > 중간 % > 가장 낮은 % 方法② 60代と20代の最も高い割合>中間の割合>最も低い割合		

156

STEP 3

序論	対象	~을/를 대상으로 ~を対象に	テーマ	~에 대한 설문 조사를 실시했다 ~についてのアンケートを実施した
本論	グラフの 比較	(　　)%로 가장 높게 나타났다 (　　)%で最も高かった 그 다음으로 (　　)%를 차지했다 その次に(　　)%を占めた 마지막으로 最後に、반면에 一方		

STEP 4

結論	60대와 20대 모두 건강을 위해서 운동이 필요하다고 생각하는 사람이 가장 많다 60代と20代の両方とも、健康のために運動が必要だと考える人が最も多い

STEP 5　学習者の答案および評価

〈高評価〉

　이 그래프는 60대와 20대 각각 400명을 대상으로 건강을 지키는 방법에 대해 조사를 실시한 것이다. 60대의 경우 건강을 지키기 위해 운동을 한다가 62%로 가장 높게 나타났고 그 다음으로 건강식품을 먹어야 한다가 30%를 차지했다. 마지막으로 잘 자야 한다는 8%에 불과했다. 반면에 20대의 경우는 운동을 해야 한다가 55%로 가장 높았고 그 다음으로 잘 자야 한다가 40%, 건강식품을 먹어야 한다가 5%로 나타났다. 이 설문 조사 결과를 통해서 60대와 20대 모두 건강을 위해서는 운동이 필요하다고 생각하는 사람이 가장 많다는 것을 알 수 있다.

　このグラフは60代と20代それぞれ400人を対象に、健康を守る方法について調査を実施したものだ。60代の場合、健康を守るために「運動をする」が62%で最も高く、その次に「健康食品を食べなければならない」が30%を占めた。最後に、「よく寝なければいけない」は8%にすぎなかった。一方、20代の場合は「運動をしなければならない」が55%で最も高く、その次に「よく寝なければならない」が40%、「健康食品を食べなければならない」が5%となった。このアンケートの結果を通して、60代と20代の両方とも健康のためには運動が必要だと考える人が最も多いことが分かる。

〈低評価〉

> 60대와 20대 400명을 대상으로 건강을 지키는 방법에 대해 조사를 실시한 것이다. 60대가 운동하기 62%를 가장 높게 나타났고 건강식품 먹기 30%를 나타났고 잘 자기 8%를 나타났다. 20대가 운동하기 55%를 나타났고 잘 자기 40%, 건강식품 먹기 5%로 나타났다.

> 60代と20代400人を対象に健康を守る方法について調査を実施したものだ。60代が「運動する」62%を最も高く現れ、「健康食品を食べる」30%を現れ、「よく寝る」8%を現れた。20代が「運動する」55%を現れ、「よく寝る」40%、「健康食品を食べる」5%と現れた。

内容および 課題遂行	字数が足りません (約160字)。200〜300字で書くことがとても重要です。
展開構造	序論・本論・結論のうち、結論がありません。グラフでは結論を書くことが重要です。
言語使用	〜(으)로 나타나다 (〜と現れる) という同じ表現を繰り返し使っているので、多様な表現を使うのがよいでしょう。 問題に出ているそのままの形で書いてはならず、文で書かなければいけません。(例) 운동하기 (運動する) ⇨ 운동을 해야 한다 (運動をしなければならない) 助詞を間違えているものが多いです。(例) 30%를 나타나다 (×) ⇨ 30%로 나타나다 (○)

問題53-2 基本を理解する

 表を基にした作文とは何か

問題紹介

　「見ておくべき基本テクニック①」では、グラフを基にした作文の方法を学びました。「見ておくべき基本テクニック②」では、表を見てどのように文章を書かなければいけないかを学びます。以下は、これまでに表が出た試験の形態です。

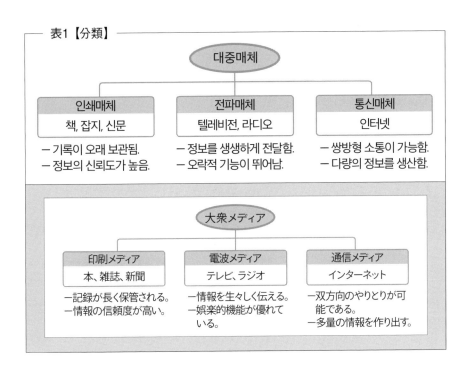

表1【分類】

고령화 사회의 원인	고령화의 현황
❶ 의학의 발달 ❷ 평균수명 증가 ❸ 출산율 저하	2000년 65세 이상 인구 7% ↓ 2014년 65세 이상 인구 15%

高齢化社会の原因	高齢化の現状
❶ 医学の発達 ❷ 平均寿命の増加 ❸ 出生率低下	2000年 65歳以上の人口7% ↓ 2014年 65歳以上の人口15%

表3【長所と短所】

유행어의 장단점

유행어의 장점	유행어의 단점
①친구들과 재미있게 대화할 수 있다. ②짧은 표현으로 의사소통이 가능하다.	①상대방에게 불쾌감을 줄 수 있다. ②세대 차이가 심해질 수 있다.

流行語の長所と短所

流行語の長所	流行語の短所
①友達と楽しく会話できる。 ②短い表現で意思疎通が可能である。	①相手に不快感を与えることがある。 ②ジェネレーションギャップがひどくなることがある。

表を文章で書き直す

　上の表を見ると、情報が図や単語で表現されていますが、これを-(ㄴ)ㄴ다などで終わる完全な文に書き換えなければいけません。このようにすると、表にある内容を正確に表現できます。

表1	기록이 오래 보관됨. 記録が長く保管される。 ⇨ 기록이 오래 보관된다는 특징이 있다. 　記録が長く保管されるという特徴がある。
表2	고령화 사회의 원인: ①의학의 발달 高齢化社会の原因：①医学の発達 ⇨ 고령화 사회의 원인은 첫째, 의학이 발달했기 때문이다. 　高齢化社会の原因の一つ目は、医学が発達したためである。
表3	유행어의 장점: ① 친구들과 재미있게 대화할 수 있다. 流行語の長所：①友達と楽しく会話できる。 ⇨ 유행어는 친구들과 재미있게 대화할 수 있다는 장점이 있다. 　流行語は友達と楽しく会話できるという長所がある。

問
題
53

出題された類型紹介

　問題53において、表の出題類型は「分類」「原因と現状」「長所と短所」などがあります。今後、さらに多様な形式の表が出題されるものと思われますが、答える方法はほとんど同じです。P.164で、これらの類型を詳しく勉強します。

2　**表を基にした作文の方法**

序論・本論・結論の内容構成

　問題53の問題に出題される表の形はさまざまですが、文章を書く方法は似ています。次は、表を見てどのように文章を書かなければいけないのか、簡単に整理したものです。

序論	問題文を利用して中心となる単語の定義や最近の状況を紹介する。（1〜2文）
本論	提示された表の情報を説明する文章を書く。（200字程度） ①表の中の内容は全て書く。 ②自分の考えや推測した内容は書かない。
結論	内容を整理したり見通しを書いたりする。（1〜2文）

問題53でどのような表が出ても、ほとんどが上のような内容を構成すれば大丈夫です。200〜300字の作文問題は、長い文章を書くのではなく、1段落の短い文章を完成させるのが目的です。従って原稿用紙に文章を書くとき、序論・本論・結論の段落を分けなくても構いません。

表で知っておくべき表現

次は、問題53の表の問題で答えを書くときに使うといい表現を整理したものです。例文と一緒に見てみましょう。

【定義】

定義は、ある事物や単語の意味を説明する方法のことをいいます。

例文	학교란 일정한 제도 아래에서 무엇인가를 배우고 가르치는 장소이다. 学校とは、一定の制度下で何かを学び教える場所だ。
表現	~이란 -는 ~이다 ~とは~する~だ、~이란 -는 ~을/를 말한다 ～とは～する～のことをいう、~은/는 -는 것이다 ～は～することだ

【例示】

具体的な例を挙げて説明する方法のことをいいます。

例文	대중교통에는 버스, 지하철, 택시 등이 있다. 公共交通機関にはバス、地下鉄、タクシーなどがある。
表現	~에는 A, B, C 등이 있다 ～にはA、B、Cなどがある、예를 들면 例えば

【比較・対照】

二つ以上の対象が持つ共通点と違いを説明する方法のことをいいます。

例文	자동차와 자전거의 공통점은 교통수단이라는 것이다. 自動車と自転車の共通点は、交通手段だということである。 자동차는 기름이 필요한 데 반해 자전거는 기름이 필요 없다. 自動車は燃料が必要であるのに対して、自転車は燃料が必要ではない。

表現	比較 比較	A와/과 B의 공통점/차이점은 -다는 것이다 AとBの共通点／ 違いは～ということである、A도 B와/과 마찬가지로 -다 AもBと 同じく～だ
	대조 対照	반면에 一方、-는/(으)ㄴ 데 반해 ～する・なのに対して、-는/(으)ㄴ 반면에 ～する・な一方

【分類】
対象を一定の基準に従って分ける方法のことをいいます。

例文	생물은 식물과 동물로 나눌 수 있다. 生物は植物と動物に分けることができる。
表現	~은/는 ~와/과 ~(으)로 나눌 수 있다 ～は～と～に分けることができる、 ~은/는 ~(으)로 나뉜다 ～は～に分けられる

【分析】
対象を構成要素に分けて説明する方法のことをいいます。

例文	자전거는 바퀴, 안장, 손잡이로 이루어져 있다. 自転車はタイヤ、サドル、ハンドルから成る。
表現	~은/는 ~와/과 ~(으)로 이루어져 있다 ～は～と～から成る、~은/는 ~(으)로 구성되어 있다 ～は～で構成されている

【羅列】
関連した内容を横に並べて説明する方法のことをいいます。

例文	유학은 그 나라의 언어를 배울 수 있으며 그 나라의 문화도 배울 수 있 다는 장점이 있다. 留学はその国の言語を学ぶことができ、その国の文化も学ぶことができるとい う長所がある。

問題53

表現	~도 있고 ~도 있다 〜もあり〜もある、-(으)며 -다 〜であり〜である、-기도 하고 -기도 하다 〜でもあり〜でもある、~뿐만 아니라 〜だけでなく、-(으)ㄹ 뿐만 아니라 〜する・なだけでなく
	그리고 そして、또 また、또한 さらに、게다가 その上
	하나는/다른 하나는 一つは／もう一つは、먼저(우선)/다음으로 まず／次に、첫째/둘째 一つ目／二つ目、우선/다음으로/마지막으로 まず／次に／最後に

【因果】
原因と結果を関連付けて説明する方法のことをいいます。

例文	지구 온난화로 인해서 이상기후가 나타났다. 地球温暖化によって異常気象が発生した。
表現	~(으)로 인해서 〜によって、이로 인해서 これによって、그 결과 その結果、이러한 이유로 말미암아 このような理由によって

出題された類型

【分類】
以下は、「分類」形式の問題です。答案を見て、どのように書かなければいけないか考えてみてください。

53. 다음 그림을 보고 대중매체를 어떻게 나눌 수 있는지 200〜300자로 쓰십시오. (30점)

	대	중	매	체	란		많	은		사	람	에	게		대	량	으	로

대	중	매	체	란		많	은		사	람	에	게		대	량	으	로
정	보	를		전	달	하	는		수	단	이	다	.	이	러	한		대	중
매	체	는		다	양	한	데		크	게		인	쇄	매	체	,	전	파	매
체	,		통	신	매	체	로		나	눌		수		있	다	.	먼	저		인
쇄	매	체	는		책	,	잡	지	,	신	문		등	으	로		기	록	이
오	래		보	관	되	고		정	보	의		신	뢰	도	가		높	다	는
특	징	이		있	다	.	다	음	으	로		전	파	매	체	가		있	는
데		텔	레	비	전	,	라	디	오		등	이		이	에		속	한	다	.
정	보	를		생	생	하	게		전	달	하	고		오	락	성	이		뛰
어	나	다	는		특	징	을		가	진	다	.	마	지	막	으	로		인
터	넷		같	은		통	신	매	체	가		있	다	.	쌍	방	향		소
통	이		가	능	하	며		다	량	의		정	보	를		생	산	한	다
는		특	징	이		있	다	.	이	처	럼		대	중	매	체	는		종
류	가		다	양	하	며		각	각	의		특	징	이		있	다	.

問題
53

53. 次の図を見て、大衆メディアをどのように分けることができるか、200~300字で書きなさい。(30 点)　※図の日本語訳はP.159参照

　大衆メディアとは、多くの人に大量に情報を伝達する手段だ。このような大衆メディアは多様だが、大きく印刷メディア、電波メディア、通信メディアに分けることができる。まず、印刷メディアは、本、雑誌、新聞などで、記録が長く保管されて情報の信頼度が高いという特徴がある。次に、電波メディアがあるが、テレビ、ラジオなどがこれに属する。情報を生々しく伝え、娯楽性が優れているという特徴を持っている。最後に、インターネットのような通信メディアがある。双方向のやりとりが可能で、大量の情報を作り出すという特徴がある。このように、大衆メディアは種類が多様であり、それぞれ特徴がある。

　この答案を見ながら、「分類」形式の問題の内容と表現を勉強してみます。

①序論の内容と表現
　序論には問題文を利用して、中心となる単語である**대중매체**（大衆メディア）に対する定

義を書きます。定義をするときは、下の表現を利用できます。

序論	定義	~(이)란 -는 ~이다 〜とは〜する〜だ

②本論の内容と表現

　本論には表の内容を書きます。「分類」形式には分類の表現とそれぞれの例、そしてそれぞれの特徴を表す表現を使わなければいけません。

本論	分類	~을/를 기준으로 〜を基準に ~은/는 크게 A, B, C (으)로 나눌 수 있다 〜は大きくA、B、Cに分けることができる
	例示	~은/는 A, B, C 등이다 〜はA、B、Cなどである A, B 등이 이에 속한다 A、Bなどがこれに属する
	特徴	-다는 특징이 있다 〜という特徴がある -다는 특징을 가진다 〜という特徴を持つ
	羅列	-(으)며 〜して、-고 〜で、-(으)ㄹ 뿐만 아니라 〜するだけでなく
	連結	먼저 まず、다음으로 次に、마지막으로 最後に

③結論の内容と表現

　「分類」形式では、特に結論がなくても構いません。結論を書きたい場合は、簡単に整理します。

結論	이처럼 ~은/는 -(으)며 このように〜は〜であり、~이/가 있다 〜がある

【原因と現状】

　以下は、「原因と現状」形式の問題です。答案を見て、どのように書かなければいけない

か考えてみてください。

53. 최근 한국의 1인당 쌀 소비량이 계속 줄고 있습니다. 다음 자료를 참고하여 쌀 소비량 감소의 원인과 현황을 설명하는 글을 200~300자로 쓰십시오. (30점)

쌀 소비량 감소의 원인	1인당 쌀 소비량 현황
❶ 육류 소비의 증가 ❷ 즉석 식품, 인스턴트 음식의 증가 ❸ 맞벌이 가족의 증가	2010년 72.8kg ↓ 2014년 61.5kg

	최	근		한	국	의		1	인	당		쌀		소	비	량	이		크
게		줄	어	들	고		있	다	.	20	10	년		72	.8	kg	였	던	
1	인	당		쌀		소	비	량	은		꾸	준	히		감	소	해	서	
20	14	년	에	는		61	.5	kg	로		약		10	kg		이	상		감
소	하	였	다	.	이	러	한		감	소	의		원	인	은		다	음	과
같	다	.	첫	째	,	육	류	의		소	비	가		증	가	했	기		때
문	이	다	.	둘	째	,	즉	석		식	품	과		인	스	턴	트		음
식	의		증	가	로		인	해	서		쌀		소	비	량	이		감	소
하	게		되	었	다	.	셋	째	,	맞	벌	이		가	족	의		증	가
도		쌀		소	비	량	이		감	소	하	는		데	에		영	향	을
주	었	다	.	이	러	한		원	인	으	로		한	국	의		1	인	당
쌀		소	비	량	은		앞	으	로	도		지	속	적	으	로		감	소
할		전	망	이	다	.													

53. 最近、韓国の1人当たりの米の消費量が減り続けています。次の資料を参考にして、米の消費量減少の原因と現状を説明する文章を200〜300字で書きなさい。(30点)

米の消費量減少の原因	1人当たりの米の消費量の現状
❶ 肉類の消費の増加 ❷ インスタント食品の増加 ❸ 共稼ぎ家族の増加	2010年　72.8kg ↓ 2014年　61.5kg

　　最近、韓国の1人当たりの米の消費量が大きく減っている。2010年に72.8kgだった1人当たりの米の消費量は絶えず減少し、2014年には61.5kgと、約10kg以上減少した。このような減少の原因は次の通りだ。一つ目は、肉類の消費が増加したためだ。二つ目は、インスタント食品の増加によって米の消費量が減少することになった。三つ目は、共稼ぎ家族の増加も米の消費量が減少するのに影響を与えた。このような原因で韓国の1人当たりの米の消費量は、今後も持続的に減少する見込みである。

　この答案を見ながら「原因と現状」の問題の内容と表現を勉強してみます。

①序論の内容と表現

　序論には問題文を利用して、最近の韓国の1人当たりの米の消費量の現状について書きます。

序論	現状	최근/오늘날　最近／今日 ~ 이후/-(으)ㄴ 이후로　〜以降／〜して以降 -(으)면서　〜するにつれて -(으)ㅁ에 따라　〜するに従い	-고 있다　〜している -아/어지고 있다　〜くなっている -게 되었다　〜するようになった ~이/가 되었다　〜になった

②本論の内容と表現

　本論には表の内容を書きます。「現状」では多くの場合、増加したり減少したりした数字（%、kgなど）が示されています。数字を分析して書いた後に、その原因を順番通りに書きます。

本論	現状	(　　　　)년 (　　　)[%, kg]이었던/였던 ~은/는 (　　　　　) 년에 (　　　)[%, kg](으)로 (　　　)[%, kg] 증가했다/감소했다 (　　　　)年(　　　)[%、kg]だった~は(　　　　)年に(　　　) [%、kg]に(　　　)[%、kg]増加した／減少した
	原因	이러한 ~의 원인은 다음과 같다 このような~の原因は次の通りである (왜냐하면) –기 때문이다 （なぜなら）~だからだ ~(으)로 인해서 ~によって 첫째, 둘째, 셋째 一つ目、二つ目、三つ目
	副詞	꾸준히 絶えず、지속적으로 持続的に

③結論の内容と表現

結論には今後の見通しを書きます。

結論	이러한 원인으로 –(으)ㄹ 전망이다 このような原因で~する見通しだ

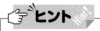 ヒント

「原因と現状」の問題では、現状を先に書いてから原因を書かなければいけません。

【長所と短所】

以下は、長所と短所の問題です。答案を見て、どのように書かなければいけないか考えてみてください。

53. 다음 표를 보고 유행어의 장단점에 대해 쓰고, 유행어를 올바르게 사용하기 위해서는 어떻게 해야 하는지 200~300자로 쓰십시오. (30점)

유행어의 장단점

유행어의 장점	유행어의 단점
①친구들과 재미있게 대화할 수 있다. ②짧은 표현으로 의사소통이 가능하다.	①상대방에게 불쾌감을 줄 수 있다. ②세대 차이가 심해질 수 있다.

　최근　우리　주변에서　유행어를　사용하
는　사람들을　많이　볼　수　있다.　유행어
는　언어생활을　재미있게　해　주지만　잘
못　사용하면　문제가　생길　수　있으므로
이를　올바르게　사용하기　위해서는　장점
과　단점을　살펴보아야　한다.　유행어는　
친구들과　재미있게　대화할　수　있을　뿐
만　아니라　짧은　표현으로　의사소통이　
가능하다는　장점이　있다.　반면에　상대방
에게　불쾌감을　줄　수도　있고　세대　차
이가　심해질　수도　있다는　단점이　있다.
따라서　유행어를　올바르게　사용하기　위
해서는　때와　장소를　생각해서　상황에
맞게　사용해야　한다.　또한　대화의　대상
이　누구인지도　잘　생각해야　한다.

> 53. 次の表を見て、流行語の長所と短所について書き、流行語を正しく使うためにはどのようにしなければならないか、200~300字で書きなさい。(30点)　※図の日本語訳はP.160参照
>
> 　最近、われわれの周辺で流行語を使う人を多く見掛ける。流行語は、言語生活を面白くしてくれるが、間違えて使うと問題が起きることがあるので、これを正しく使うためには長所と短所をよく見なければならない。流行語は友人と楽しく会話できるだけでなく、短い表現で意思疎通が可能という長所がある。一方、相手に不快感を与える可能性もあり、ジェネレーションギャップがひどくなる可能性もあるという短所がある。従って、流行語を正しく使うためには、時と場所を考えて状況に合うように使わなければならない。さらに、会話の対象が誰であるかもよく考えなければならない。

　この答案を見ながら「長所と短所」の問題の内容と表現を勉強してみます。

①序論の内容と表現
　序論には、中心となる単語である유행어 (流行語) について問題文を利用して定義を書いたり、유행어の最近の状況について書いたりします。このとき、下の表現を利用できます。

序論	定義	~(이)란 -는 ~이다 〜とは〜する〜だ	
	現状	최근/오늘날 最近／今日 ~ 이후/-(으)ㄴ 이후로 〜以降／〜して以降 -(으)면서 〜するにつれて -(으)ㅁ에 따라 〜するに従い	-고 있다 〜している -아/어지고 있다 〜くなっている -게 되었다 〜するようになった ~이/가 되었다 〜になった

そして、問題文を利用して、これから書く内容を紹介しなければいけません。

序論	当為 (すべきこと)	-기 위해서 장점과 단점을 살펴보아야 한다 〜するために、長所と短所をよく見なければならない

②本論の内容と表現
　本論には、表の内容を書きます。長所と短所の内容を比較して書かなければいけないので、比較・対照の表現を使わなければいけません。

本論	比較、対照	반면에 一方、그렇지만 だが、하지만 しかし
	羅列	-(으)ㄹ 뿐만 아니라 〜するだけでなく、-고 〜して、-(으)며 〜して、또한 さらに
	長所、短所	〜은/는 -다는 장점/단점이 있다 〜は〜という長所／短所がある

③結論の内容と表現

　問題文で、流行語を正しく使うためにはどのようにしなければならないか書けとあるので、結論にその内容を書かなければいけません。

結論	当為 (すべきこと)	따라서 -기 위해서는 -아/어야 한다 従って〜するためには〜しなければならない 따라서 -도록 -아/어야 할 것이다 従って〜するように〜しなければならないだろう

問題53-2 攻略法を考える

1 答案作成の戦略

　問題53の表の問題は、原稿用紙に答えを書かなければいけないので、問題を見てすぐに書き始めずに、段階別に書く計画を立てた後に文章を書くようにしましょう。

STEP 1	問題をじっくり読んで何を書かなければいけないか把握する。 問題をじっくりと確認するだけでも、何を書かなければいけないか分かります。
STEP 2	序論と本論に必要な表現を考えてみる。 表を見て、序論、本論に必要な表現を考えます。序論では定義や最近の状況などを書くことができます。本論では分類、例示、比較、対照などのさまざまな表現を使うことができます。
STEP 3	表に合った表現を利用して序論、本論を書く。 実際に原稿用紙に文章を書くようにします。表に提示された情報を適切な表現を使って文章で表現することが重要です。 例) 기록이 오래 보관됨 ⇨ 기록이 오래 보관된다는 특징이 있다. 　　記録が長く保管される ⇨ 記録が長く保管されるという特徴がある。
STEP 4	問題に合った結論を書く。 問題に見通しや自分の考えを書く指示があれば、結論部分に簡単に見通しや考えを書きます。特別な言及がなければ、表を分析して得られる内容を簡単に書きます。

問題
53

2 答案作成の手順

　前で学んだ答案作成の戦略を利用して、問題を解いてみましょう。

53. 다음 그림을 보고 대중매체를 어떻게 나눌 수 있는지 200~300자로 쓰십시오. (30점)

STEP 1 　問題文の中から、文章を書くのに必要となる最も重要な部分を探してください。

> 대중매체를 어떻게 나눌 수 있는지
> 大衆メディアをどのように分けることができるか

STEP 2 　序論、本論の内容について簡単に計画を立ててください。

序論	대중매체			대중매체의 정의
本論	인쇄매체	전파매체	통신매체	대중매체의 分類
	책, 잡지, 신문	텔레비전, 라디오	인터넷	대중매체의 例示
	기록이 오래 보관됨. 정보의 신뢰도가 높음.	정보를 생생하게 전달함. 오락적 기능이 뛰어남.	쌍방향 소통이 가능함. 다량의 정보를 생산함.	대중매체의 特徴

STEP 3 　序論、本論に必要な文法表現を考えてください。

序論	대중매체의 定義	~(이)란 (　　　　　)는 ~이다 ～とは (　　　　　) する～である

本論	대중매체의 分類	~은/는 (　　,　　,　　　)으로 나눌 수 있다 〜は (　、　、　) に分けることができる
	대중매체의 例示	(　　,　　,　　) 등이 있다 (　　、　　、　) などがある
	대중매체의 特徴	(　　　　　)다는 특징이 있다 (　　　　　)する・であるという特徴がある

STEP 4　最後に結論部分を書いてください。

結論	대중매체는 다양하다 大衆メディアは多様である、 각각의 특징이 다르다 それぞれの特徴が異なる

STEP 5　答えを書いてください。

P.165に答えがあります。

3　答案作成を練習

前で学んだ答案作成戦略の通りに、下に答えを書いてみてください。

53. 다음 그림을 보고 대중교통을 어떻게 나눌 수 있는지 200~300자로 쓰시오. (30점)

53. 次の図を見て、公共交通機関をどのように分けることができるか、200〜300字で書きなさい。
（30点）

```
                        公共交通機関
        ┌──────────────┼──────────────┐
   道路手段           鉄道手段           航空手段
   バス、タクシー       汽車、地下鉄         飛行機

  −どこでも簡単に乗る   −約束の時間を守るの   −短い時間で遠くへ行
   ことができる。       にいい。           く。
  −渋滞すると時間がか   −大都市でなければ    −天気が悪いと乗れな
   かる。              乗れない。          い。
```

STEP 1　問題文の中から、文章を書くのに必要となる最も重要な部分を探してください。

STEP 2　序論、本論の内容について簡単に計画を立ててください。

序論	대중교통			대중교통의(　　)
本論	도로 수단	철도 수단	항공 수단	대중교통의(　　)
	버스, 택시	기차, 지하철	비행기	대중교통의(　　)
	어디서나 쉽게 탈 수 있음. 길이 막히면 오래 걸림.	약속 시간을 지키기 좋음. 대도시가 아니면 못 탐.	짧은 시간에 멀리 감. 날씨가 안 좋으면 못 탐.	대중교통의(　　)

STEP 3　序論、本論に必要な文法表現を考えてください。

序論		

本論		

STEP 4　最後に結論部分を書いてください。

結論	

STEP 5　答えを書いてください。

【解答】

STEP 1

대중교통을 어떻게 나눌 수 있는지
公共交通機関をどのように分けることができるか

STEP 2

定義／分類／例示／長所と短所

STEP 3

序論	定義	~(이)란 (　　　　　)는 ~이다 〜とは (　　　　) する〜である
本論	分類	~은/는 (　　, 　　, 　　)(으)로 나눌 수 있다 〜は (　　、　　、　　) に分けることができる
	例示	(　　, 　　, 　　) 등이 있다 (　　、　　、　　)などがある
	長所と 短所	(　　　　　)다는 장점과 단점이 있다 (　　　　　)という長所と短所がある

STEP 4

結論	대중교통은 종류가 다양하다 公共交通機関は種類が多様である、 각각의 장단점이 있다 それぞれの長所と短所がある

STEP 5　学習者の答案および評価

〈高評価〉

　대중교통이란 일반 대중들이 이용할 수 있는 모든 교통시설 및 수단이다. 이러한 대중교통의 종류는 다양한데 크게 도로 수단, 철도 수단, 항공 수단으로 나눌 수 있다. 먼저 도로 수단은 버스, 택시 등으로 어디서나 쉽게 탈 수 있다는 장점이 있는 반면에 길이 막히면 오래 걸린다는 단점이 있다. 다음으로 철도 수단이 있는데 기차, 지하철 등이 있다. 약속 시간을 지키기 좋은 반면에 대도시가 아니면 못 탄다. 마지막으로 비행기와 같은 항공 수단이 있는데 항공 수단은 짧은 시간에 멀리 간다는 장점이 있는데 반해 날씨가 안 좋으면 타지 못한다는 단점이 있다. 이처럼 대중교통은 종류가 다양하며 각각의 장단점이 있다.

　公共交通機関とは、一般大衆が利用できる全ての交通施設および手段である。このような公共交通機関の種類は多様だが、大きく道路手段、鉄道手段、航空手段に分けることができる。まず、道路手段はバス、タクシーなどで、どこでも簡単に乗れるという長所がある一方で、道が混むと長くかかるという短所がある。次に鉄道手段があるが、汽車、地下鉄などがある。約束の時間を守るのにいい一方で、大都市でなければ乗れない。最後に飛行機のような航空手段があるが、航空手段は短い時間で遠くに行くという長所があるのに対し、天気が悪いと乗れないという短所がある。このように、公共交通機関は種類が多様であり、それぞれの長所、短所がある。

〈低評価〉

> 대충교통은 도로 수단, 철도 수단, 항공 수단이다. 도로 수단은 길로 가고 버스, 택시가 있다. 철도 수단은 철도를 이용하며 기차와 지하철이다. 항공 수단은 하늘은 나는 것으로 비행기가 있다. 버스 택시는 어디서나 쉽게 탈 수 있다. 길이 막히면 오래 걸림, 철도 수단은 약속 시간을 지키기 좋기 때문에 나는 제일 자주 탄다. 대도시가 아니면 못 탐. <u>나는 서울에 사니까 괜찮다.</u> 비행기는 짧은 시간에 멀리 가지만 날씨가 안 좋으면 못 탄다.

> 公共交通機関は、道路手段、鉄道手段、航空手段である。道路手段は道で行き、バス、タクシーがある。鉄道手段は鉄道を利用し、汽車と地下鉄である。航空手段は空を飛ぶもので、飛行機がある。バス、タクシーはどこでも簡単に乗れる。道が混むと長くかかり、鉄道手段は約束の時間を守るのにいいので私は一番よく乗る。大都市でないと乗れない。<u>私はソウルに住んでいるので大丈夫だ。</u>飛行機は短時間で遠くに行くが、天気が悪いと乗れない。

内容および課題遂行	必要のない自分の考えが含まれています（下線を引いた部分）。
展開構造	連結表現がほとんどありません。먼저 (まず)、다음으로 (次に)、마지막으로 (最後に) などを使いましょう。
言語使用	「分類」形式では、分類を表す~(으)로 나눌 수 있다 (~に分けることができる)、例示を表す~ 등이 있다 (~などがある)、長所と短所を表す-다는 장점/단점이 있다 (~という長所／短所がある)、特徴を表す-다는 특징이 있다 (~という特徴がある) などの表現を使わなければいけませんが、この解答には多様な文法表現がありません。 単語や文法も間違っているものがあります。(例) 대충교통(×) ⇨ 대중교통(○)、좋아면(×) ⇨ 좋으면 (○) 問題文に出ているそのままの形で書いてはならず、-(느)ㄴ다の形で文として書かなければいけません。(例) 대도시가 아니면 못 탐 ⇨ 못 탄다

問題53

従来の出題傾向

新しいTOPIKが始まった当初は、下記のような問題が出題されました。表やグラフのうち、一つのみ提示されました。

35回：アンケート	36回：原因と現状
53. 다음은 성인 남녀 500명을 대상으로 '자주 읽는 독서 분야'에 대해 실시한 설문 조사입니다. 그래프를 보고 조사 결과를 비교하여 200~300자로 쓰십시오. (30점)	53. 최근 한국은 빠르게 고령화 사회가 되어 가고 있습니다. 다음 자료를 참고하여 고령화 사회의 원인과 현황을 설명하는 글을 200~300자로 쓰십시오. (30점)

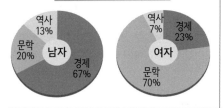

37回：分類	41回：アンケート
53. 다음 그림을 보고 대중매체를 어떻게 나눌 수 있는지 200~300자로 쓰십시오. (30점)	53. 다음은 '한국어 말하기 능력을 향상시키는 방법'에 대해 교사와 학생 200명을 대상으로 실시한 설문 조사입니다. 그래프를 보고, 조사 결과를 비교하여 200~300자로 쓰십시오. (30점)

대중매체

인쇄매체	전파매체	통신매체
책, 잡지, 신문	텔레비전, 라디오	인터넷
-기록이 오래 보관됨. -정보의 신뢰도가 높음.	-정보를 생생하게 전달함. -오락적 기능이 뛰어남.	-쌍방형 소통이 가능함. -다량의 정보를 생산함.

한국어 말하기 능력을 향상시키는 법

교사 200명	60%	35%	5%
학생 200명	20%	70%	10%

□수업 시간에 열심히 말하기 ■한국 친구 사귀기 ■드라마 보기

35回	36回
53. 次は、成人男女500人を対象に「よく読む読書分野」について実施したアンケートです。グラフを見て、調査結果を比較して200～300字で書きなさい。(30点) （グラフの日本語訳はP.142参照）	**53.** 近年韓国は、急速に高齢化社会になっています。次の資料を参考にして、高齢化社会の原因と現状を説明する文章を200～300字で書きなさい。(30点) （図の日本語訳はP.160参照）
37回	41回
53. 次の図を見て、大衆メディアをどのように分けることができるか、200～300字で書きなさい。(30点) （図の日本語訳はP.159参照）	**53.** 次は「韓国語のスピーキング能力を向上させる方法」について、教師と学生200人を対象に実施したアンケートです。グラフを見て、調査結果を比較して200～300字で書きなさい。(30点) （グラフの日本語訳はP.141参照）

問題
53

2　最近の出題傾向

　最近は以前より問題が少し複雑になりました。以前と異なり、グラフと表が複合した形で出ています。

47回：時系列のグラフ＋「原因と見通し」の表
53. 다음 그래프를 보고 최근 5년간 한국을 방문한 외국인 관광객 수가 어떻게 변화했는지 설명하고 그 원인과 앞으로의 전망에 대해 200~300자로 쓰십시오. 단, 글의 제목을 쓰지 마십시오. (30점)

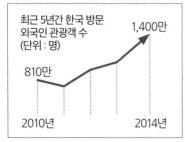

최근 5년간 한국 방문
외국인 관광객 수
(단위 : 명)

1,400만

810만

2010년　　　2014년

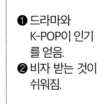

원인
❶ 드라마와 K-POP이 인기를 얻음. ❷ 비자 받는 것이 쉬워짐.

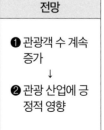

전망
❶ 관광객 수 계속 증가 ↓ ❷ 관광 산업에 긍정적 영향

53. 次のグラフを見て、最近5年間、韓国を訪問した外国人観光客の数がどのように変化したかを説明し、その原因と今後の展望について200〜300字で書きなさい。ただし、文章のタイトルを書かないでください。(30点)

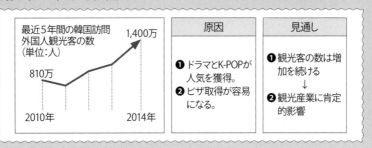

最近5年間の韓国訪問外国人観光客の数(単位:人)	原因	見通し
810万 〜 1,400万 2010年 〜 2014年	❶ ドラマとK-POPが人気を獲得。 ❷ ビザ取得が容易になる。	❶ 観光客の数は増加を続ける ↓ ❷ 観光産業に肯定的影響

52回:アンケートのグラフ＋「理由」の表

53. 다음을 참고하여 '아이를 꼭 낳아야 하는가'에 대한 글을 200~300자로 쓰시오. 단, 글의 제목을 쓰지 마시오. (30점)

● 조사 기관: 결혼문화연구소
● 조사 대상: 20대 이상 성인 남녀 3,000명

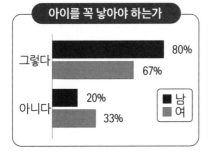

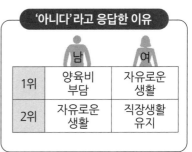

53. 次を参考にして「子どもを必ず産まなければいけないか」についての文章を200〜300字で書きなさい。ただし、文章のタイトルを書かないでください。(30点)

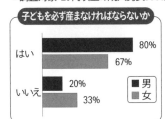

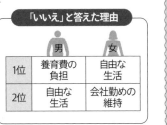

64回以降①

53. 다음을 참고하여 '한국 영화 수출 현황'에 대한 글을 200~300자로 쓰십시오. 단, 글의 제목을 쓰지 마십시오. (30점)

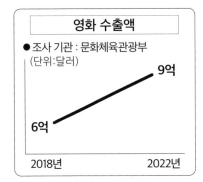

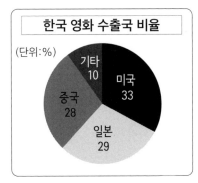

원인
· 세계 한류 열풍 · 한국 영화 해외 홍보 효과

전망
· 수출액 지속적 증가

53. 次を参考にして、「韓国映画の輸出の現状」についての文章を200〜300字で書きなさい。ただし、文章のタイトルを書かないでください。(30点)

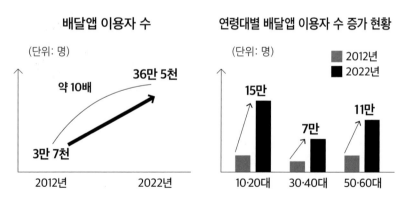

映画輸出額
●調査機関：文化体育観光部 （単位：ドル）

9億

6億

2018年　　　2022年

韓国映画輸出額の割合
（単位：%）

その他 10
米国 33
中国 28
日本 29

原因
・世界的な韓流ブーム ・韓国映画の海外広報効果

見通し
・輸出額の持続的な増加

64回以降②

53. 다음을 참고하여 '배달앱 이용자 수 현황'에 대한 글을 200~300자로 쓰시오. 단, 글의 제목을 쓰지 마시오. (30점)

배달앱 이용자 수

（단위: 명）

약 10배

36만 5천

3만 7천

2012년　　　2022년

연령대별 배달앱 이용자 수 증가 현황

（단위: 명）

■ 2012년
■ 2022년

15만

7만

11만

10·20대　30·40대　50·60대

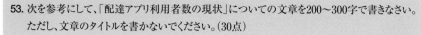

53. 次を参考にして、「配達アプリ利用者数の現状」についての文章を200〜300字で書きなさい。
ただし、文章のタイトルを書かないでください。(30点)

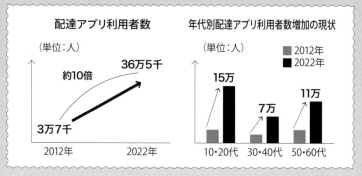

最近の問題には以下のような特徴があります。

①一つの問題の中に、グラフと表が一緒にあります
　以前は、表またはグラフが一つだけ提示されていましたが、最近では一つの問題の中にグラフや表が複数含まれる場合があります。

②以前は一つの情報を書いていましたが、今はいろいろな情報を書かなければいけません
　以前は一つのグラフや表を題材にして200〜300字を書いていましたが、最近では複数のグラフ、表を題材に200〜300字書かなければいけない問題も出題されます。

③情報が多く、難しく見えますが、問題に示されたグラフと表を順序通りに説明すれば大丈夫です

④47回試験以降、下の囲みの問題文のように단, 글의 제목을 쓰지 마시오.(ただし、文章のタイトルを書かないでください。) という言葉が追加されました。タイトルは書かないようにしましょう

다음을 참고하여 '아이를 꼭 낳아야 하는가'에 대한 글을 200~300자로 쓰시오. 단, 글의 제목을 쓰지 마시오. (30점)

3 高得点に備えるヒント

　提示された情報は全て書かなければいけません。ある部分のみ詳しく書くのではなく、グラフと表の中に出ている情報は全て書くようにしましょう。最近、書かなければいけない情報が増えたので、難しい表現や文法を使うのに労力を割くよりも、示された情報を300字以内で全て書くことに集中することが大切です。

　次に、自分の考えや意見を書いてはいけません。こうした関連のない内容は書かないようにしましょう。

　また、内容も重要ですが、提示された条件をしっかり守ることが何よりも重要です。200～300字の分量を守り、最初の部分に「文章のタイトル」を書かないようにしましょう。

　最後に、最近、表やグラフなどの書かなければいけない情報が増えたので、段落を分けずに書く方がよいでしょう。

問題53 練習問題1 ※解答例・解説・訳はP.191〜

1️⃣ 다음은 '좋아하는 한국 음식'에 대해 외국인과 한국인 300명을 대상으로 실시한 설문 조사입니다. 그래프를 보고, 조사 결과를 비교하여 200~300자로 쓰십시오. 단, 글의 제목을 쓰지 마십시오. (30점)

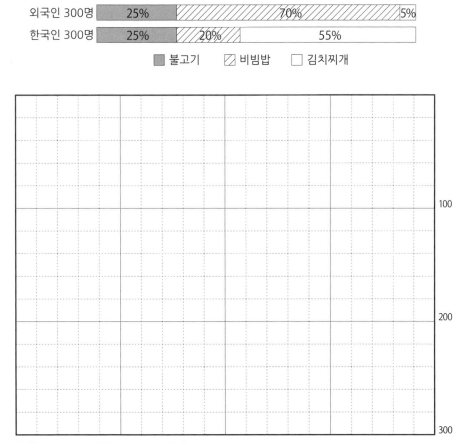

좋아하는 한국 음식

외국인 300명 25% 70% 5%
한국인 300명 25% 20% 55%

■ 불고기　☑ 비빔밥　□ 김치찌개

解答にかかった時間　（　　　）分

2 다음은 '스마트폰으로 많이 하는 것'에 대해 10대와 30대 300명을 대
상으로 실시한 설문 조사입니다. 그래프를 보고, 조사 결과를 비교하여
200~300자로 쓰십시오. 단, 글의 제목을 쓰지 마십시오. (30점)

스마트폰으로 많이 하는 것

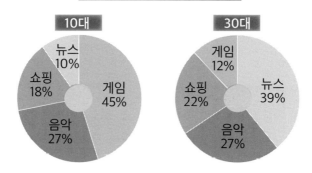

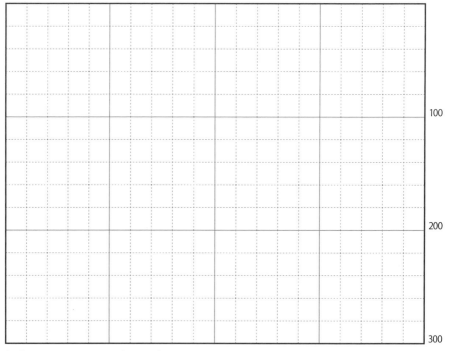

解答にかかった時間　（　　　）分

3 다음은 성인 남녀 500명을 대상으로 '자주 읽는 독서 분야'에 대해 실시한 설문 조사입니다. 그래프를 보고, 조사 결과를 비교하여 200~300자로 쓰십시오. 단, 글의 제목을 쓰지 마십시오. (30점)

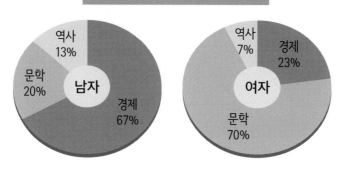

남녀별 독서 분야 조사

남자: 역사 13%, 문학 20%, 경제 67%

여자: 역사 7%, 경제 23%, 문학 70%

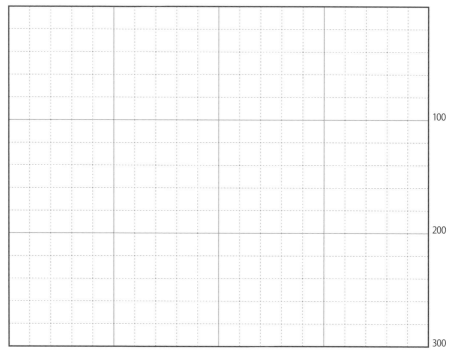

100

200

300

解答にかかった時間　（　　　）分

4 다음은 1990년부터 2010년까지의 '아동과 노인 인구 변화'에 대해 조사한 그래프입니다. 그래프를 보고, 조사 결과를 비교하여 200~300자로 쓰십시오. 단, 글의 제목을 쓰지 마십시오. (30점)

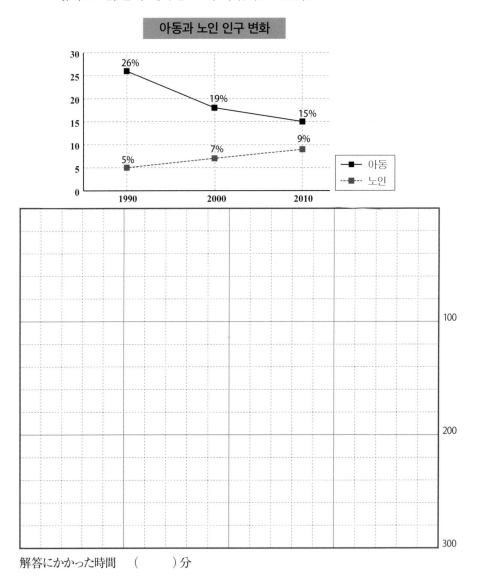

解答にかかった時間　（　　　）分

解答例・解説・訳

1

〈高評価〉

이 그래프는 외국인과 한국인 300명을 대상으로 좋아하는 한국 음식에 대해 조사를 실시한 것이다. 조사 결과 외국인의 경우는 비빔밥이 70%로 가장 높게 나타난 반면 한국인의 경우 비빔밥은 20%로 가장 낮았다. 다음으로 불고기를 좋아한다는 대답이 외국인과 한국인 모두 25%로 동일하게 나타났다. 그리고 김치찌개를 좋아하는 외국인은 5%에 불과한 데 반해 한국인은 김치찌개가 55%로 가장 높게 나타났다. 이 설문 조사 결과를 통해서 외국인과 한국인이 좋아하는 한국 음식이 다르다는 것을 알 수 있다.

問題53

次は「好きな韓国料理」について外国人と韓国人300人を対象に実施したアンケートです。グラフを見て、調査結果を比較して200～300字で書きなさい。ただし、文章のタイトルを書かないでください。(30点)

好きな韓国料理

	プルコギ	ビビンバ	キムチチゲ
外国人300人	25%	70%	5%
韓国人300人	25%	20%	55%

このグラフは、外国人と韓国人300人を対象に、好きな韓国料理について調査を実施したものである。調査の結果、外国人の場合はビビンバが70%で最も高かったのに対して、韓国人の場合はビビンバは20%で最も低かった。次にプルコギが好きだという回答が外国人と韓国人の両方とも25%で同じだった。そして、キムチチゲが好きな外国人は5%にすぎないのに対して、韓国人はキムチチゲが55%で最も高かった。このアンケートの結果を通して、外国人と韓国人が好きな韓国料理が異なるということが分かる。

〈低評価〉助詞がたくさん間違っている解答の例

　그래프는 외국인과 한국인 300명을 대상으로 좋아하는 한국 음식에 대해 조사를 실시했다.
　조사 결과 외국인이 비빔밥은 70%를 가장 높게 나타났다. 불고기는 25% 나타났고 김치찌개는 5%로 나타났다. 한국인이 김치찌개는 가장 높게 55% 나타났다. 불고기가 25% 비빔밥이 20%이 나타났다.
　이 설문 조사 결과 외국인과 한국인이 좋아하는 한국 음식이 다르다는 것을 알 수 있다.

　グラフは、外国人と韓国人300人を対象に、好きな韓国料理について調査を実施した。
　調査の結果、外国人がビビンバは70%を最も高く表れた。プルコギは25%表れ、キムチチゲは5%となった。韓国人がキムチチゲは最も高く55%表れた。プルコギが25%、ビビンバが20%が表れた。
　このアンケートの結果、外国人と韓国人が好きな韓国料理が異なるということが分かる。

内容および課題遂行	本論で、比較がきちんとされていません（どちらも25%である部分の比較がされていない）。
展開構造	構造は比較的大丈夫です。
言語使用	助詞をたくさん間違えています（下線を引いた部分）。そして表現が多様ではなく、ずっと繰り返されています。

2

〈高評価〉

이		그	래	프	는		10	대	와		30	대		30	0	명	을
대	상	으	로		스	마	트	폰	으	로		많	이		하	는		것	에
대	해		조	사	를		실	시	한		것	이	다	.		조	사		결	과
10	대	의		경	우		게	임	이		45	%	로		가	장		높	게
나	타	났	고		그		다	음	으	로		음	악	이		27	%	,		쇼
핑	이		18	%		순	으	로		나	타	났	다	.		마	지	막	으	로
뉴	스	는		10	%	에		불	과	했	다	.		반	면	에		30	대	는
뉴	스	가		39	%	로		가	장		높	았	고		그		다	음	으
로		음	악	이		27	%	,		쇼	핑	이		22	%	였	으	며		게
임	이		12	%	로		가	장		낮	았	다	.		이		조	사		결
과	를		통	해		10	대	와		30	대	가		스	마	트	폰	으	로
많	이		하	는		것	이		크	게		다	르	다	는		것	을
알| |수| |있|다|.|												

〈問題53〉

次は「スマートフォンでよくやっていること」について、10代と30代300人を対象に実施したアンケートです。グラフを見て、調査結果を比較して200〜300字で書きなさい。ただし、文章のタイトルを書かないでください。（30点）

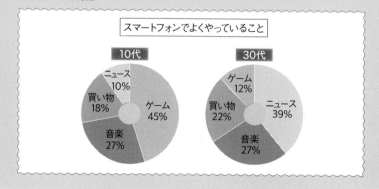

このグラフは、10代と30代300人を対象にスマートフォンでよくやっていることについて調査を実施したものである。調査の結果、10代の場合、ゲームが45%で最も高く、その次に音楽が27%、買い物が18%の順だった。最後に、ニュースは10%にすぎなかった。一方、30代はニュースが39%で最も高く、その次に音楽が27%、買い物が22%であり、ゲームが12%で最も低かった。この調査結果を通して、10代と30代がスマートフォンでよくやっていることが大きく違うことが分かる。

〈低評価〉推測の表現を使っている解答の例

10대는 게임이 45%이고 음악이 27%, 쇼핑이 18%, 뉴스는 10%였다. 그러나 30대는 뉴스가 39%, 음악이 27%, 쇼핑이 22%, 게임이 12%다. 10대는 게임을 좋아지만 30대는 게임이 제일 낮다. 10대는 뉴스를 별로 안 보지만 30대는 뉴스를 많이 보는 것 같다. 30대랑 10대랑 반대인 것 같다.

10代はゲームが45%で音楽が27%、買い物が18%、ニュースは10%だった。しかし30代はニュースが39%、音楽が27%、買い物が22%、ゲームが12%である。10代はゲームが好きだが30代はゲームが一番低い。10代はニュースを別に見ないが、30代はニュースをよく見るようだ。30代と10代は、反対のようだ。

内容および課題遂行	160字ほどであり、文字数がかなり不足しています。
展開構造	序論がありません。
言語使用	文型表現がほとんどありません。推測の表現が多く（下線を引いた部分）、53番の文章にはふさわしくありません。

3

〈高評価〉

이		그래프는		성인		남녀		500	명을		대
상으로		자주		읽는		독서		분야에		대해
설문	조사를		실시한		것이다.		조사		결과
남자의		경우		경제		분야의		책이		67%	로
가장		높게		나타났고		그		다음으로		문학
분야가		20%	를		차지했다.		마지막으로		역
사		분야는		13%	였다.		반면에		여자의		경
우는		문학		분야가		70%	로		가장		높았고
그		다음으로		경제		분야가		23%,		역사
분야는		7%	에		불과했다.		이		설문		조사
결과를		통해서		남녀가		자주		읽는		독서
분야가		다르다는		것과		남녀		모두		역사
분야의		책을		가장		적게		읽는다는		것을
알		수		있다.							

次は、成人男女500人を対象に「よく読む読書分野」について実施したアンケートです。グラフを見て、調査結果を比較して200～300字で書きなさい。ただし、文章のタイトルを書かないでください。（30点）　※グラフの日本語訳はP.142参照

　このグラフは成人男女500人を対象に、よく読む読書分野についてアンケートを実施したものである。調査の結果、男性の場合、経済分野の本が67％で最も高く、その次に文学分野が20％を占めた。最後に歴史分野は13％だった。一方、女性の場合は文学分野が70％で最も高く、その次に経済分野が23％、歴史分野は7％にすぎなかった。このアンケートの結果を通して、男女がよく読む読書分野が異なるということと、男女とも歴史分野の本を一番読まないということが分かる。

〈低評価〉同じ表現を繰り返し使っている解答の例

이 그래프는 성인 남녀 500명을 대상으로 자주 읽는 독서 분야에 대해 설문 조사했다. 남자의 1등은 경제가 67%에 나타났고 여자의 1등은 문학이 70%로 나타났다. 남자의 2등은 문학이고 20%에 나타났고 여자의 2등은 경제가 23%에 나타났다. 3등은 역사 책이 남자는 13%, 여자는 7%로 가장 낮았다. 이 설문조사를 보면 남녀 모두 역사책을 가장 적게 읽는 것으로 나타났다.

このグラフは、成人男女500人を対象に、よく読む読書分野についてアンケートを行った。男性の1位は経済が67%に表れ、女性の1位は文学が70%で表れた。男性の2位は文学で20%に表れ、女性の2位は経済が23%に表れた。3位は歴史本が男性は13%、女性は7%で最も低かった。このアンケートを見ると、男女とも歴史本を最も読まないものと表れた。

内容および 課題遂行	文字数が少し不足しています。
展開構造	序論と結論は比較的大丈夫です。
言語使用	ナタナダ (表れる) の繰り返しが主で (下線を引いた部分)、文型表現がほとんどありません。適切な単語を使っていません (1등 (1位)、2등 (2位)、3등 (3位) は適切ではありません)。

4

〈高評価〉

	이		그	래	프	는		19	90	년	부	터		20	10	년	까	지
아	동	과		노	인		인	구		변	화	에		대	해		나	타	낸
것	이	다	.		조	사		결	과		아	동		인	구	는		19	90	년
에		26	%	였	는	데		20	00	년	에		19	%	로		7	%
감	소	하	였	고		20	10	년	에		15	%	로		4	%		감	소
하	였	다	.		반	면	에		노	인		인	구	의		경	우		19	90
년	에		5	%	에		불	과	했	으	나		20	00	년	에		7	%
로		2	%		증	가	했	고		20	10	년	에		9	%	로		증
가	했	다	.	이		그	래	프	를		통	해		아	동		인	구	는
급	격	히		줄	어	드	는		데		반	해		노	인		인	구	는
꾸	준	히		증	가	하	고		있	다	는		것	을		알		수	
있	다	.																

問題53

次は1990年から2010年までの「児童とお年寄りの人口の変化」について調査したグラフです。グラフを見て、調査結果を比較して200〜300字で書きなさい。ただし、文章のタイトルを書かないでください。(30点)　※グラフの日本語訳はP.142参照

　このグラフは、1990年から2010年までの児童とお年寄りの人口変化について表したものである。調査の結果、児童の人口は1990年に26%だったが2000年には19%へと7ポイント減少し、2010年に15%へと4ポイント減少した。一方、お年寄りの人口の場合、1990年に5%にすぎなかったが、2000年に7%へと2ポイント増加し、2010年に9%へ増加した。このグラフを通して、児童の人口は急激に減っているのに対して、お年寄りの人口は絶えず増加しているということが分かる。

〈低評価〉口語表現を使っている解答の例

　여기에서 1990년부터 2010년까지 아동이랑 노인 인구 변화에 대해 조사했다. 조사 결과는 아동은 1990년에 26%였는데 2000년에 19% 2010년에 15%였다. 근데 1990년에 노인은 5%였는데 그 다음 10년 후에 2000년 7% 증가했고 2010년에 9% 증가했다. 아동은 빨리 감소하는데 노인은 천천히 증가한다. 노인한테 문제가 생길 수도 있다.

ここで、1990年から2010年までの児童とお年寄り人口の変化について調査した。調査結果は、児童は1990年に26%だったが2000年に19%、2010年に15%だった。でも1990年にお年寄りは5%だったが、その次10年後の2000年7%増加し、2010年に9%増加した。児童は速く減少しているがお年寄りはゆっくり増加している。お年寄りに問題が起きる可能性もある。

内容および 課題遂行	本論で、比較があまりされていません。
展開構造	構造は比較的大丈夫です。
言語使用	口語表現が多いです（下線を引いた部分）。

語彙

練習問題1の中に出てきた覚えておくべき単語をまとめました。

3　성인 成人
　　분야 分野
　　역사 歴史
　　문학 文学
　　경제 経済

4　아동 児童
　　노인 お年寄り
　　인구 人口
　　변화 変化

次の文で下線を引いた部分の間違いを、直してみましょう。

① 조사 결과 비빔밥을 좋아하는 외국인이 <u>65%를</u> 나타났다.

② 조사 결과 비빔밥을 좋아하는 외국인이 <u>65%로</u> 차지했다.

③ 조사 결과 <u>명동에서</u> 관광객이 가장 많았다.

④ 2013년에는 70%였지만 2014년에는 <u>75%에</u> 5퍼센트 포인트 증가했다.

⑤ 인터넷을 이용하면 정보를 빨리 얻을 수 있는 데 반해 <u>시간이</u> 낭비할 수 있다.

⑥ 운동을 한다고 대답한 남자는 <u>9%가</u> 불과했다.

⑦ <u>택시비가</u> 비싸지만 <u>버스비가</u> 싸다.

⑧ 생물은 식물과 <u>동물을</u> 나눌 수 있다.

⑨ 자전거는 바퀴, 안장, <u>손잡이가</u> 이루어져 있다.

⑩ <u>유학이</u> 그 나라의 언어를 배울 수 있으며 문화도 배울 수 있다는 장점이 있다.

　今回の失敗クリニックは、問題53の答えを書くときに学習者がよく間違える助詞を整理したものです。助詞を含む表現ごと覚えてしまいましょう。

① 65%를 ⇨ 65%로
　　※〜(으)로 나타나다 〜で表れる、数値や割合などが〜である

② 65%로 ⇨ 65%를
　　※〜을/를 차지하다 〜を占める

③ 명동에서 ⇨ 명동에
　　※(장소)에 + 〜이/가 많다 〜に〜が多い／たくさんある・いる
　　(例) 서울에 사람이 많다. ソウルに人がたくさんいる。

④ 75%에 ⇨ 75%로
　　※〜%로 〜퍼센트 포인트 증가하다 〜%へと〜ポイント増加する
　　(例) 46%로 3퍼센트 포인트 증가했다. 46%へと3ポイント増加した。

⑤ 시간이 ⇨ 시간을
　　※〜을/를 낭비하다 〜を浪費する

⑥ 9%가 ⇨ 9%에
　　※〜에 불과하다 〜にすぎない

⑦ 택시비가, 버스비가 ⇨ 택시비는, 버스비는
　　※〜은/는 −지만 〜은/는 〜は〜だが、〜は
　　(例) 언니는 키가 크지만 동생은 키가 작다. 姉は背が高いが、妹は背が低い。

⑧ 동물을 ⇨ 동물로

　　※ ~은/는 A과/와 B (으)로 나눌 수 있다 ～はAとBに分けられる

⑨ 손잡이가 ⇨ 손잡이로

　　※ ~은/는 A, B, C (으)로 이루어져 있다 ～はA、B、Cから成る、～はA、B、Cで
　　できている

⑩ 유학이 ⇨ 유학은

　　※ ~은/는 ＋ 그것에 대한 설명 ＋それについての説明

---

① 調査の結果、ビビンバを好む外国人が65%だった。
② 調査の結果、ビビンバを好む外国人が65%を占めた。
③ 調査の結果、明洞に観光客が最も多かった。
④ 2013年には70%だったが、2014年には75%へと5ポイント増加した。
⑤ インターネットを利用すれば情報を早く得ることができる一方、時間を浪費しかねない。
⑥ 「運動をする」と答えた男性は9%にすぎなかった。
⑦ タクシー代は高いけどバス代は安い。
⑧ 生物は植物と動物に分けられる。
⑨ 自転車はタイヤ、サドル、ハンドルでできている。
⑩ 留学はその国の言語を学ぶことができ、文化も学ぶことができるという利点がある。

1 다음 표를 보고 SNS의 장단점에 대해 쓰고, SNS를 잘 이용하기 위해서는 어떻게 해야 하는지 200~300자로 쓰십시오. 단, 글의 제목을 쓰지 마십시오. (30점)

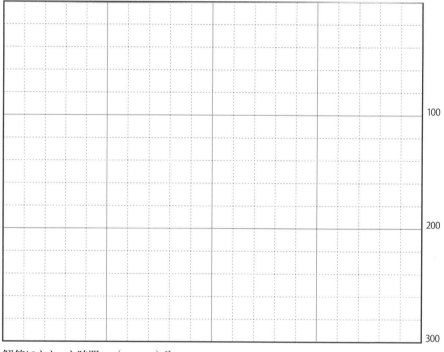

SNS의 장단점	
SNS의 장점	SNS의 단점
①언제 어디서나 사람들과 소통할 수 있다.	①시간을 낭비할 수 있다.
②자신의 생각을 사람들과 나눌 수 있다.	②개인 정보가 노출될 수 있다.

解答にかかった時間　（　　　）分

2 다음 그림을 보고 어떻게 분리수거를 할 수 있는지 200~300자로 쓰십시오. 단, 글의 제목을 쓰지 마십시오. (30점)

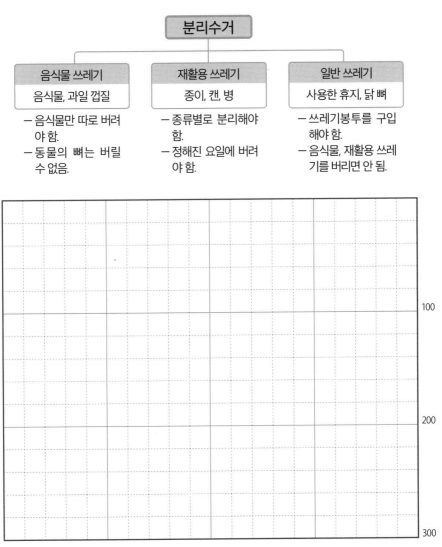

3 최근 한국은 빠르게 고령화 사회가 되어 가고 있습니다. 다음 자료를 참고하여 고령화 사회의 원인과 현황을 설명하는 글을 200~300자로 쓰십시오. 단, 글의 제목을 쓰지 마십시오. (30점)

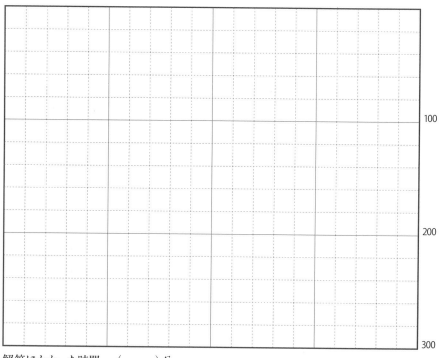

고령화 사회의 원인
❶ 의학의 발달
❷ 평균 수명 증가
❸ 출산율 저하

고령화의 현황
2000년 65세 이상 인구 7%
↓
2014년 65세 이상 인구 15%

100

200

300

解答にかかった時間　（　　　）分

4 최근 한국은 저출산 문제가 심각해지고 있습니다. 다음 자료를 참고하여 저출산 문제의 원인과 현황을 설명하는 글을 200~300자로 쓰십시오. 단, 글의 제목을 쓰지 마십시오. (30점)

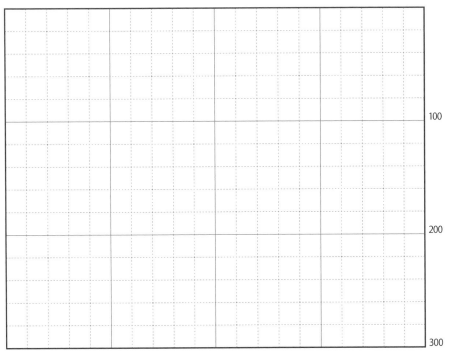

저출산의 원인	저출산 현황
❶ 양육비 부담의 증가 ❷ 여성의 사회 진출 증가 ❸ 젊은 부부들의 출산에 대한 의식 변화	1970년대 출생아 수 101만 명 ↓ 2000년대 출생아 수 44만 명

問題53

100

200

300

解答にかかった時間　（　　　）分

解答例・解説・訳

1

〈高評価〉

	현	대		사	회	에	서		S	N	S	는		우	리	와		떼	려
야		뗄		수		없	는		생	활	의		일	부	분	이		되	었
다	.	하	지	만		S	N	S	를		잘	못		사	용	하	면		많
은		문	제	가		생	길		수		있	으	므	로		S	N	S	를
올	바	르	게		이	용	하	기		위	해	서	는		장	점	과		단
점	을		살	펴	보	아	야		한	다	.	먼	저		S	N	S	는	
언	제	,	어	디	서	나		사	람	들	과		소	통	할		수		있
을		뿐	만		아	니	라		자	신	의		생	각	을		사	람	들
과		나	눌		수		있	다	는		장	점	이		있	다	.	반	면
에		S	N	S	는		시	간	을		낭	비	할		수	도		있	는
데	다	가		개	인		정	보	가		노	출	될		수	도		있	다
는		단	점	도		있	다	.	따	라	서		S	N	S	를		잘	
이	용	하	기		위	해	서	는		시	간	을		정	해		놓	고	
하	거	나		개	인		정	보	가		노	출	되	지		않	게		정
보		관	리	를		잘		해	야		할		것	이	다	.				

次の表を見て、SNSの長所と短所について書き、SNSを上手に利用するためにはどうしなければならないか200〜300字で書きなさい。ただし、文章のタイトルを書かないでください。（30点）

SNSの長所と短所	
SNSの長所	SNSの短所
①いつ、どこでも人とやりとりできる。 ②自分の考えを人と分かち合うことができる。	①時間を浪費することがある。 ②個人情報がさらされることがある。

現代社会で、SNSはわれわれと切っても切れない生活の一部分となった。しかし、SNSを誤って使用するとたくさんの問題が起き得るので、SNSを正しく利用するためには長所と短所をよく見なければならない。まず、SNSはいつ、どこでも人とやりとりすることができるだけでなく、自分の考えを人と分かち合うことができるという長所がある。一方、SNSは時間を浪費することもある上に、個人情報がさらされることもあるという短所もある。従って、SNSを上手に利用するためには、時間を決めておいて使ったり、個人情報がさらされないように情報管理をしっかりしたりしなければならないだろう。

〈低評価〉表にない内容をたくさん書いている解答の例

SNS의 장점은 언제 어디서나 사람들과 소통할 수 있다. 고향에 있는 친구와 연락할 수도 있다. 그리고 자신의 생각을 사람들과 나눌 수 있다. 그리고 SNS에서 광고도 할 수 있다. SNS의 단점은 시간을 낭비할 수도 있다. SNS를 하면 하루 종일 컴퓨터를 할 때도 있다. 그리고 개인 정보가 노출될 수도 있는 것 같다. 또한 확실하지 않은 정보가 많다.

SNSの長所は、いつ、どこでも人とやりとりできる。故郷にいる友達と連絡することもできる。そして、自分の考えを人と分かち合うことができる。そして、SNSで広告もできる。SNSの短所は、時間を浪費することもある。SNSをすると一日中パソコンをするときもある。そして、個人情報がさらされることもあるようだ。さらに、確実ではない情報が多い。

内容および課題遂行	文字数が不足しています（200字未満）。質問にある「SNSを上手に利用するためにどうしなければならないか」の内容がありません。そして、表にない内容が含まれています（下線を引いた部分）。
展開構造	序論と結論がありません。
言語使用	比較・対照の表現がなく、口語的な表現があります。

問題
53

2

〈高評価〉

분리수거란 쓰레기를 종류에 따라 분류해서 버리는 것이다. 이러한 분리수거는 종류에 따라 음식물 쓰레기, 재활용 쓰레기, 일반 쓰레기로 나눌 수 있다. 먼저 음식물 쓰레기는 음식물, 과일 껍질 등으로 음식물만 따로 버려야 하고 동물의 뼈는 버릴 수 없다. 다음으로 재활용 쓰레기는 종이, 캔, 병 등이 이에 속한다. 종류별로 분리해야 하고 정해진 요일에 버려야 한다. 마지막으로 일반 쓰레기는 사용한 휴지나 닭뼈 등이 있다. 쓰레기봉투를 따로 구입해야 하고 음식물, 재활용 쓰레기를 버리면 안 된다. 이처럼 분리수거는 쓰레기의 종류에 따라 버리는 방법이 달라진다.

次の図を見て、どのように分別収集をすることができるか200〜300字で書きなさい。ただし、文章のタイトルを書かないでください。(30点)

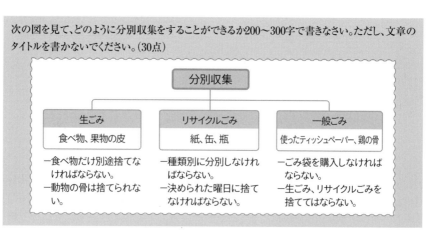

分別収集

生ごみ	リサイクルごみ	一般ごみ
食べ物、果物の皮	紙、缶、瓶	使ったティッシュペーパー、鶏の骨
ー食べ物だけ別途捨てなければならない。 ー動物の骨は捨てられない。	ー種類別に分別しなければならない。 ー決められた曜日に捨てなければならない。	ーごみ袋を購入しなければならない。 ー生ごみ、リサイクルごみを捨ててはならない。

分別収集とは、ごみを種類によって分類して捨てることである。このような分別収集は、種類によって生ごみ、リサイクルごみ、一般ごみに分けることができる。まず、生ごみは食べ物、果物の皮などで、食べ物だけ別に捨てなければならず、動物の骨は捨てることができない。次に、リサイクルごみは紙、缶、瓶などがこれに属する。種類別に分別しなければならず、決められた曜日に捨てなければならない。最後に、一般ごみは使ったティッシュペーパーや鶏の骨などがある。ごみ袋を別途購入しなければならず、生ごみ、リサイクルごみを捨ててはいけない。このように、分別収集はごみの種類によって捨てる方法が変わる。

〈低評価〉必要な情報が抜けている解答の例

분리수거는 음식물 쓰레기, 재활용 쓰레기, 일반 쓰레기가 있다. 첫 번째 음식물 쓰레기는 음식물, 과일 껍질이고 음식물만 따로 버려야 한다. 둘 번째 재활용 쓰레기는 종류별로 분리하고 정해진 요일에 버린다. 셋 번째 일반 쓰레기는 사용한 휴지나 닭 뼈다. 쓰레기봉투를 구입하고 여기에 음식물, 재활용 쓰레기를 버리지 마세요. 분리수거는 쓰레기의 종류에 따라 버리는 방법이 다르다. 그러니까 잘 생각해서 버려야 한다.

分別収集は、生ごみ、リサイクルごみ、一般ごみがある。一つ目、生ごみは食べ物、果物の皮で、食べ物のみ別に捨てなければならない。二つ目、リサイクルごみは種類別に分別して決められた曜日に捨てる。三つ目、一般ごみは使ったティッシュペーパーや鶏の骨である。ごみ袋を購入し、これに食べ物、リサイクルごみを捨てないでください。分別収集は、ごみの種類によって捨てる方法が異なる。だから、よく考えて捨てなければならない。

内容および課題遂行	200字は超えていますが、表の内容の中から抜けている内容が多いです。
展開構造	序論がなく、첫 번째 (一つ目)、두 번째 (二つ目)、세 번째 (三つ目)の連結表現はあるものの、두 번째と세 번째のつづりが間違っています（下線を引いた部分）。
言語使用	分類、例示などの文法がほとんどなく、文の終わりに叙述文を使っていないところ (-지 마세요) もあります。

209

3

최근 한국은 빠르게 고령화 사회가 되어 가고 있다. 2000년 전체 인구의 7%에 불과했던 65세 이상 노인 인구는 꾸준히 증가해서 2014년에는 전체 인구의 15%에 달했다. 14년 사이에 노인 인구의 비율이 2배 이상 증가한 것이다. 이러한 증가의 원인은 다음과 같다. 첫째, 의학이 발달했기 때문이다. 둘째, 의학의 발달로 평균 수명이 증가하면서 노인 인구가 증가하였다. 셋째, 출산율이 저하된 것도 고령화 사회의 원인이 되었다. 이러한 원인들로 보았을 때 한국의 노인 인구는 지속적으로 증가할 전망이다.

近年韓国は、急速に高齢化社会になっています。次の資料を参考にして、高齢化社会の原因と現状を説明する文章を200～300字で書きなさい。ただし、文章のタイトルを書かないでください。
（30点）　※表の日本語訳はP.160参照

　近年、韓国は急速に高齢化社会になっている。2000年、人口全体の7％にすぎなかった65歳以上の老人人口は絶えず増加して、2014年には人口全体の15％に達した。14年の間に老人人口の比率が2倍以上増加したのである。このような増加の原因は次の通りである。一つ目、医学が発達したからである。二つ目、医学の発達で平均寿命が伸びるにつれて老人人口が増加した。三つ目、出生率が低下したことも高齢化社会の原因になった。このような原因から見たとき、韓国の老人人口は持続的に増加する見通しだ。

〈低評価〉助詞をほとんど使っていない解答の例

> 최근 한국의 고령화 변화는 <u>2000년 7% 노인이 2014년 15% 노인이 늘었다.</u>
> 이런 현황을 만든 이유가 세까지 있다. 첫째, 의학의 발달기 때문이다. 둘째, <u>평균 수명 증가기 때문이다.</u> 셋째, 출산율 저하이다.
> 이런 노인이 늘고 있는 현황이 계속 발전하면 꼭 큰 문제가 생길 수 있다. 노인이 늘기 때문에 사회문제가 생기면 안돼다고 생각했다.

> 近年、韓国の高齢化の変化は2000年7%老人が、2014年15%老人が増えた。
> このような現状を作った理由が三つある。一つ目、医学の発達だからである。二つ目、<u>平均寿命増加だからである。三つ目。出生率低下である。</u>
> このような、老人が増えている現状が発展し続けると、必ず大きな問題が起き得る。老人が増えるため、社会問題が起きるといけないと思った。

内容および課題遂行	200字より多く書いていますが、必要ない内容を除くと内容が少ないです。
展開構造	構造は比較的大丈夫です。
言語使用	助詞をほとんど使っていません。そして、文として書かず、単語のみ羅列しているという印象です（下線を引いた部分）。また、**세 가지**（3種類）や**안 된다고**（いけないと）のつづりや文法が間違っています。

4

〈高評価〉

	최	근		한	국	의		저	출	산		문	제	가		심	각	해	지
고		있	다	.	19	70	년	대	에	는		출	생	아		수	가		10
1	만		명	에		달	했	으	나		이	후		20	00	년	대	에	는
출	생	아		수	가		44	만		명	으	로		감	소	했	다	.	30
년		사	이	에		출	생	아		수	가		절	반		이	하	로	
줄	어	든		것	이	다	.	이	러	한		출	생	아		수		감	소
의		원	인	은		다	음	과		같	다	.	첫	째	,		양	육	비
부	담	이		증	가	했	기		때	문	이	다	.	둘	째	,		여	성	의
사	회		진	출	이		증	가	했	기		때	문	이	나	.	셋	째	,
젊	은		부	부	들	의		출	산	에		대	한		의	식		변	화
도		저	출	산	의		원	인	이		되	었	다	.	이	러	한		원
인	을		보	았	을		때		양	육	비		부	담	이		줄	거	나
출	산	에		대	한		인	식	이		변	하	지		않	으	면		저
출	산		문	제	는		계	속	될		전	망	이	다	.				

最近、韓国は少子化問題が深刻になっています。次の資料を参考にして、少子化問題の原因と現状を説明する文章を200〜300字で書きなさい。ただし、文章のタイトルを書かないでください。（30点）

少子化の原因	少子化の現状
❶ 養育費負担の増加 ❷ 女性の社会進出の増加 ❸ 若い夫婦の出産に対する意識変化	1970年代　出生児数101万人 ↓ 2000年代　出生児数44万人

近年、韓国は少子化問題が深刻になっている。1970年代には出生児数が101万人に達したが、以降、2000年代には出生児数が44万人に減少した。30年の間に出生児数が半分以下に減ったのである。このような出生児数減少の原因は次の通りである。一つ目、養育費の負担が増加したからである。二つ目、女性の社会進出が増加したからである。三つ目、若い夫婦の出産に対する意識変化も少子化の原因になった。このような原因を見たとき、養育費負担が減ったり出産に対する認識が変わったりしないと少子化問題は続く見通しだ。

〈低評価〉必要ない自分の考えを多く書いている解答の例

최금 한국은 저출산 문제 심각해지고 있다. 1970년대 출생아의 수는 101만 명이었는데 2000년대에 아이의 출생이 44만 명이다. 이러한 감소하고 있는 원인은 여러 가지 있다. 첫째, 양육비 부담의 증가이다. 요즘 생활에 물가가 천천히 증가하고 경쟁률 때문에 양육비가 증가하고 있다. 둘째, 여성 사회 진출 증가이다. 여성들이 사회생활에서 일자리를 찾고 혼자 잘 살고 있다. 셋째, 젊은 부부들 출산에 대한 의식 변화이다. 요즘 아이를 싫어하는 부부 많다.
이러한 3가지 원인이라서 한국 출산율이 감소하고 있다.

最近、韓国は少子化問題深刻になっている。1970年代出生児の数は101万人だったが、2000年代に子どもの出生が44万人である。このような減少している原因はいくつかある。一つ目、養育費負担の増加である。最近、生活に物価がゆっくり増加して、競争率のため養育費が増加している。二つ目、女性の社会進出の増加である。女性が社会生活で仕事を求め、一人でしっかり生きている。三つ目、若い夫婦の出産に対する意識変化である。最近、子どもが嫌いな夫婦多い。
このような三つの原因なので韓国出生率が減少している。

内容および課題遂行	200字より多く書いていますが、必要ない自分の考えが多すぎます（下線を引いた部分）。
展開構造	構造は比較的大丈夫です。
言語使用	助詞がない所が多いです。

問題53

語彙

練習問題2の中に出てきた覚えておくべき単語をまとめました。

1 **소통하다** 疎通する、コミュニケーションを取る
  낭비하다 浪費する
  개인 정보 個人情報
  노출되다 むき出しになる、直接触れる、さらされる
2 **분리수거** 分別収集
  재활용 リサイクル
  껍질 皮
  뼈 骨
  분리하디 分離する
  정해지다 決まる、決められる
  구입하다 購入する
3 **고령화** 高齢化

  의학 医学
  발달 発達
  평균 수명 平均寿命
  증가 増加
  출산율 出生率
  저하 低下
  현황 現状
  인구 人口
4 **저출산** 少子化
  양육비 養育費
  부담 負担
  사회 진출 社会進出
  의식 意識
  출생아 出生児

214

次の文で下線を引いた部分の間違いを、直してみましょう。

① 김치란 한국 사람들이 <u>즐겨 먹는다</u>.

② 한국어교육이란 외국 사람들에게 <u>한국어를 가르친다</u>.

③ 최근 노인 인구가 <u>많아진다</u>.

④ 이 그래프는 외국인을 대상으로 좋아하는 음식에 대해 <u>설문 조사를 실시했다</u>.

⑤ 호랑이는 발이 <u>빨라 특징이</u> 있다.

⑥ 노인 인구 증가의 원인은 출산율이 <u>낮아졌다</u>.

⑦ 왜냐하면 신문은 종이로 <u>만들었다</u>.

⑧ 이 설문 조사를 통해 남자와 여자의 생각이 <u>다르다를 알 수 있다</u>.

⑨ 이러한 원인으로 노인 인구는 앞으로도 <u>증가하는 전망이다</u>.

⑩ 올바른 인터넷 사용을 위해서는 인터넷 시간을 <u>줄이는 필요가 있다</u>.

　今回は、問題53の解答を書くときに学習者がよく間違える文法表現を序論・本論・結論に分けて整理しました。

序論	①즐겨 먹는다 ⇨ 즐겨 먹는 음식이다 ②한국어를 가르친다 ⇨ 한국어를 가르치는 것이다 ※~(이)란 -는 ~이다 〜とは〜する〜だ ③많아진다 ⇨ 많아지고 있다 ※최근 -고 있다 近年〜している ④설문 조사를 실시했다 ⇨ 설문 조사를 실시한 것이다 ※~은/는 -(으)ㄴ 것이다/는 것이다 〜は〜したものである／するものである
本論	⑤빨라 특징이 ⇨ 빠르다는 특징이 ※~은/는 -다는 특징(장점/단점)이 있다 〜は〜するという特徴（長所／短所）がある ⑥낮아졌다 ⇨ 낮아졌기 때문이다 ⑦만들었다 ⇨ 만들었기 때문이다 ※원인은/그 이유는/왜냐하면 -기 때문이다 原因は／その理由は／なぜなら〜するからである
結論	⑧다르다를 알 수 있다 ⇨ 다르다는 것을 알 수 있다 ※이 설문 조사를 통해 -다는 것을 알 수 있다 このアンケート調査を通じて〜であることが分かる ⑨증가하는 전망이다 ⇨ 증가할 전망이다 ※-(으)ㄹ 전망이다 〜する見通しだ ⑩줄이는 필요가 있다 ⇨ 줄일 필요가 있다 ※-(으)ㄹ 필요가 있다 〜する必要がある

① キムチは、韓国人が好んで食べる食べ物である。
② 韓国語教育とは、外国人に韓国語を教えることである。
③ 近年、お年寄りの人口が増えている。
④ このグラフは、外国人を対象に好きな食べ物についてアンケート調査を実施したものである。
⑤ トラは足が速いという特徴がある。
⑥ お年寄りの人口の増加の原因は出生率が下がったからである。
⑦ なぜなら新聞は紙で作られているからである。
⑧ このアンケート調査を通じて、男性と女性の考えが違うということが分かる。
⑨ このような原因でお年寄りの人口はこれからも増加する見通しだ。
⑩ 正しいインターネット使用のためには、インターネットの時間を減らす必要がある。

1 다음은 '받고 싶은 명절 선물'과 '주고 싶은 명절 선물'에 대해 주부 300명을 대상으로 실시한 설문 조사입니다. 그래프를 보고, 조사 결과를 비교하여 200~300자로 쓰십시오. 단, 글의 제목을 쓰지 마십시오. (30점)

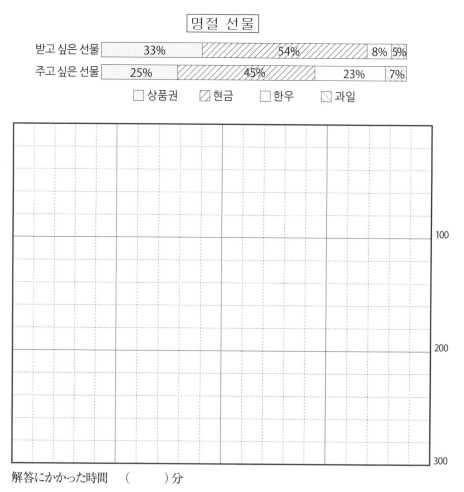

명절 선물

받고 싶은 선물	33%	54%	8% 5%
주고 싶은 선물	25%	45%	23% 7%

□ 상품권   ☑ 현금   □ 한우   ▨ 과일

解答にかかった時間　（　　　）分

218

2 다음 그림을 보고 동물을 어떻게 나눌 수 있는지 200~300자로 쓰십시오. 단, 글의 제목을 쓰지 마십시오. (30점)

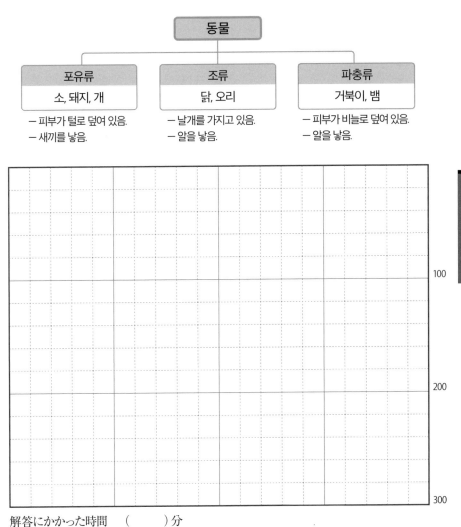

解答にかかった時間　（　　　）分

3 다음 그래프를 보고 최근 5년간 한국을 방문한 외국인 관광객 수가 어떻
게 변했는지 설명하고 그 원인과 앞으로의 전망에 대해 200~300자로 쓰
십시오. 단, 글의 제목을 쓰지 마십시오. (30점)

원인
❶ 드라마와 K-POP이 인기를 얻음.
❷ 비자 받는 것이 쉬워짐.

전망
❶ 관광객 수 계속 증가 ↓
❷ 관광 산업에 긍정적 영향

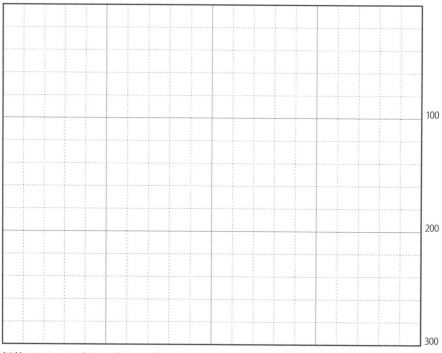

解答にかかった時間　(　　　)分

4 다음 안내문을 읽고 설명하는 글을 200~300자로 쓰십시오. 단, 글의 제목을 쓰지 마십시오. (30점)

35회 서울 마라톤 대회로 인한 교통 통제 안내

대회 일시 : 2016년 3월 29일

통제 일시 : 2016년 3월 29일 오전 10:00 ~ 오후 4:00

통제 구간 : 삼성역 사거리 → 코엑스 사거리

※ 모든 차가 다닐 수 없으므로 지하철을 이용하기 바람.

※ 참고 : 교통 정보센터 홈페이지(www.kyotong.go.kr), 스마트폰 앱

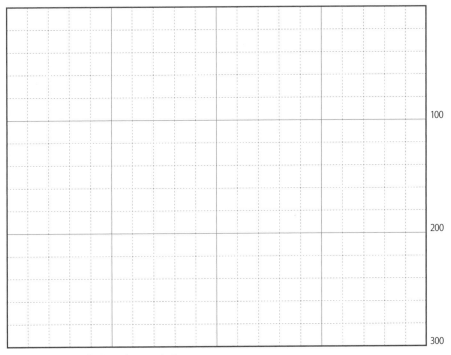

解答にかかった時間　(　　　)分

解答例・解説・訳

1

⟨高評価⟩

	이		그	래	프	는		주	부		30	0	명	을		대	상	으	로
명	절	에		받	고		싶	은		선	물	과		주	고		싶	은	
선	물	에		대	해		조	사	를		실	시	한		것	이	다	.	조
사		결	과		받	고		싶	은		선	물	은		현	금	으	로	
54	%	를		차	지	했	다	.	주	고		싶	은		선	물	로	도	
현	금	이		45	%	로		가	장		높	았	다	.	그		다	음	으
로		받	고		싶	은		선	물	의		경	우		상	품	권	이	
33	%	,	한	우	가		8	%	,	과	일	이		5	%		순	으	로
나	타	났	다	.	주	고		싶	은		선	물	의		경	우		상	품
권	이		25	%	,	한	우	가		23	%	로		상	품	권	과		한
우	가		비	슷	하	게		나	타	났	고		과	일	은		7	%	를
차	지	했	다	.	이		조	사		결	과	를		통	해		주	부	들
이		명	절	에		받	고		싶	은		선	물	과		주	고		싶
은		선	물	이		비	슷	하	다	는		것	을		알		수		있
다	.																		

次は「もらいたい名節のプレゼント」と「あげたい名節のプレゼント」について、主婦300人を対象に実施したアンケートです。グラフを見て、調査結果を比較して200〜300字で書きなさい。ただし、文章のタイトルを書かないでください。(30点)

名節のプレゼント				
もらいたいプレゼント	33%	54%	8%	5%
あげたいプレゼント	25%	45%	23%	7%

□ 商品券　☑ 現金　□ 韓牛　☒ 果物

　このグラフは主婦300人を対象に、名節にもらいたいプレゼントとあげたいプレゼントについて調査を実施したものである。調査の結果、もらいたいプレゼントは現金で、54%を占めた。あげたいプレゼントも現金が45%で最も高かった。その次に、もらいたいプレゼントの場合、商品券が33%、韓牛が8%、果物が5%の順だった。あげたいプレゼントの場合、商品券が25%、韓牛が23%で、商品券と韓牛が同じくらいとなり、果物は7%を占めた。この調査結果を通して、主婦が名節にもらいたいプレゼントとあげたいプレゼントが似ているということが分かる。

〈低評価〉比較をしていない解答の例

　이 그래프는 주부 300명을 대상으로 명절 선물에 대해 조사를 실시한 것이다.
　현금이 54%로 가장 높게 나타났고 그 다음으로 상품권이 33%를 차지했다. 한우 8%, 과일 5%가 그 뒤를 이었다. 그러나 현금이 45%로 나타났고 상품권이 25%를 차지했으며 한우가 23%로 그 뒤를 이었다. 마지막으로 과일은 7%에 불과했다.

　このグラフは主婦300人を対象に名節のプレゼントについて調査を実施したものである。
　現金が54%で最も高く、その次に商品券が33%を占めた。韓牛8%、果物5%がその後に続いた。しかし、現金が45%となり、商品券が25%を占め、韓牛が23%でその後に続いた。最後に、果物は7%にすぎなかった。

内容および課題遂行	比較をしておらず、表の内容を書いているだけです。主語を書いていません。
展開構造	結論がありません。
言語使用	表現は比較的多様に使っています。

2

〈高評価〉

	동	물	은		어	떻	게		새	끼	를		낳	는	지		피	부	가
어	떤	지		등	에		따	라		그		종	류	를		나	눌		수
있	는	데		크	게		포	유	류	와		조	류	,		파	충	류	로
나	눌		수		있	다	.		먼	저		포	유	류	는		소	,		돼	지	,
개		등	으	로		피	부	가		털	로		덮	여		있	다	는
특	징	이		있	다	.		다	음	으	로		조	류	는		닭	,		오	리
등	이		있	으	며		날	개	를		가	지	고		있	다	는		특
징	이		있	다	.		마	지	막	으	로		파	충	류	는		거	북	이
와		뱀		등	이		있	는	데		피	부	가		비	늘	로		덮
여		있	다	는		특	징	을		가	진	다	.		이	러	한		동	물
들	은		번	식	하	는		방	법	이		다	른	데		포	유	류	는
새	끼	를		낳	는		데		반	해		조	류	와		파	충	류	는
알	을		낳	는	다	는		공	통	점	이		있	다	.

次の図を見て、動物をどのように分けることができるか200～300字で書きなさい。ただし、文章のタイトルを書かないでください。(30点)

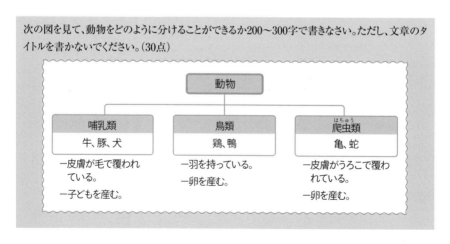

動物はどのように子どもを産むか、皮膚がどうかなどによってその種類を分けることができるが、大きく哺乳類と鳥類、爬虫類に分けることができる。まず、哺乳類は牛、豚、犬などで、皮膚が毛で覆われているという特徴がある。次に、鳥類は鶏、鴨などがあり、羽を持っているという特徴がある。最後に、爬虫類は亀と蛇などがあるが、皮膚がうろこで覆われているという特徴を持っている。このような動物は繁殖する方法が異なるが、哺乳類は子どもを産むのに対して鳥類と爬虫類は卵を産むという共通点がある。

〈低評価〉つづりをたくさん間違えている解答の例

　동물은 사람과 다른데 차이점은 말을 못한다. 동물은 포유류와 조류, 파충류가 있다. 포유류는 소, 돼지, 개 등으로 피부가 털로 덮여 있다. 그리고 조류는 닭, 오리 등이 있고 날개를 가지고 있음. 그리고 파충류는 거북이와 뱀 등이 있는데 피부가 비늘로 덮여 있음. 동물들은 아기를 낫는 방법이 다른데 포요류는 새끼를 낫지만 조류와 파충류는 알을 나온다. 이렇게 같은 동물이지만 아기 나은 방법이 다른다.

動物は人と違うのだが、違いは言葉を話せない。動物は哺乳類と鳥類、爬虫類がある。哺乳類は牛、豚、犬などで、皮膚が毛で覆われている。そして、鳥類は鶏、鴨などがあり、羽を持っている。そして、爬虫類は亀と蛇などがあるが、皮膚がうろこで覆われている。動物は子どもを産む方法が違うが、哺乳類は子どもを産むが鳥類と爬虫類は卵を産む。このように、同じ動物だが、子どもを産む方法が違う。

内容および課題遂行	表にある内容を全て含んでいます。
展開構造	序論があるにはありますが、内容がふさわしくありません。
言語使用	つづりをたくさん間違えています（下線を引いた部分）。そして、文で書かず-(으)ロで終えているものもあります。

問題53

3

〈高評価〉

	이		그	래	프	는		최	근		5	년	간		한	국	을		방
문	한		외	국	인		관	광	객		수	의		변	화	에		대	해
나	타	낸		것	이	다	.	조	사		결	과		20	10	년	에		한
국	을		방	문	한		외	국	인	의		수	는		81	0	만		명
이	었	는	데		20	11	년	에		소	폭		감	소	하	였	다	.	그
러	나		그		이	후		관	광	객		수	는		꾸	준	히		증
가	하	여		20	14	년	에	는		14	00	만		명	이		한	국	을
방	문	하	였	다	.	이	렇	게		한	국	을		방	문	한		외	국
인		관	광	객		수	가		꾸	준	히		증	가	한		원	인	은
첫	째	,		드	라	마	와		K	-	P	O	P	이		인	기	를	얻
었	기		때	문	이	고		둘	째	,		과	거	에		비	해		비	자
를		받	는		것	이		쉬	워	졌	기		때	문	이	다	.		앞	으
로		관	광	객		수	는		계	속		증	가	할		것	이	며	
관	광	객		수	의		증	가	는		관	광		산	업	에		긍	정
적	인		영	향	을		줄		전	망	이	다	.						

次のグラフを見て、最近5年間に韓国を訪問した外国人観光客の数がどのように変わったか説明し、その原因と今後の見通しについて200～300字で書きなさい。ただし、文章のタイトルを書かないでください。（30点）　※表の日本語訳はP.182参照

　このグラフは、最近5年間、韓国を訪問した外国人観光客の数の変化について表したものである。調査の結果、2010年に韓国を訪問した外国人の数は810万人だったが、2011年に小幅減少した。しかし、それ以降、観光客の数は絶えず増加し、2014年には1400万人が韓国を訪問した。このように、韓国を訪問した外国人観光客の数が絶えず増加した原因は、一つ目、ドラマとK-POPが人気を得たからで、二つ目、過去と比べてビザを取得するのが簡単になったからである。今後、観光客数は増加を続けそうで、観光客数の増加は観光産業に肯定的な影響を与える見通しだ。

〈低評価〉グラフの内容を全く説明していない解答の例

> 최근에 한국을 방문한 외국인 수가 증가했다. 증가한 원인은 첫째, 드라마와 K-POP이 인기를 얻었다. 둘째 비자 받는 것이 쉬워진다. 전망은 첫째 관광객 수 계속 증가하는 전망이다. 둘째 관광 산업에 긍정적 영향는 전망이다.

> 最近、韓国を訪問した外国人の数が増加した。増加した原因は、一つ目、ドラマとK-POPが人気を得た。二つ目、ビザを取得するのが簡単になる。見通しは、一つ目、観光客数増加し続ける見通しだ。二つ目、観光産業に肯定的な影響は見通しだ。

内容および課題遂行	120字程度で、内容が非常に不足しています。グラフの内容＋原因＋見通しを全て書かなければいけないのに、グラフの内容を全く説明していません。また、最後の見通しの部分も説明が少ないです。
展開構造	内容が不足しているので、序論・本論・結論の区分が正確ではありません。
言語使用	原因を説明した部分を除き、ほとんどの表現が正確ではありません。

4

〈高評価〉

	이	안	내	문	은		35	회		서	울		마	라	톤		대	회

이 안내문은 35회 서울 마라톤 대회로 인해서 교통을 통제하는 것에 대해서 나타낸 것이다. 서울 마라톤 대회는 2016년 3월 29일에 열리는데 교통 통제도 같은 날인 3월 29일 오전 10시부터 오후 4시까지 이루어진다. 통제되는 구간은 삼성역 사거리에서 코엑스 사거리까지이며 이 구간에서 모든 차들이 다닐 수 없다. 따라서 이곳을 지날 때는 지하철을 이용하는 것이 좋다. 좀 더 많은 정보를 원한다면 교통 정보센터 홈페이지에 접속하거나 스마트폰 앱을 이용하도록 한다.

次の案内文を読んで説明する文章を200〜300字で書きなさい。ただし、文章のタイトルを書かないでください。（30点）

> ### 35回ソウルマラソン大会による交通規制の案内
>
> 大会日時：2016年3月29日
> 規制日時：2016年3月29日 午前10時〜午後4時
> 規制区間：三成駅交差点 → COEX交差点
> ※全ての車両が通行できないため地下鉄をご利用ください。
> ※参考：交通情報センターホームページ（www.kyotong.go.kr）、スマート
> 　　　　フォンアプリ

　この案内文は、35回ソウルマラソン大会によって交通を規制することについて示したものである。ソウルマラソン大会は2016年3月29日に開かれるが、交通規制も同じ日である3月29日午前10時から午後4時まで行われる。規制される区間は三成駅交差点からCOEX交差点までであり、この区間で全ての車両が通れない。従って、ここを通るときは地下鉄を利用するのがいい。さらに多くの情報を望むなら、交通情報センターのホームページにアクセスするか、スマートフォンのアプリを利用するようにする。

〈低評価〉文で表現していない解答の例

　35회 서울 마라톤 대회로 인한 교통 통제 안내이다. 대회 일시 2016년 3월 29일, 통제 일시 2016년 3월 29일 오전 10:00 ～ 오후 4:00이다. 통제 구간 삼성역 사거리 → 코엑스 사거리. 차는 다 다닐 수 없으므로 지하철을 이용하기. 참고 교통 정보센터 홈페이지 인터넷에 가면 볼 수 있다. 스마트폰 앱도 참고해도 된다.

　35回ソウルマラソン大会による交通規制の案内である。大会日時2016年3月29日、規制日時2016年3月29日午前10:00～午後4:00である。規制区間三成駅交差点→COEX交差点。車両は全て通行できないため地下鉄を利用すること。参考、交通情報センターホームページ、インターネット行くと見られる。スマートフォンのアプリを参考にしてもいい。

問題53

内容および課題遂行	内容はほとんど含まれていますが、文字数が足りません。
展開構造	ほとんどの内容があるので、構造に大きな問題はありません。
言語使用	文で書かなければいけないことを記号（～、：、→）で書いています。案内文の内容を文章で表現しなければいけないので、このように書かないように気を付けなければいけません（下線を引いた部分）。

語彙

練習問題3の中に出てきた覚えておくべき単語をまとめました。

1　명절 名節
　상품권 商品券
　현금 現金
　한우 韓牛

2　포유류 哺乳類
　조류 鳥類
　파충류 爬虫類
　피부 皮膚
　털 毛、体毛
　덮이다 覆われる
　새끼 子ども
　낳다 産む
　날개 羽、翼

　알 卵
　비늘 うろこ

3　방문하다 訪問する
　비자 ビザ
　관광 観光
　산업 産業

4　마라톤 マラソン
　통제 規制
　일시 日時
　구간 区間
　참고 参考
　홈페이지 ホームページ
　앱 アプリ

項目別チェック｜名詞を文にする

名詞や、用言の名詞形で終わっている二つの文を、例を参考に一つの文にしましょう。

①택시의 장점 : 어디서나 쉽게 탈 수 있음.
(例) 택시의 장점은 어디서나 쉽게 탈 수 있다는 것이다.
　　택시는 어디서나 쉽게 탈 수 있다는 장점이 있다.

②택시의 단점 : 길이 막히면 시간이 오래 걸림.

③포유류의 특징 : 새끼를 낳음.

④고령화 사회의 원인 : 1) 평균 수명 증가

⑤자전거와 자동차의 차이점 : 속도가 다름.

⑥자전거 : 기름이 필요 없음. VS 자동차 : 기름이 필요함.

⑦인쇄매체의 특징 : 기록이 오래 보관됨. + 정보의 신뢰도가 높음.

⑧비행기의 장단점 : 짧은 시간 안에 멀리 감, 날씨가 안 좋으면 탈 수 없음.

⑨ 외국인 관광객 수 증가 → 전망 : 관광 산업에 긍정적 영향

⑩ 모임 날짜 및 시간 : 2016년 5월 2일 오전 10:00 ~ 오후 4:00

解答・訳

　今回は、名詞を文に変える練習をしてみました。問題53の場合、表などにある名詞を文に変えなければいけないので、この練習が役に立ちます。

① 택시의 장점은 어디서나 쉽게 탈 수 있다는 것이다.
　 택시는 어디서나 쉽게 탈 수 있다는 장점이 있다.

② 택시의 단점은 길이 막히면 시간이 오래 걸린다는 것이다.
　 택시는 길이 막히면 시간이 오래 걸린다는 단점이 있다.

③ 포유류의 특징은 새끼를 낳는다는 것이다.
　 포유류는 새끼를 낳는다는 특징이 있다.

④ 고령화 사회의 원인은 첫째, 사람들의 평균 수명이 증가했기 때문이다.

⑤ 자전거와 자동차의 차이점은 속도가 다르다는 것이다.
　 자전거와 자동차는 속도가 다르다는 차이점이 있다.

⑥ 자전거는 기름이 필요 없는 데 반해 자동차는 기름이 필요하다.

⑦인쇄매체는 기록이 오래 보관되며 정보의 신뢰도가 높다는 특징이 있다.

⑧비행기는 짧은 시간 안에 멀리 간다는 장점이 있는 반면에 날씨가 안 좋으면 탈 수 없다는 단점도 있다.

⑨외국인 관광객 수의 증가로 인해 관광 산업은 발달할 전망이다.

⑩모이는 날짜는 2016년 5월 2일이며 시간은 오전 10시부터 오후 4시까지이다.

① タクシーの長所は、どこでも簡単に乗れるということである。
　タクシーはどこでも簡単に乗れるという長所がある。
② タクシーの短所は、道が渋滞すると時間が長くかかるということである。
　タクシーは道が渋滞すると時間が長くかかるという短所がある。
③ 哺乳類の特徴は、子どもを産むということである。
　哺乳類は子どもを産むという特徴がある。
④ 高齢化社会の原因は、一つ目、人々の平均寿命が増加したからである。
⑤ 自転車と自動車の相違点は、速度が違うということである。
　自転車と自動車は速度が違うという相違点がある。
⑥ 自転車はガソリンが必要ないのに対して、自動車はガソリンが必要である。
⑦ 印刷メディアは記録が長く保管され、情報の信頼度が高いという特徴がある。
⑧ 飛行機は短い時間のうちに遠くに行くという長所がある一方、天気が悪いと乗れないという短所もある。
⑨ 外国人観光客数の増加によって、観光産業は発達する見通しだ。
⑩ 集まる日付は2016年5月2日で、時間は午前10時から午後4時までである。

1 다음을 참고하여 '홈쇼핑 매출 현황'에 대한 글을 200~300자로 쓰시오. 단, 글의 제목을 쓰지 마시오. (30점)

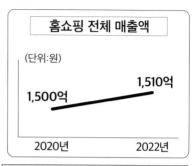

원인
· 홈쇼핑 시청자 ↓
· 일부 고가 상품 수요 ↑

과제
· 고가 상품 구성 다양화
· 고객 서비스 품질 개선

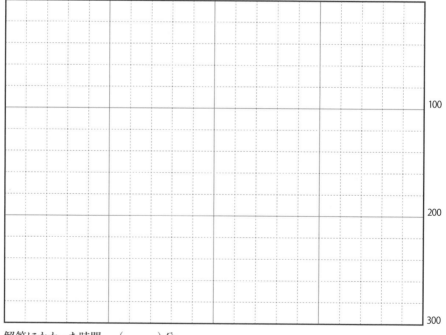

100

200

300

2 다음을 참고하여 '한국 영화 수출 현황'에 대한 글을 200~300자로 쓰시오. 단, 글의 제목을 쓰지 마시오. (30점)

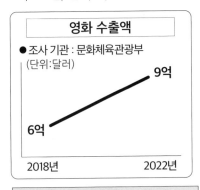

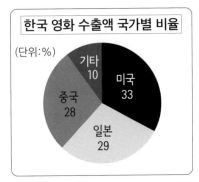

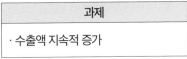

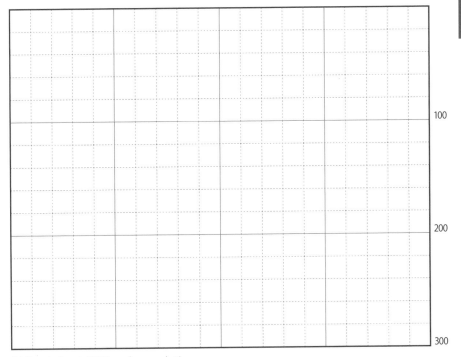

解答にかかった時間　（　　　）分

3 다음을 참고하여 '배달앱 이용자 수 현황'에 대한 글을 200~300자로 쓰시오. 단, 글의 제목을 쓰지 마시오. (30점)

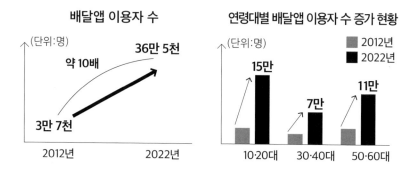

배달앱 이용자 수

연령대별 배달앱 이용자 수 증가 현황

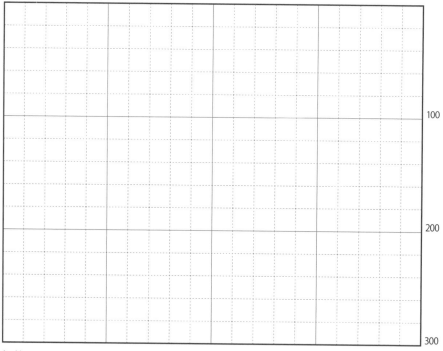

4 다음을 참고하여 '재택근무에 대한 세대별 인식'에 대한 글을 200~300 자로 쓰시오. 단, 글의 제목을 쓰지 마시오. (30점)

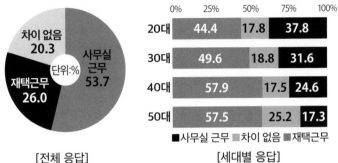

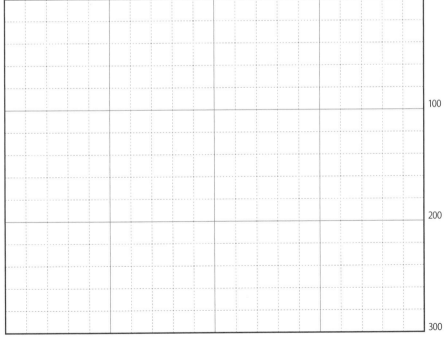

1

	한	국		소	비	자		연	구	소	에	서		'	홈	쇼	핑		매
출			현	황	'	에		대	해		조	사	한		결	과		20	20	년
에		10	만		명	이	었	던		홈	쇼	핑		구	매		고	객	
수	는		2	년	간		20	%		하	락	하	여		20	22	년	에	는
8	만		명	에		그	쳤	다	.	반	면	에		홈	쇼	핑		전	체
매	출	액	은		20	20	년		15	00	억		원	에	서		10	억	
원		상	승	하	여		20	22	년	에	는		15	10	억		원	으	로
소	폭		증	가	하	였	다	.	이	러	한		변	화		원	인	으	로
홈	쇼	핑		시	청	자	가		줄	어	든		것	과		일	부		고
가		상	품	의		수	요	가		늘	어	난		것	을		들		수
있	다	.	앞	으	로		홈	쇼	핑		고	객		수	와		매	출	액
증	가	를		위	해		고	가	의		상	품		구	성	을		다	양
화	하	고		고	객		서	비	스	의		품	질	을		개	선	하	는
것	이		중	요	한		과	제	이	다	.								

次を参考にして「テレビショッピングの売上の現状」についての文章を200〜300字で書きなさい。ただし、文章のタイトルを書かないでください。（30点）

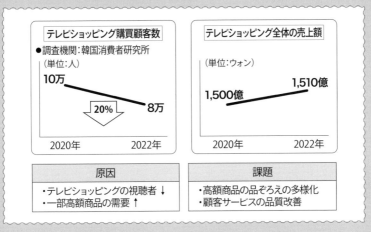

　韓国消費者研究所が「テレビショッピングの売上の現状」について調査した結果、2020年に10万人だったテレビショッピングの購買顧客数は2年間で20%下落し、2022年には8万人にとどまった。一方、テレビショッピング全体の売上額は、2020年の1500億ウォンから10億ウォン上昇して2022年には1510億ウォンに小幅増加した。こうした変化の原因として、テレビショッピングの視聴者が減ったことと、一部の高額商品の需要が増えたことが挙げられる。今後テレビショッピングの顧客数と売上額の増加のために、高額な商品の品ぞろえを多様化させて顧客サービスの品質を改善することが重要な課題である。

問題53

2

문화체육관광부에서 '한국 영화 수출 현황'에 대해 조사한 결과 2018년에 6억 달러였던 영화 수출액은 2022년에 9억 달러로 꾸준히 증가하였다. 한편 한국 영화 수출액 비율은 미국이 33%로 가장 높게 나타났으며 일본 29%, 중국 28%, 기타 10% 순으로 뒤를 이었다. 이와 같은 영화 수출액 증가 원인으로 첫째, 세계적으로 한류가 열풍인 것을 들 수 있고 둘째, 한국 영화를 해외로 홍보한 덕분이다. 이러한 상황이 계속된다면 한국 영화 수출액은 지속적으로 증가할 전망이다.

次を参考にして「韓国映画の輸出の現状」についての文章を200～300字で書きなさい。ただし、文章のタイトルを書かないでください。(30点)

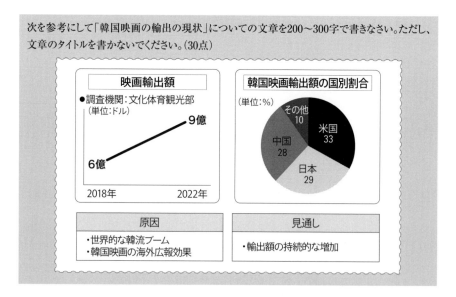

映画輸出額
- 調査機関：文化体育観光部
  （単位：ドル）
9億
6億
2018年　2022年

韓国映画輸出額の国別割合
（単位：%）
その他 10
米国 33
中国 28
日本 29

原因
・世界的な韓流ブーム
・韓国映画の海外広報効果

見通し
・輸出額の持続的な増加

　文化体育観光部が「韓国映画の輸出の現状」について調査した結果、2018年に6億ドルだった映画輸出額は2022年には9億ドルへコンスタントに増加した。一方、韓国映画輸出額の割合は米国が33％で最も高く、日本29％、中国28％、その他10％の順に続いた。このような映画輸出額増加の原因として、一つ目、世界的に韓流がブームであることが挙げられ、二つ目、韓国映画を海外に広報したおかげである。こうした状況が続くのなら、韓国映画の輸出額は持続的に増加する見通しである。

問題53

3

　최근　10여　　년간　배달앱　　이용자　수가
10배　　가까이　증가했다.　20 12년에　　3만
7천　　명에　　불과했던　　배달앱　　이용자　수
가　　20 22년에는　　36만　　5천　　명으로　　대폭
증가했다.　지난　　10여　　년간　　연령대별　　배
달앱　이용자　　수　　증가　　현황을　　살펴보면
10·20대의　　경우　15만　　명,　30·40대의
경우　7만　　명이　　증가했다.　그리고　　50·
60대의　　경우　11만　　명이　　증가한　　것으로
나타났다.　이러한　　배달앱　　이용자　　수의
증가의　원인으로　우선　　배달앱　결제　　방
법이　간편화된　　것을　　들　수　　있다.　다음
으로　스마트폰　사용자　수가　　증가한　것
도　　증가의　　원인이　　되었다.

次を参考にして「配達アプリ利用者数の現状」についての文章を200〜300字で書きなさい。ただし、文章のタイトルを書かないでください。（30点）

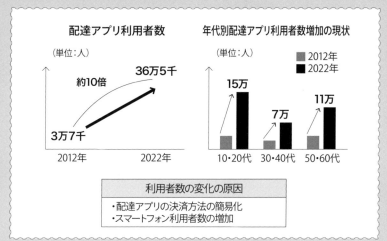

最近の10年間余りで、配達アプリの利用者数が10倍近く増加した。2012年には3万7千人にすぎなかった配達アプリ利用者数が、2022年には36万5千人へと大幅に増加した。過去10年間余りの年代別配達アプリ利用者数増加の現状を見てみると、10・20代の場合は15万人、30・40代の場合は7万人増加した。そして50・60代の場合は11万人が増加したと分かった。こうした配達アプリ利用者数の増加の原因として、まず配達アプリの決済方法が簡易化されたことが挙げられる。次に、スマートフォン使用者の数が増加したことも増加の原因になった。

4

　직장인들을　　대상으로　　'업무에　더　　효
율적인　근무　방식'에　　대해　　조사했다.
조사　　결과　　'사무실　　근무'를　　택한　비
율은　53.7％로　　'재택근무'　　26％에　　비
해　두　배　가까이　높았다.　세대별　　응답
을　살펴보면　모든　　연령대에서　'사무실
근무'를　선호하는　　것으로　　나타났다.　20
대는　44.4％,　30대는　　49.6％,　40대는　57
.9％,　50대는　57.5％로　　연령이　　높아질수
록　사무실　근무를　선호했다.　이렇게　사
무실　근무를　선호하는　이유는　재택근무
는　의사소통을　하기가　어려운　데다가
재택근무　시　일과　개인　생활이　구분되
지　않기　때문이라고　했다.

244

次を参考にして「在宅勤務に対する世代別認識」についての文章を200～300字で書きなさい。
ただし、文章のタイトルを書かないでください。(30点)

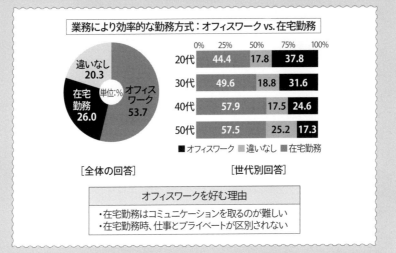

サラリーマンを対象に、「業務により効率的な勤務方式」について調査した。調査の結果、「オフィ
スワーク」を選んだ比率は53.7%で「在宅勤務」の26%に比べ2倍近く高かった。世代別回答を見て
みると、全ての年代で「オフィスワーク」を好むことが分かった。20代は44.4%、30代は49.6%、40代は
57.9%、50代は57.5%で、年齢が高くなるほどオフィスワークを好んだ。このようにオフィスワークを好む
理由は、在宅勤務はコミュニケーションを取るのが難しいのに加えて、在宅勤務時に仕事とプライベ
ートが区別されないためだとした。

語彙

練習問題4の中に出てきた覚えておくべき単語や表現をまとめました。

1 **홈쇼핑** テレビショッピング
  현황 現状
  매출액 売上額
  수요 需要
  고가 高価、高額
  구성 構成、商品の品ぞろえ
  품질 品質
  개선 改善
2 **수출액** 輸出額
  비율 比率、割合
  한류 韓流
  열풍 ブーム
  홍보 広報
  전망 見通し

  지속적 持続的
3 **배달앱** 配達アプリ
  연령대 年代
  -별 ～別
  결제 決済
  간편화 簡易化、簡素化
4 **효율적** 効率化
  근무 勤務
  재택 在宅
  선호하다 複数の選択肢の中から好む
  ~ 시 ～時、～の時
  구분되다 区別される

問題54
自分の考えを
文章で表現する

問題 54 | 自分の考えを文章で表現する

問題54の概要

問題54は、社会的なテーマに対して自分の考えを論理的に書く問題です。文章は600〜700字で書かなければいけません。TOPIK 5、6級レベルの問題とされており、配点は50点です。25〜30分で解答することを目標にしましょう。

54. 다음을 참고하여 600〜700자로 글을 쓰시오. 단, 문제를 그대로 옮겨 쓰지 마시오. (50점)

> 　　사람들은 다양한 경제 수준의 삶을 살고 있으며 그러한 삶에 대해 느끼는 각자의 만족도도 다양하다. 그러나 경제적 여유와 행복 만족도가 꼭 비례한다고는 할 수 없다. 경제적 여유가 행복에 미치는 영향에 대해 아래의 내용을 중심으로 자신의 생각을 쓰십시오.

> ・사람들이 생각하는 행복한 삶이란 무엇인가?
> ・경제적 조건과 행복 만족도의 관계는 어떠한가?
> ・행복 만족도를 높이기 위해 어떠한 노력이 필요한가?

問題54-1 基本を理解する

 叙述型問題とは何か

内容

　叙述型問題は、ある現象や問題点について叙述し、その現象の原因、影響、問題を解決する方法、必要な条件や努力、必要性などについて自分の考えを書けば大丈夫です。

叙述型	問題・解決：社会的な問題の原因、現状、解決方法などを書く。 要求される資質（条件）：あることをするために何が必要か書く。 AとBの関係：AとBの関係はどうか書く。 Aの役割および影響：Aの役割が何で、Aがどんな影響を及ぼすか書く。 Aの必要性：Aがなぜ必要なのかを書いて、このためにどのような努力が必要か一緒に書く。

形態

　叙述型問題は提示される形態が少しずつ違いますが、じっくり読んでみると同じ内容を含んでいます。問題と関連したテーマについて紹介して、何について書かなければいけないか教えてくれます。

> 최근 세계적으로 환경 오염을 줄이기 위해 많은 노력을 기울이고 있습니다. 환경 오염을 줄일 수 있는 효과적인 방법에 대해 아래의 내용을 중심으로 주장하는 글을 쓰십시오.
> 　最近、世界的に環境汚染を減らすために多くの努力を傾けています。環境汚染を減らすことができる効果的な方法について、下の内容を中心に主張する文を書きなさい。

> ・환경 오염으로 인해 어떤 문제가 생기고 있습니까?
> 　環境汚染によってどんな問題が起きていますか？
> ・환경 오염을 줄이기 위해 정부와 기업은 어떻게 해야 합니까?
> 　環境汚染を減らすために政府と企業はどのようにしなければいけませんか？
> ・환경 오염을 줄이기 위해 우리가 할 수 있는 일은 무엇입니까?
> 　環境汚染を減らすためにわれわれができることは何ですか？

우리는 행복을 위해서 삽니다. 그러나 사람들마다 행복의 기준이 다릅니다. 자신이 생각하는 행복은 무엇이며 그 행복을 위해 필요한 것이 무엇인지 아래의 내용을 중심으로 자신의 생각을 쓰십시오.

われわれは幸せのために生きています。ですが、人によって幸せの基準は違います。自分が考える幸せとは何か、その幸せのために必要なことは何か、下の内容を中心に自分の考えを書きなさい。

・진정한 행복이란 무엇인가? 真の幸せとは何か？
・진정한 행복을 위해서는 무엇이 필요한가? 真の幸せのためには何が必要か？

국제화 시대에 영어가 세계 공용어로서의 지위를 가지게 되면서 영어로 소통하는 것이 편하기 때문에 영어를 공용어로 사용하는 나라들이 많아졌습니다. 이로 인해 언어학자들은 곧 다가올 미래에 많은 나라의 언어가 사라질 것이라고 예측하기도 합니다. 우리는 자국의 언어를 배우고 자국의 언어를 지켜야 합니다. 이는 자국의 언어가 지니고 있는 가치 때문일 것입니다. 여러분은 왜 모국어를 지켜야 하고 모국어를 통해 무엇을 배울 수 있다고 생각합니까?

国際化時代に英語が世界の公用語としての地位を持つのに伴い、英語でやりとりするのがスムーズであるため英語を公用語として使う国が増えました。これによって言語学者はじきにやって来る未来に多くの国の言語が消えるだろうと予測してもいます。われわれは自国の言語を学び、自国の言語を守らなければなりません。これは自国の言語が持っている価値のためでしょう。皆さんは、母国語を守らなければならない理由や、母国語を通して学べるものは何だと考えますか？

叙述型に出るテーマ

問題54で扱うであろうテーマは以下のように整理できます。普段から、テーマと関連のある単語を勉強したり、テーマについてどんな内容を書けばいいか考えたりしてみてください。

家庭生活	음식/요리 食べ物／料理、집(주거 문제, 층간소음) 家 (住居問題、階間騒音）、가족의 변화(관계, 형태) 家族の変化 (関係、形態)
健康	운동 運動、건강 관리 健康管理、정신 건강(우울증) 精神の健康 (うつ病）、다이어트 ダイエット

科学	미래 사회 未来社会、인간 복제 人間のクローン、유전자 변형 식품 遺伝子組み替え食品 (GMO)、동물실험 動物実験、로봇 개발 ロボット開発、과학 기술발전의 명과 암 科学技術発展の明と暗
教育	조기/예술/역사/대학 교육의 필요성 早期／芸術／歴史／大学教育の必要性、교육 제도 教育制度、(조기)유학 （早期）留学、교육의 목적(시험) 教育の目的 (試験)、교육 방식(컴퓨터 활용, 경쟁/수준별 교육) 教育方式 (コンピューターの活用、競争／レベル別教育)、대학의 역할(학문/취업) 大学の役割 (学問／就職)、외국어 능력 外国語能力
ニュース／時事	흡연 규제 喫煙規制、안락사 安楽死、환경 오염 環境汚染、일자리 부족 仕事不足、고령화 사회 高齢化社会、CCTV 설치 監視カメラ設置、PPL PPL広告、사형제도 死刑制度、준법(자발성/강제성) 順法 (自発性／強制性)、다문화사회 多文化社会、성차별 性差別、동물원 動物園
国際	약소국에 대한 원조 途上国に対する援助、기후 변화 気候変化、환경 문제와 여행 環境問題と旅行、물/식량 부족 문제 水／食料不足問題、국제기구 国際機構
メディア	인터넷 インターネット、SNS(의사소통 방식의 변화) SNS (意思疎通方法の変化)、대중매체 マスメディア、신문(정보) 新聞 (情報)、광고의 역할 広告の役割、개인 정보 유출 個人情報流出、인터넷 실명제(표현의 자유) インターネット実名制 (表現の自由)、사이버 범죄 サイバー犯罪、게임 중독 ゲーム中毒
生活方式	반려 동물 ペット、유기 동물 捨てられたペット、저출산/고령화 少子化／高齢化、만혼 晩婚、스트레스 ストレス、도시와 시골의 격차 都市と田舎の格差、중독(알코올, 인터넷) 中毒 (アルコール、インターネット)、이웃(관계 변화, 소통 단절) 隣人 (関係変化、疎通の断絶)、인터넷 쇼핑 インターネットショッピング、의사소통 意思疎通・コミュニケーション、봉사(활동) ボランティア (活動)
芸術	전통문화/현대문화 伝統文化／現代文化、예술의 상업화 芸術の産業化、미술 美術、문화 文化

仕事と 職業	새로운 직업(직업의 변화) 新しい職業（職業の変化）、직장 생활(직장 문화) 職場生活（職場の文化）、술 酒、직업에서 성 구별 職業で性区別、진로와 취업, 업무 進路と就職・業務、자아실현 自己の実現、직업의 의미 職業の意味、직업 선택 職業選択、일과 개인의 행복 仕事と個人の幸せ、재택근무 在宅勤務
専門分野	언어 言語、역사 歴史、언론 言論、경영/경제 経営／経済、종교 宗教、심리 心理、건축 建築、사회 社会、정치 政治、문화 文化、과학 科学、성 性、철학/윤리 哲学／倫理、법 法
本と文学	종이책/전자책 紙の本／電子書籍、독서 読書
休日	여행(방법, 숙박 시설) 旅行（方法、宿泊施設）

叙述型問題の構成

序論・本論・結論の内容構成

　問題54で出題される叙述型問題はさまざまですが、文章の書き方は似ています。以下は、叙述型問題をどのように構成すればいいか簡単に表に整理したものです。

序論	書かなければいけない文章のテーマについて紹介し、どんな内容を書くか紹介する。 ①個人的な内容を書いてはいけない。 ②テーマを紹介する程度で書かなければいけない。	テーマの紹介 書く内容の紹介
本論	問題の類型に従って、自分の考えを具体的に書く。	出題された問い① → 中心となる文＋根拠／具体的な例 出題された問い② → 中心となる文＋根拠／具体的な例 出題された問い③ → 中心となる文＋根拠／具体的な例

結論	本論の内容を整理して自分の意見を書く。 ①新しい内容を書いてはならない。 ②上で書いた内容とつながっていなければならない。	本論の内容整理 結論に関連した提言

次は問題54の叙述型問題です。答案を見て内容をどのように書かなければならないか考えてみてください。

> 사람들은 다양한 경제 수준의 삶을 살고 있으며 그러한 삶에 대해 느끼는 각자의 만족도도 다양하다. 그러나 경제적 여유와 행복 만족도가 꼭 비례한다고는 할 수 없다. 경제적 여유가 행복에 미치는 영향에 대해 아래의 내용을 중심으로 자신의 생각을 쓰십시오.

- 사람들이 생각하는 행복한 삶이란 무엇인가?
- 경제적 조건과 행복 만족도의 관계는 어떠한가?
- 행복 만족도를 높이기 위해 어떠한 노력이 필요한가?

問題54

	사	람	마	다		경	제		수	준	이		다	르	고		여	기	에
서		느	끼	는		행	복		만	족	도	도		다	르	다	.		흔	히
경	제	적		여	유	와		행	복	은		비	례	한	다	고		하	는
데		그	렇	지		않	은		경	우	도		있	다	.	**따**	**라**	**서**
이		**글**	**을**		**통**	**해**		경	제	적		여	유	가		행	복	에
어	떤		영	향	을		미	치	는	지		**살**	**펴**	**보**	**고**	**자**		**한**	**다**	.
	사	람	들	이		생	각	하	는		행	복	한		삶	의		모	습
은		다	양	하	다	.	어	떤		사	람	은		돈	이		적	을	지
라	도		건	강	하	게		사	는		것	이		행	복	한		삶	이
라	고		생	각	하	는		반	면		어	떤		사	람	은		경	제

적 여유가 있어야 행복하다고 생각한다.

물론 경제적으로 여유가 있으면 행복 만족도에 긍정적인 영향을 줄 것이다. 그러나 아무리 큰 부자라도 불치병에 걸린다면 행복을 느끼기 어려울 것이다. 또한 재벌들이 재산 문제로 가족들과 싸우는 것을 보면 경제적인 여유와 행복 만족도가 비례한다고 볼 수 없다. 따라서 행복해지기 위해서는 먼저 건강을 지켜야 한다. 건강은 가장 중요한 행복의 필수 요건이기 때문이다. 그리고 현재 자신에게 주어진 삶을 사랑하고 가족과 친구들을 사랑하며 산다면 행복은 멀리 있지 않을 것이다.

지금까지 경제적 여유가 행복 만족도에 미치는 영향에 대해 살펴보았는데 경제적 여유와 행복 만족도는 반드시 비례하는 것은 아니라는 것을 알 수 있었다. 행복해지기 위해서는 건강을 유지하고 주변 사람들을 사랑해야 한다.

人は多様な経済水準の暮らしをしており、そのような暮らしについて感じる各自の満足度も多様だ。しかし、経済的余裕と幸福満足度が必ずしも比例するとはいえない。経済的余裕が幸福に及ぼす影響について、下の内容を中心に自分の考えを書きなさい。

・人が考える幸福な暮らしとは何か?
・経済的条件と幸福満足度の関係はどうか?

・幸福満足度を高めるためにどのような努力が必要か?

　人によって経済水準が違い、ここから感じる幸福満足度も違う。よく経済的余裕と幸福は比例すると言うが、そうではない場合もある。従って、この文章を通して、経済的余裕が幸福にどのような影響を与えるか見てみようと思う。

　人が考える幸福な暮らしの姿は多様である。ある人はお金が少なくても健康に生きることが幸福な暮らしと考える反面、ある人は経済的余裕があってこそ幸せだと考える。

　もちろん、経済的に余裕があれば幸福満足度に肯定的な影響を与えるだろう。しかし、いくら大金持ちでも不治の病にかかったら幸福を感じるのは難しいだろう。また、財閥(の人間)が財産問題で家族ともめているのを見ると、経済的な余裕と幸福満足度が比例するとは思えない。

　従って、幸福になるためにはまず健康を守らなければならない。健康は最も大事な幸福の必須要件だからである。そして、現在自分に与えられた暮らしを愛し、家族や友達を愛して生きていれば幸福は遠くにあるものではない。

　今まで経済的余裕が幸福満足度に及ぼす影響について見てみたが、経済的余裕と幸福満足度は必ずしも比例するものではないということが分かった。幸福になるためには健康を維持し、周囲の人を愛さなければならない。

　叙述型の問題文と答案を使って、序論・本論・結論の内容構成と表現を勉強してみます。

問題
54

序論

①序論の内容：「テーマの紹介」＋「書く内容の紹介」

　「テーマの紹介」とは、テーマと関係のある一般的な内容を書くことです。序論はあまり長く書かず、100字程度書くのが適切です。

②序論の表現

・テーマの紹介

　テーマを紹介するために、定義をしたり、最近の状況を説明したり、一般的な人々の考えや行動などを説明したりするとき、以下のような表現を使います。

例文	산업화 이후 환경 오염이 전 세계적으로 심각한 사회문제가 되고 있다. 産業化以降、環境汚染が全世界的に深刻な社会問題になっている。

表現	定義	~(이)란 ~とは	~이다 ~だ、 -(으)ㄴ/는 ~이다 ~する~だ、 -(으)ㄴ/는 것을 말한다 ~することをいう
	現状	최근 最近、 ~ 이후/-(으)ㄴ 이후로 ~以降／~して以降、 -(으)면서 ~するに伴い、 -(으)ㅁ에 따라 ~するに従い	-고 있다 ~している、 -아/어지고 있다 ~くなっている、 -게 되었다 ~するようになった、 ~이/가 되었다 ~になった
	一般的な内容	사람들은 人は、보통 普通、 일반적으로 一般的に、 흔히 よく	-아/어한다 ~がる、 -고 싶어 한다 ~したがっている、 -다고 생각한다 ~であると思う

・書く内容の紹介

　どんな内容で文章を書くか説明するために必要な表現です。

例文	따라서 이 글을 통해 환경 오염을 줄이기 위한 효과적인 방법에 대해 살펴보고자 한다. 従って、この文章を通して環境汚染を減らすための効果的な方法について見てみようと思う。
表現	따라서 이 글을 통해 従ってこの文章を通して

따라서 이 글을 통해 従ってこの文章を通して	~에 대해 살펴보고자/이야기해 보고자 한다 ~について見てみようと／話してみようと思う、-(으)ㄴ/는지 살펴보고자 한다 ~か調べようと思う

🖝 ヒント

1　問題文を活用して序論を書きますが、問題文と全く同じように書くのはよくありません。
2　序論に、本論に書くべき具体的な内容を書いてはいけません。
3　序論に個人的な経験を書いてはいけません。

本論

①本論の内容：「具体的な説明」（例示、論点、原因など）

本論は、序論で紹介したテーマについて「具体的な説明」を書く部分です。本論は、問題文の下にある2〜3個の質問に対する答えを書けば大丈夫です。そして、400〜500字程度で書くのがよく、2〜3個の質問に対する内容を同じくらいの分量で書くのがよいでしょう。

②本論の表現

【羅列】

関連した内容を並べて説明する方法のことをいいます。

例文	환경 오염으로 인해 나타나는 문제는 크게 세 가지로 나눌 수 있다. 첫째, 둘째, 셋째… 環境汚染によって生じる問題は大きく三つに分けることができる。一つ目、二つ目、三つ目……	
表現	~은/는 다음과 같다 〜は次の通りだ、 ~은/는 크게 ~ 가지로 나눌 수 있다 〜は大きく〜種類に分けることができる、 ~에는 ~ 가지가 있다 〜には〜種類ある、 ~을/를 살펴보면 다음과 같다 〜を調べると次の通りである	첫째 一つ目、둘째 二つ目、셋째 三つ目 우선(먼저) 先に（まず）、 다음으로 次に、 마지막으로 最後に
	게다가 その上、더구나 さらに、~뿐만 아니라 〜だけでなく、 -(으)ㄴ/는 것뿐만 아니라 〜するだけでなく、 -(으)ㄹ뿐더러 〜するだけでなく	

【例示】

あることを具体的に説明するために、実際の例を挙げて説明する方法のことをいいます。

例文	환경 보호는 생활 속에서 실천할 수 있다. 예를 들어 분리수거를 하거나 일회용품을… 環境保護は生活の中で実践できる。例えば、分別収集をしたり、使い捨て品を……
表現	가령 仮に、예를 들어/예를 들면 例えば、실례로 実例として、실제로 実際に、~에는 A, B, C 등이 있다 〜にはA、B、Cなどがある

問題54

【比較、対照】

二つ以上の対象が持つ共通点や違いを説明する方法のことをいいます。

例文	과거와 달리 65세 노인이라 할지라도 일할 능력을 지닌 사람이 많다. 過去と違い、65歳の老人といっても働く能力を持った人が多い。
表現	A와 B의 공통점은 -다는 것이다 AとBの共通点は〜ということである、A도 B와 마찬가지로 -다 AもBと同じで〜である
	하지만 しかし、그렇지만 だが、그러나 しかし、 반면에 反面、반대로 反対に、오히려 むしろ、 -는/(으)ㄴ 데 반해 〜する・なのに対して、-는/(으)ㄴ 반면에 〜する・な一方、 ~와/과 다르게(달리) 〜と違い、이와 달리 これと違い

【根拠、原因】

主張に対する理由（根拠）や何かが発生した原因を説明する方法のことをいいます。

例文	인터넷 실명제는 시행할 필요가 있다. 왜냐하면 실명제를 통해 자신이 쓴 글에 책임감을 가지게 할 수 있기 때문이다. インターネット実名制は施行する必要がある。なぜなら、実名制を通じて自分が書いた文に責任感を持つようにすることができるからだ。
表現	그 이유는/왜냐하면 + ~ 때문이다/-기 때문이다 その理由は／なぜなら＋〜のためである／〜だからである 그 이유(원인)를 살펴보면 다음과 같다. 첫째, -기 때문이다. その理由（原因）を見てみると次の通りである。一つ目、〜だからである。

【因果】

原因と結果を関連付けて説明する方法のことをいいます。

例文	비가 오랫동안 오지 않았다. 이로 인해 가뭄이 심각한 상태에 이르렀다. 雨が長い間降らなかった。これによって干ばつが深刻な状態に至った。
表現	~(으)로 인해서 〜によって、이로 인해 これによって、 그 결과 その結果、~(으)로 말미암아 〜によって

【当為 (すべきこと)】

必ずそうしなければならないということを説明する文法表現です。

例文	환경 오염을 줄이기 위해서 정부는 관련법을 만들어야 할 것이다. 環境汚染を減らすために政府は関連法を作らなければならないだろう。	
表現	따라서 従って、 그러므로 それゆえ、 -기 위해서 〜するために、 -(으)려면 〜しようとすれば	-아/어야 할 것이다 〜しなければならないだろう、 -아/어야 한다 〜しなければならない、 -(으)ㄹ 필요가 있다 〜する必要がある

【強調】

理由や自分の主張を強調するときに使う表現です。

例文	환경을 보호하기 위해서는 무엇보다도 생활 속에서 작은 일부터 시작해야 한다. 環境を保護するためには何よりも生活の中で小さなことから始めなければならない。
表現	~이야말로 〜こそ、-는/(으)ㄴ 것이야말로 〜する・なことこそ、 무엇보다도 何よりも、누구보다도 誰よりも、어디보다도 どこよりも

ヒント

1 提示された2〜3個の質問ごとに段落を変えるといいでしょう。
2 本論は具体的に書かなければいけません (理由、根拠など)。
3 本論に個人的な経験を書いてはいけません。

結論

①結論の内容：「内容の整理」＋「意見の提示」

　結論には「内容の整理」と「意見の提示」の内容が入らなければいけません。このとき、本論の内容を全て書くのではなく、何の内容について書いたのか、簡単に書くといいでしょう。結論も序論と同じように100字程度書くのが適切です。

②結論の表現

【整理】

　結論部分で、それまでに書いた内容を簡単に要約するとき必要な表現です。

例文	지금까지 환경 오염으로 나타나는 문제와 해결 방법에 대해 살펴보았다. 今まで環境汚染で生じる問題と解決方法について見てきた。	
表現	지금까지 今まで、 이상으로 以上で	~에 대해 살펴보았다 〜について見てきた、 -다는 입장에서 살펴보았다 〜という立場から見てきた、 ~을/를 중심으로 살펴보았다 〜を中心に調べた
	이상에서 언급한 바를 정리하면 以上で言及したものを整理すると 위에서 살펴본 내용을 요약하면 上で見てきた内容を要約すると	다음과 같다 次の通りだ

【意見】

　内容の要約後、テーマに対する自分の意見を提示するときに必要な表現です。

例文	앞으로 환경 오염 문제를 해결하기 위해서 무엇보다도 생활 속에서의 실천이 중요할 것이다. 今後環境汚染問題を解決するために何よりも生活の中での実践が重要だろう。

表現	앞으로 今後	-기 위해서(는) 〜するために（は）、 -(으)려면 〜しよ うとするなら、 -도록 〜するよう に	-아/어야 한다 〜しなければならない、 -아/어야 할 것이다 〜しなければならないだ ろう、 -(으)ㄹ 필요가 있다 〜する必要がある -(으)ㄴ/는 것이 중요하다 〜するのが重要だ、 -(으)려는 태도를 가져야 한다/할 것이다 〜しようとする態度を持たなければならない／ ならないだろう
			-아/어야만 -(으)ㄹ 수 있을 것이다 〜してこそ〜できるだろう

ヒント

1 本論の内容を全て書くのではなく、何について書いたか簡単に要約します。

2 結論に新しい内容を書いてはいけません。

3 -(으)면 좋겠다（〜したらいい）のような表現よりも、客観的な印象を与える-어/아야
할 것이다（〜しなければならないだろう）などの表現を使うのがよいでしょう。

1 答案作成の戦略

　問題54は原稿用紙に答えを書かなければならないので、問題を見てすぐに書き始めるのではなく、段階別に書く計画を立てた後に文章を書くのがよいでしょう。

STEP 1	**問題を読んで、書かなければならない文章のテーマを把握する。** 文章を書く前に何についての内容を書かなければならないかを分かっていないと、書く内容をきちんと計画できません。
STEP 2	**序論と本論を書くときに必要な部分を問題文から探した後、印を付けてみる。** 提示された問題の中に序論で使える内容と、本論に必ず書かなければならない内容が出ているので、問題を読みながら問題文に印を付けます。 ※この過程で失敗するケースが多いです。問題で要求していることを正確に把握しなければいけません。
STEP 3	**本論と結論にどんな内容を書くか具体的に計画してみる。** 本論に書かなければならない中心的な内容と、その内容を支持する根拠や例を考えて、以下のように書きます。 환경 보호를 위해 생활 속에서 작은 일부터 실천 (中心的な内容) 環境保護のために生活の中で小さなことから実践 例) 분리수거, 일회용품의 사용을 줄이기 (支持する内容) 分別収集、使い捨て品の使用を減らす 結論には本論の内容を要約して、簡単に自分の意見を書きます。
STEP 4	**原稿用紙に序論・本論・結論の分量の印を付けた後、表現に気を配りながら文章を書く。** 「序論100字＋本論450字 (一つの質問につき150字ずつ) ＋結論100字」程度書くと考えて、あらかじめ印を付けておくと、三つの質問に同じくらいの量で書くことができます。そして、計画した内容を基に、文法、単語、連結表現などに気を配りながら文章を書きます。

2 答案作成の手順

前で学んだ答案作成の戦略を利用して、問題を解いてみましょう。

54. 다음을 참고하여 600~700자로 글을 쓰시오. 단, 문제를 그대로 옮겨 쓰지 마시오. (50점)

> 사람들은 다양한 경제 수준의 삶을 살고 있으며 그러한 삶에 대해 느끼는 각자의 만족도도 다양하다. 그러나 경제적 여유와 행복 만족도가 꼭 비례한다고는 할 수 없다. 경제적 여유가 행복에 미치는 영향에 대해 아래의 내용을 중심으로 자신의 생각을 쓰십시오.

> · 사람들이 생각하는 행복한 삶이란 무엇인가?
> · 경제적 조건과 행복 만족도의 관계는 어떠한가?
> · 행복 만족도를 높이기 위해 어떠한 노력이 필요한가?

STEP 1 テーマを見つけて書いてみてください。

경제적 여유가 행복 만족도에 미치는 영향
経済的余裕が幸福満足度へ及ぼす影響

STEP 2 序論と本論に必要な部分を、問題文にマークしてみてください。

STEP 3 本論と結論に書く内容を具体的に計画してみてください。

| 本論 | 1 | 사람들이 생각하는 행복한 삶의 모습은 다양 : 건강하게 사는 것, 경제적 여유
人が考える幸福な暮らしの姿は多様：健康に生きること、経済的余裕 |
| | 2 | 경제적 여유, 행복 만족도 관계있지만 비례하지 않음 : 암에 걸린 부자, 재벌들의 재산 싸움
経済的余裕と幸福満足度は関係あるが比例しない：がんになった金持ち、財閥の財産争い |

本論	3	행복해지기 위한 노력 필요:건강 지키기, 자신에게 주어진 삶 사랑하기, 가족·친구들 사랑하며 살기 幸福になるための努力が必要:健康を守る、自分に与えられた暮らしを愛する、家族·友達を愛しながら生きる
結論	要約、意見	경제적 여유가 행복에 영향 줄 수도 있지만 꼭 그런 것은 아님 経済的余裕が幸福に影響を与えることもあるが必ずしもそうではない
		건강한 삶 유지, 주변 사람들 사랑 → 행복해질 수 있을 것 健康な暮らしの維持、周囲の人の愛→幸福になれるだろう

STEP 4　答えを書いてください。

P.253に答えがあります。

3　答案作成を練習

　前で学んだ答案作成の戦略の通りに、以下に答えを書いてみてください。

54. 다음을 참고하여 600~700자로 글을 쓰시오. 단, 문제를 그대로 옮겨 쓰지 마시오. (50점)

> 　우리는 생활 속에서 과학 기술을 항상 이용하고 있다. 이러한 과학 기술의 발전으로 인류의 생활에 많은 혜택을 주었지만 과학 기술의 발전이 인류의 생활에 부정적인 영향을 주기도 하였다. 과학 기술의 발전이 인류의 생활에 미치는 영향에 대해 아래의 내용을 중심으로 자신의 생각을 쓰십시오.
>
> ・과학 기술은 어떤 분야에서 이용되고 있는가?
> ・과학 기술의 발전과 인류 생활의 관계는 어떠한가?
> ・과학 기술을 올바르게 발전시키기 위해서 어떠한 노력이 필요한가?

われわれは生活の中で科学技術を常に利用している。このような科学技術の発展によって人類の生活に多くの恩恵を与えたが、科学技術の発展が人類の生活に否定的な影響を与えたりもした。科学技術の発展が人類の生活に及ぼす影響について、下の内容を中心に自分の考えを書きなさい。

・科学技術はどのような分野で利用されているか?
・科学技術の発展と人類の生活の関係はどのようなものか?
・科学技術を正しく発展させるためにどのような努力が必要か?

STEP 1　テーマを見つけて書いてみてください。

STEP 2　序論と本論に必要な部分を、問題文にマークしてみてください。

STEP 3　本論と結論に書く内容を具体的に計画してみてください。

本論	1	
	2	
	3	
結論	要約、意見	

STEP 4　答えを書いてください。

問題54

【解答例】

STEP 1　テーマを見つけて書いてみてください。

> 과학 기술의 발전이 인류의 생활에 미치는 영향
> 科学技術の発展が人類の生活に及ぼす影響

STEP 2　序論と本論に必要な部分を、問題文にマークしてみてください。

STEP 3　本論と結論に書く内容を具体的に計画してみてください。

本論	1	이용되는 분야 : 의학, 과학, 정보통신, 교육 등 모든 분야에서 이용 利用される分野 : 医学、科学、情報通信、教育など全ての分野で利用

本論	2	과학 기술의 발전과 인류 생활의 관계 긍정적 영향：①멀리 있는 사람과 소식 쉽게 접함 ②여가 시간 늘어남 부정적 영향：①환경 오염 ②인간 소외 科学技術の発展と人類の生活の関係 肯定的影響：①遠くにいる人や話題に簡単に触れられる ②余暇時間が増える 否定的影響：①環境汚染 ②人間の疎外
	3	올바르게 발전시키기 위해 필요한 노력 ①신중한 개발 ②도덕적으로 이용 正しく発展させるために必要な努力 ①慎重な開発 ②道徳的に利用
結論	要約、意見	우리 스스로 인간의 존엄성 지키고 순수하게 이용 われわれが自ら人間の尊厳を守って純粋に利用

【学習者の答案および評価】

〈高評価〉

> 과학 기술이 발전함에 따라 풍요로운 삶을 누리게 되었지만 과학에 지나치게 의존한 탓에 여러 문제점도 생겼다. 따라서 이 글을 통해 과학의 발전이 인류의 생활에 미친 영향에 대해 살펴보고자 한다.
>
> 과학은 의학, 정보통신, 교육 등 모든 분야에서 이용된다. 로봇이 수술을 하기도 하고 전 세계에서 일어나는 일들을 스마트폰 하나로 알 수 있으며 교육도 컴퓨터의 도움 없이는 불가능해졌다.
>
> 이렇게 과학 기술의 발전은 인간과 떼려야 뗄 수 없는 관계이다. 그러나 모든 것에 일장일단이 있듯 과학도 마찬가지이다. 우선 멀리 있는 사람이나 소식도 쉽게 접할 수 있게 되었다. 또한 기술 발달로 여가 시간이 늘어나게 되었다. 반면 과학 기술의 발전은 기상이변과 같은 환경 문제를 초래하였다. 그리고 기계가 인간의 역할을 대신해 오히려 인간이 소외되는 현상이 나타났다.
>
> 이렇듯 양면성을 가진 과학을 올바르게 발전시키기 위해서는 첫째, 기술 개발 시 인간의 존엄성을 지킬 수 있도록 신중하게 개발해야 할 것이다. 둘째, 과학 기술을 이용하는 사람들도 이를 도덕적으로 이용해야 할 것이며 인류의 미래를 생각하면서 사용해야 할 것이다.
>
> 이상으로 과학이 인류의 생활에 미치는 긍정적·부정적 영향에 대해 살펴보았다. 과학은 인간이 만든 것이므로 무엇보다도 우리 스스로 인간 존엄성을 지키는 범위 내에서 과학 기술을 이용해야 할 것이다.

問題
54

科学技術が発展するに従って、豊かな生活を享受するようになったが、科学に過度に依存したせいでいろいろな問題点も生まれた。従って、この文を通して、科学の発展が人類の生活に及ぼした影響について見てみようと思う。

科学は医学、情報通信、教育など全ての分野で利用される。ロボットが手術をしたりもし、全世界で起きることをスマートフォン一つで知ることができたり、教育もパソコンの助けなしでは不可能になった。

このように、科学技術の発展は人間と切っても切れない関係だ。しかし、全てに一長一短があるように、科学も同じだ。まず、遠くにいる人や話題も簡単に接することができるようになった。また、技術の発達で余暇時間が増えた。反面、科学技術の発展は異常気象などの環境問題を招いた。そして、機械が人間に取って代わり、むしろ人間が疎外される現象が起きた。

このように両面性を持った科学を正しく発展させるためには、一つ目、技術開発時に人間の尊厳性を守れるように慎重に開発しなければならないだろう。二つ目、科学技術を利用する人もこれを道徳的に利用しなければならず、人類の未来を考えながら使用しなければならないだろう。

以上、科学が人類の生活に及ぼす肯定的・否定的影響について見てきた。科学は人間が作ったものなので、何よりもわれわれ自らが人間の尊厳性を守る範囲内で科学技術を利用しなければならないだろう。

〈低評価〉

과학 기술이 발전함에 따라 좋은 점도 있지만 나쁜 점도 많다. 따라서 이 글을 통해 과학의 발전이 인류의 생활에 미친 영향에 대해 살펴보고자 한다.

과학이 어떤 분야에서 이용되는가는 의학 분야서도 이용되고 , 정보통신 분야에서도 이용된다. 뿐만 아니라 교육 등의 분야에서도 이용되기 때문에 모든 분야에서 이용되는 것 같다.

과학 기술의 발전과 인류 생활의 관계는 어떠한가는 관계가 너무 큰 것 같다. 왜냐하면 멀리 있는 사람이랑 언제도 쉽게 연락할 수 있다. 나도 유학생인데 스마트폰이나 노트북이 있으니까 부모님과 쉽게 연락할 수 있다. 그리고 과학 기술 때문에 우리 생활이 너무 편해졌다. 우리는 편리한 기계가 없는 생활을 상상도 할 수 없다. 진짜 너무 편하다. 또 한국어를 공부할 때 컴퓨터에서 한국 드라마를 보면도 도움이 된다. 이것은 인터넷이 없으면 할 수 없다. 그러니까 우리 생활의 모든 곳에서 과학의 영향을 많이 받고 있다. 그런데 과학 때문에 환경 오염 문제가 생겼다. 스마트폰이 있으니까 친구를 만나도 이야기하지 않고 혼자 스마트폰만 해서 대화를 안 한다. 이건 큰 문제다. 사람과의 교류가 없다.

과학 기술을 올바르게 발전시키기 위해서 어떤 노력이 필요한가는 과학을 올바르게 발전시켜야 한다. 첫째, 과학을 지금보다 더 신중하게 개발해야 하고, 둘째, 사람들도 도덕적으로 바르게 이용해야 한다.

과학 기술은 장점과 단점이 다 있다. 인류에게 영향도 많이 미쳤다.

科学技術が発展するに従い、いい点もあるが悪い点も多い。従って、この文を通して科学の発展が人類の生活に及ぼした影響について調べてみようと思う。

科学がどの分野で利用されるかは、医学分野でも利用され、情報通信分野でも利用される。だけでなく、教育などの分野でも利用されるので、全ての分野で利用されるようだ。

科学技術の発展と人類の生活の関係がどうであるかは、関係がとても大きいようだ。なぜなら、遠くにいる人といつでも簡単に連絡できる。私も留学生だが、スマートフォンやノートパソコンがあるので両親と簡単に連絡できる。そして、科学技術のせいでわれわれの生活がとても楽になった。われわれは便利な機械がない生活を想像もできない。本当にとても楽だ。また、韓国語を勉強するとき、パソコンで韓国ドラマを見ると役に立つ。これはインターネットがないとできない。だからわれわれの生活の全ての場所で科学の影響をたくさん受けている。だが、科学のせいで環境汚染問題が起きた。スマートフォンがあるから友達に会っても話をせずに一人でスマートフォンばかりいじって会話をしない。これは大きな問題だ。人との交流がない。

科学技術を正しく発展させるためにどのような努力が必要かは、科学を正しく発展させなければならない。一つ目、科学を今よりもっと慎重に開発しなければならず、二つ目、人間も道徳的に正しく利用しなければならない。

科学技術は長所と短所の両方がある。人類に影響もたくさん及ぼした。

〈低評価の理由〉

内容および課題遂行	問題が要求していること（利用される分野、科学技術と人類の生活の関係、科学を正しく発展させられる方法）は全てきちんと書かれています。ですが、途中途中に自分の個人的な経験を話している内容があります（下線を引いた部分）。さらに、二つ目の段落は利用される分野についての具体的な説明なしで単語が羅列してあります。
展開構造	序論、本論、結論に従って、段落をきちんと分けてあります。そして、段落が変わるごとに必要な表現を使ってはいますが、問題に提示された質問をそのまま書いたにすぎません。 そして、段落別に分量が適切に配分されなければいけないところ、二つ目の質問に対する答えが他に比べて過度に長いだけでなく、内容展開に必要な表現の使用も少ないです。最後に結論の内容は序論の内容をそのまま繰り返したにすぎず、前の内容を整理したものと見るのは難しいです。
言語使用	1文の長さがとても短いです。上級であれば、文をつなげて長く書けなければいけません。また、使われている文法が多様ではなく、初級レベルの同じ文法が繰り返し使われています。単語も좋다（よい）、나쁘다（悪い）のように単純な初級レベルの単語が多いです。

問題54

1 選択型問題とは何か

内容

　選択型は普通、あるテーマについて両側の意見を与えてどちらの意見に同意する立場か聞いたり、一つの立場を与えてその意見に賛成するか反対するか聞いたりします。普通、이 의견에 동의합니까? (この意見に同意しますか?)、자신의 입장을 정해 쓰십시오(自分の立場を決めて書きなさい) などと提示されます。

選択型	賛成・反対：二つの相反する立場のうち、自分の立場を決めて文章を書く。 同意意思：問題で説明した内容に対して同意するかしないか書く。

形態

　選択型問題は叙述型と同じく、提示される形は違うことがあってもテーマを紹介して何について書かなければいけないか教えてくれるのは同じです。

> 　다음은 동물 실험에 대한 글입니다. 이에 대한 자신의 입장을 정해 논리적으로 주장하는 글을 쓰십시오.
> 　次は動物実験についての文です。これについて自分の立場を決めて論理的に主張する文章を書きなさい。

> 　동물 실험은 의약품, 화장품, 식품 등의 분야에서 인체에 미치는 영향을 예측하는 데 활용되고 있다. 이에 대해 동물 실험을 통해 치료법을 개발해 더 많은 생명을 살릴 수 있어 필요하다는 주장과 100% 안전하지 않고 생명경시 풍조를 불러일으킬 수 있어 하지 않아야 된다는 주장이 팽팽하다.
> 　動物実験は医薬品、化粧品、食品などの分野で人体に及ぼす影響を予測するのに活用されている。これに対して、動物実験を通して治療法を開発し、より多くの命を助けることができるから必要だという主張と、100%安全ではなく、生命軽視の風潮を呼び起こし得るのでしてはならないという主張が伯仲している。

어떤 사람들은 고등학교 수업이 국어나 영어, 수학과 같은 수업에 집중돼야 한다고 주장합니다. 음악이나 체육 수업은 대학에 진학하는 데에 필요하지 않으므로 교육과정에서 없어져야 한다고 생각합니다. 이 의견에 동의합니까? 그 이유와 함께 자신의 생각을 논리적으로 주장하는 글을 쓰십시오.

ある人は高校の授業が国語や英語、数学などの授業に集中しなければならないと主張します。音楽や体育の授業は大学に進学するのに必要ないので教育課程からなくさなければならないと考えます。この意見に同意しますか？　その理由と共に、自分の考えを論理的に主張する文章を書きなさい。

의학과 과학의 발전을 위해 인간 복제를 해야 한다는 주장과 인간의 존엄성을 지키기 위해 금지해야 한다는 주장이 있습니다. 이에 대한 자신의 견해를 서술하십시오. 단, 아래에 제시된 내용이 모두 포함되어야 합니다.

医学と科学の発展のために人間のクローン作製をすべきであるという主張と人間の尊厳を守るために禁止しなければならないという主張があります。これについて自分の見解を述べなさい。ただし、下に提示された内容が全て含まれなければいけません。

〈의·과학의 발전과 인간의 존엄성〉
(1) 의·과학의 발전과 인간의 존엄성 중 어느 것이 더 중요하다고 생각하는가?
(2) 그렇게 생각하는 이유는 무엇인가? (2가지 이상 쓰시오.)

〈医・科学の発展と人間の尊厳〉
(1) 医・科学の発展と人間の尊厳のうち、どちらがより大事だと考えるか？
(2) そのように考える理由は何か？（2個以上書きなさい）

問題
54

選択型に出るテーマ

選択型問題で扱うであろうテーマを整理しました。普段から、テーマと関連のある単語を勉強したり、テーマについてどんな内容を書けばいいか考えたりしてみてください。

科学	인간 복제 人間のクローン、유전자 변형 식품 遺伝子組み替え食品 (GMO)、동물실험 動物実験、로봇 개발 ロボット開発

教育	조기 유학 早期留学、경쟁 교육 競争教育、교육의 목적(시험) 教育の目的(試験)、교육 방식(경쟁/수준별 교육) 教育方式(競争／レベル別教育)、대학의 역할(학문/취업) 大学の役割(学問／就職)、홈스쿨링 ホームスクーリング(Home Schooling)、컴퓨터를 이용한 수업 コンピューターを利用した授業、스포츠 수업(경쟁 조장) スポーツ授業(競争助長)、선행 학습 先行学習、연예인 특례 입학 芸能人特例入学、기부 입학 寄付入学
ニュース／時事	흡연 규제 喫煙規制、안락사 安楽死、일자리 부족 仕事不足、고령화 사회 高齢化社会、CCTV 설치 監視カメラ設置、PPL PPL広告、사형제도 死刑制度、준법(자발성/강제성) 順法(自発性／強制性)、다문화사회 多文化社会、성차별 性差別、동물원 動物園、미성년자 범죄 처벌 未成年者犯罪処罰、노키즈존 ノーキッズゾーン(No Kids Zone)、선거 연령 하향 選挙権年齢引き下げ、성범죄자 신상 공개 性犯罪者の個人情報公開
国際	약소국에 대한 원조 途上国に対する援助、환경 분담금 環境分担金、환경 문제와 여행 環境問題と旅行、내전국에 대한 강대국의 역할 内戦国に対する大国の役割
メディア	인터넷 실명제(표현의 자유) インターネット実名制(表現の自由)、광고의 필요성 広告の必要性、미디어에서 범죄 장면 공개 メディアでの犯罪場面公開
生活方式	유기 동물 안락사 遺棄動物の安楽死、취업 성형 就職整形、대형마트 의무 휴업 大型スーパーの義務休業、지하철 여성 전용칸 地下鉄の女性専用車両
芸術	전통문화/현대문화 伝統文化／現代文化、예술의 상업화 芸術の産業化
仕事と職業	직업에서 성 구별 職業で性区別
専門分野	원자력발전소 건설 原子力発電所の建設
本と文学	종이책/전자책의 미래 紙の本／電子書籍の未来
休日	여행(방법, 숙박 시설) 旅行(方法、宿泊施設)

2 選択型問題の構成

序論・本論・結論の内容構成

叙述型問題と同じく、選択型問題もやはり序論・本論・結論に分けて自分の立場を一貫して書くことが重要です。以下は、選択型問題が出たときに序論・本論・結論の内容をどのように構成すればいいか簡単に表に整理したものです。

序論	両方の立場を紹介し、自分の立場を表明する。	テーマの紹介 両方の立場の紹介 自分の立場を表明する
本論	自分の主張について理由を書く。このとき、そのように考える理由について具体的に説明しなければならない。	賛成／反対の根拠① → 中心の文＋具体的な理由 賛成／反対の根拠② → 中心の文＋具体的な理由 賛成／反対の根拠③ → 中心の文＋具体的な理由
結論	本論の内容を整理して自分の立場をもう一度整理する。	本論の内容の整理 自分の意見を再び強調

次は問題54の選択型問題です。答案を見て内容をどのように書かなければならないか考えてみてください。

> 다음은 인터넷 실명제 실시에 대한 글입니다. 이에 대한 자신의 입장을 정해 논리적으로 주장하는 글을 쓰십시오.

> 인터넷 실명제란 아이디(ID)나 닉네임이 아닌 자신의 실명 인증을 통해 인터넷 활동을 하는 것을 말하는데 이에 대해 깨끗한 인터넷 문화를 위해서 꼭 시행되어야 한다는 입장과 개인 정보의 유출로 인해 실명제를 반대하는 입장이 팽팽히 맞서고 있다.

인	터	넷		실	명	제	**란**		실	명	으	로		인	터	넷		활
동	을		하	**는**		**것**	**이**	**다**	.		실	명	제		시	행	에		대	해

問題54

273

깨끗한 인터넷 문화를 위해 시행해야 한다는 입장과 개인정보 유출의 위험으로 반대하는 입장이 있는데 나는 실명제는 시행하지 않아야 한다고 본다.

　인터넷 실명제를 반대하는 이유는 다음과 같다. 첫째, 인터넷 실명제 시행으로 자신의 의견을 자유롭게 표현하지 못하고 눈치를 보는 경우가 생길 수 있기 때문이다. 비판적인 의견은 익명성이 보장되어야 자유로울 수 있다.

　둘째, 실명을 사용하면 개인정보 유출로 범죄에 악용될 수 있기 때문이다. 인터넷 사이트에 가입할 때 주민등록번호를 입력해야 하는데 개인정보가 해킹되어 범죄에 악용된 경우도 많다.

　셋째, 실명제는 근본적인 해결 방법이 될 수 없기 때문이다. 한 조사에 의하면 실명제를 실시한 사이트에서 악성 댓글의 비율이 오히려 증가했다는 사례도 있다. 따라서 실명제를 실시하기보다는 욕설이나 비방하는 글을 쓸 수 없도록 대안을 마련하는 것이 필요하다.

　지금까지 인터넷 실명제에 반대하는 입장에서 실명제를 실시하면 나타나는

문	제	에		대	해		살	펴	보	았	다	.	이		문	제	를		해
결	하	기		위	해		무	엇	보	다	도		개	개	인	이		자	신
의		글	에		책	임	감	을		가	지	고		서	로		예	의	를
지	킬		수		있	도	록		노	력	해	야		할		것	이	다	.

　次はインターネット実名制実施についての文です。これについて自分の立場を決め、論理的に主張する文を書きなさい。
　インターネット実名制とは、IDやニックネームではなく自分の実名認証を通してインターネット活動をすることをいうが、これについてきれいなインターネット文化のために必ず施行されなければならないという立場と、個人情報の流出によって実名制に反対する立場が五分五分で対立している。

　インターネット実名制とは、実名でインターネット活動をすることだ。実名制施行について、きれいなインターネット文化のために施行しなければならないという立場と、個人情報流出の危険から反対する立場があるが、私は実名制は施行してはならないと考える。
　インターネット実名制に反対する理由は次の通りだ。一つ目、インターネット実名制施行で自分の意見を自由に表現できず、他人の目を気にするケースが生じ得るからだ。批判的な意見は匿名性が保障されてこそ自由にできる。
　二つ目、実名を使うと個人情報の流出で犯罪に悪用され得るからだ。インターネットサイトに加入するとき、住民登録番号を入力しなければならないが、個人情報がハッキングされて犯罪に悪用されるケースも多い。
　三つ目、実名制は根本的な解決方法にならないからだ。ある調査によると、実名制を実施したサイトで悪質なコメントの比率がむしろ増加したという事例もある。従って、実名制を実施するよりは、悪口や中傷をする文を書けないようにする対案を用意することが必要だ。
　今までインターネット実名制に反対する立場から実名制を実施したら現れる問題について見てきた。この問題を解決するために、何よりも個々人が自分の文に責任感を持ち、互いに礼儀を守れるように努力しなければならないだろう。

問題
54

　選択型の問題文と答案を使って、序論・本論・結論の内容構成と表現を勉強してみます。

序論

①序論の内容：「テーマの紹介」＋「両方の立場の紹介」＋「自分の立場を表明する」

　序論では、テーマを紹介して賛成・反対両方の立場を紹介した後、自分の立場を表明して書きます。

②序論の表現

・テーマの紹介

　テーマを紹介するために、定義をしたり、最近の状況を説明したり、問題を提起したりするときに使う表現です。

例文	인터넷 실명제란 인터넷 공간에서 글을 쓸 때 자신의 실명으로 활동하는 것을 말한다. インターネット実名制とは、インターネット空間で文を書くとき、自分の実名で活動することをいう。		
表現	定義	~(이)란 ~とは	~이다 ~だ、-(으)ㄴ/는 ~이다 ~する~だ、-(으)ㄴ/는 것을 말한다 ~することをいう
	現状、問題提起	최근 最近、~ 이후/-(으)ㄴ 이후로 ~以降/〜して以降、-(으)면서 ~するに伴い、-(으)ㅁ에 따라 ~するに従い	-고 있다 ~している、-아/어지고 있다 ~くなっている、-게 되었다 ~するようになった、~에 대해 사람들의 의견이 분분하다 ~について人々の意見は入り乱れている

・両方の立場の紹介

　選択型問題で両方の立場を説明するときに使う表現です。

例文	인터넷 실명제에 대해 실시해야 한다는 입장과 실시하면 안 된다는 입장이 있다. インターネット実名制について、実施しなければならないという立場と実施してはならないという立場がある。
表現	~에 대해 -다는 입장/주장과 -다는 입장/주장이 있다 ~について~という立場／主張と~という立場／主張がある ~에 대해 -기 때문에 찬성하는 입장과 -기 때문에 반대하는 입장이 있다 ~について~のため賛成する立場と~のため反対する立場がある

276

・立場を表明する

　選択型問題で自分はどちらの立場なのか表明するときに使う表現です。

例文	최근 실명제 시행에 대해 사람들의 의견이 분분하다. 最近、実名制施行について人々の意見が入り乱れている。 (-다는 입장과 -다는 입장이 있는데) 나는 시행하지 않는 것이 좋다고 생각한다. (〜という立場と〜という立場があるが) 私は施行しない方がいいと思う。
表現	나는 -다고 본다 私は〜と思う、나는 -다고 생각한다 私は〜と考える

本論

①本論の内容：「主張を支える根拠」

　「選択型」の場合、本論に自分の主張とその理由を書かなければいけません。そして、400〜500字程度で書くのがよく、3個の質問に対する内容を同じくらいの分量で書くのがよいでしょう。

②本論の表現

【理由、根拠】

　理由や自分の主張に対する根拠を説明する表現です。

例文	인터넷 실명제는 시행할 필요가 있다. 왜냐하면 실명제를 통해 자신이 쓴 글에 책임감을 가지게 할 수 있기 때문이다. インターネット実名制は施行する必要がある。なぜなら、実名制を通じて自分が書いた文に責任感を持たせることができるからである。
表現	그 이유는 ~ 때문이다 その理由は〜だからである、 그 이유/원인을 살펴보면 다음과 같다 その理由／原因を見てみると次の通りである 첫째, -기 때문이다 一つ目、〜だからだ、둘째, -기 때문이다 二つ目、〜だからだ、 왜냐하면 -기 때문이다 なぜなら〜だからだ

【羅列】
関連した内容を並べて説明する方法のことをいいます。

例文	환경 오염으로 인해 나타나는 문제는 크게 세 가지로 나눌 수 있다. 첫째, 둘째, 셋째… 環境汚染によって生じる問題は大きく三つに分けることができる。一つ目、二つ目、三つ目……
表現	~은/는 다음과 같다 ～は次の通りだ、 ~은/는 크게 ~ 가지로 나눌 수 있다 ～は大きく～種類に分けることができる、 ~에는 ~ 가지가 있다 ～には～種類ある、 ~을/를 살펴보면 다음과 같다 ～を調べると次の通りである　　첫째 一つ目、둘째 二つ目、셋째 三つ目 우선(먼저) 先に（まず）、다음으로 次に、 마지막으로 最後に
	게다가 その上、더구나 さらに、~뿐만 아니라 ～だけでなく、-는/(으)ㄴ 것뿐만 아니라 ～する・なだけでなく、-(으)ㄹ뿐더러 ～する・なだけでなく

【例示】
あることを具体的に説明するために、実際の例を挙げて説明する方法です。

例文	환경 보호는 생활 속에서 실천할 수 있다. 예를 들어 분리수거를 하거나 일회용품을… 環境保護は生活の中で実践できる。例えば、分別収集をしたり、使い捨て品を……
表現	가령 仮に、예를 들어 例えば、실례로 実例として、실제로 実際に

【因果】
原因と結果を関連付けて説明する方法のことをいいます。

例文	비가 오랫동안 오지 않았다. 이로 인해 가뭄이 심각한 상태에 이르렀다. 雨が長い間降らなかった。これによって干ばつが深刻な状態に至った。
表現	~(으)로 인해서 ～によって、이로 인해 これによって、 그 결과 その結果、~(으)로 말미암아 ～によって

【比較、対照】

二つ以上の対象が持つ共通点や違いを説明する方法のことをいいます。

例文	과거와 달리 65세 노인이라 할지라도 일할 능력을 지닌 사람이 많다. 過去と違い、65歳の老人といっても働く能力を持った人が多い。
表現	A와 B의 공통점은 -다는 것이다 AとBの共通点は〜ということである、 A도 B와 마찬가지로 -다 AもBと同じで〜である
	하지만 しかし、그렇지만 だが、그러나 しかし 반면에 反面、반대로 反対に、오히려 むしろ -는/(으)ㄴ 데 반해 〜する・なのに対して、-는/(으)ㄴ 반면에 〜する・な一方、 ~와/과 다르게(달리) 〜と違い、이와 달리 これと違い

【当為 (すべきこと) 】

必ずしなければいけなかったり、そうならなければいけないことを言うときに使う文法表現です。

例文	환경 오염을 줄이기 위해서 정부는 관련법을 만들어야 할 것이다. 環境汚染を減らすために政府は関連法を作らなければならないだろう。
表現	따라서 従って、 그러므로 それゆえ、 -기 위해서 〜するために、 -(으)려면 〜しようとすれば	-아/어야 할 것이다 〜しなければならないだろう、 -아/어야 한다 〜しなければならない、 -(으)ㄹ 필요가 있다 〜する必要がある

【強調】

理由や自分の主張を強調するときに使う表現です。

例文	환경을 보호하기 위해서는 무엇보다도 생활 속에서 작은 일부터 시작해야 한다. 環境を保護するためには何よりも生活の中で小さなことから始めなければならない。
表現	~이야말로 〜こそ、-는/(으)ㄴ 것이야말로 〜する・なことこそ、무엇보다도 何よりも、누구보다도 誰よりも、어디보다도 どこよりも

問題54

1　主張を支える根拠は2～3個書けば大丈夫です。
　　例：첫째 (一つ目),둘째 (二つ目),셋째 (三つ目)
2　根拠は具体的に書かなければいけません。

結論

①結論の内容：「内容の整理」＋「意見の提示」

　「選択型」も本論で書いた内容を要約したり整理したりして、それに対する自分の意見で締めくくれば大丈夫です。このとき、自分が考える立場をもう一度整理するとよいでしょう。結論も序論と同じように100字程度を書くのが適切です。

②結論の表現

【整理】

　結論部分で、それまでに書いた内容を簡単に要約するとき必要な表現です。

例文	지금까지 인터넷 실명제 실시에 대해 시행하지 않아야 한다는 입장에서 살펴보았다. 今までインターネット実名制の実施について施行してはならないという立場から見てきた。		
表現	지금까지 今まで、 이상으로 以上で	~에 대해 〜について	-다는 입장에서 살펴보았다 〜という立場から見てきた、 ~을/를 중심으로 살펴보았다 〜を中心に見てきた
	이상에서 언급한 바를 정리하면 以上で言及したものを整理すると 위에서 살펴본 내용을 요약하면 上で見てきた内容を要約すると		다음과 같다 次の通りだ

【意見】
内容の要約後、テーマに対する自分の意見を提示するとき必要な表現です。

例文	인터넷에서 나타나는 문제를 해결하기 위해서 책임감을 가지고 인터넷을 해야 할 것이다. インターネットで生じる問題を解決するために、責任感を持ってインターネットをしなければならないだろう。		
表現	따라서 従って、 앞으로 今後	-기 위해서(는) 〜するために（は）、 -(으)려면 〜しようとするなら、 -도록 〜するように	-아/어야 한다 〜しなければならない、 -아/어야 할 것이다 〜しなければならないだろう、 -(으)ㄹ 필요가 있다 〜する必要がある -는/(으)ㄴ 것이 중요하다 〜する・なのが重要だ、 -(으)려는 태도를 가져야 한다/할 것이다 〜しようとする態度を持たなければならない／ならないだろう、 -다고 본다 〜だと考える
			-아/어야만 한다 〜でなければならない、 -아/어야만 -(으)ㄹ 수 있을 것이다 〜してこそ〜できるだろう

 ヒント

1　結論では、前で書いた内容を全て書くのではなく、簡単に要約します。
2　結論に新しい内容を書いてはいけません。
3　-(으)면 좋겠다（〜したらいい）よりも、客観的な印象を与える-어/아야 할 것이다（〜しなければならないだろう）などの表現を使うのがよいでしょう。

問題54-2 攻略法を考える

1 答案作成の戦略

　選択型問題も、問題を見てすぐに書き始めるのではなく、段階別に書く計画を立てた後に文章を書くのがよいでしょう。

STEP 1	**問題を読んで書かなければいけない文章のテーマを把握する。** 文章を書く前に何についての内容を書かなければいけないかを分かっていないと、書く内容をきちんと計画できません。 ※普通、テーマは「_____에 대해 쓰십시오. (_____について書きなさい。)」と提示されています。
STEP 2	**両方の立場を問題文にマークしてみて、自分の立場を決める。** 提示された問題文の中に両方の立場が出ているので、問題を読みながらマークします。この内容は序論で活用して書くことができます。また、二つの立場のうち、自分はどちら側なのか決めなければいけません。もし一つの立場だけ出ていたら、その意見に賛成するか反対するか選ばなければいけません。
STEP 3	**支える根拠としてどんな内容を書くか具体的に計画してみる。** 本論には、序論で表明した自分の立場を支える根拠を具体的に書きます。 사형 제도에 반대한다. (中心的な内容) 死刑制度に反対する。 이유 : 오판의 가능성, 범죄율 감소에 효과 없음 (支える内容) 　　　誤判の可能性、犯罪率減少に効果なし 結論には本論の内容を要約して、簡単に自分の意見をもう一度強調して書きます。
STEP 4	**原稿用紙に序論・本論・結論の分量の印を付けた後、表現に気を配りながら文章を書く。** 「序論100字＋本論450字＋結論100字」程度書くと考えて、あらかじめ印を付けておくと、適切な量で書くことができます。そして、計画した内容を基に、文法、単語、連結表現などに気を配りながら文章を書きます。

2　答案作成の手順

前で学んだ答案作成の戦略を利用して、問題を解いてみましょう。

54. 다음은 인터넷 실명제 실시에 대한 글입니다. 이에 대한 자신의 입장을 정해 논리적으로 주장하는 글을 쓰십시오. (50점)

> 인터넷 실명제란 아이디(ID)나 닉네임이 아닌 자신의 실명 인증을 통해 인터넷 활동을 하는 것을 말하는데 이에 대해 깨끗한 인터넷 문화를 위해서 꼭 시행되어야 한다는 입장과 개인 정보의 유출로 인해 실명제를 반대하는 입장이 팽팽히 맞서고 있다.

STEP 1　テーマを見つけて書いてみてください。

인터넷 실명제
インターネット実名制

STEP 2　どちらに同意（賛成）するか、自分の立場を問題にマークしてみてください。

STEP 3　本論と結論に書く内容を具体的に計画してみてください。

<table>
<tr><td rowspan="3">本論</td><td rowspan="3">根拠</td><td>자유로운 의견 표현이 힘듦 : 비판적인 의견은 익명성 보장되어야 함
自由な意見表現が大変 : 批判的な意見は匿名性が保障されなければならない</td></tr>
<tr><td>개인정보 유출로 범죄에 악용될 가능성 : 생년월일, 주민등록번호 해킹
個人情報の流出で犯罪に悪用される可能性 : 生年月日、住民登録番号ハッキング</td></tr>
<tr><td>근본적인 해결 방법 아님 : 실명제 실시 후 악성 댓글 증가(사례)
根本的な解決方法ではない : 実名制実施後、悪質なコメント増加（事例）</td></tr>
</table>

結論	要約、意見	반대하는 입장에서 인터넷 실명제의 문제점을 살펴봄 反対する立場でインターネット実名制の問題点を見ていく
		근본적인 해결을 위해 자신의 글에 책임감, 예의 지키기 根本的な解決のために自分の文に責任感、礼儀を守る

STEP 4 答えを書いてください。

P.273に答えがあります。

答案作成を練習

前で学んだ答案作成の戦略の通りに、以下に答えを書いてみてください。

54. 다음은 대학의 역할에 대한 글입니다. 이에 대한 자신의 입장을 정해 논리적으로 주장하는 글을 쓰십시오. (50점)

> 대학은 학문을 위한 곳입니다. 그런데 최근 취업난이 심각해지면서 대학의 역할이 달라져야 한다는 의견이 있습니다. 대학이 학문을 연구하기보다는 취업을 준비하는 곳이 되어야 한다는 의견과 본래 대학의 역할을 지켜야 한다는 의견입니다. 여러분은 어느 쪽 의견에 동의합니까?

54. 次は大学の役割についての文です。これについて、自分の立場を決めて論理的に主張する文を書きなさい。(50点)

大学は学問のための場所です。ですが、最近就職難が深刻になるにつれて大学の役割が変わらなければならないという意見があります。大学が学問を研究することより就職を準備する場所にならなければならないという意見と、本来の大学の役割を守らなければならないという意見です。皆さんはどちらの意見に同意しますか?

STEP 1　テーマを見つけて書いてみてください。

STEP 2　どちらに同意（賛成）するか、自分の立場を問題にマークしてみてください。

STEP 3　本論と結論に書く内容を具体的に計画してみてください。

本論	根拠	
結論	要約、意見	

STEP 4　答えを書いてください。

問題54

【解答例】

STEP 1　テーマを見つけて書いてみてください。

대학의 역할 大学の役割

STEP 2　どちらに同意 (賛成) するか、自分の立場を問題にマークしてみてください。

STEP 3　本論と結論に書く内容を具体的に計画してみてください。

本論	根拠	1. 취업 못 하면 대학도 의미 없음 ー배움의 목적 : 자아실현 ー자아실현 : 직업 필요 　就職できなければ大学も意味なし ー学ぶことの目的 : 自己実現 ー自己実現 : 仕事が必要
		2.시대의 흐름을 따르지 못하면 죽은 학문임 ー시대의 흐름 : 기초학문 취직률 낮음, 실용학문 취직률 높음 　時代の流れに従わなければ死んだ学問 ー時代の流れ : 基礎学問は就職率低い、実用学問は就職率高い
結論	要約、意見	자아실현에 도움 自己実現への後押し、 시대 흐름에 맞춰 변화해야 함 時代の流れに合わせて変化しなければならない
		학생을 위한 실용적인 교육을 해야 할 것 学生のための実用的な教育をしなければならないだろう

286

【学習者の答案および評価】

〈高評価〉

대학은 학문을 위한 곳이다. 그러나 최근 대학의 역할에 대해 사람들의 의견이 분분하다. 대학은 학생들의 취업을 도와줄 수 있는 곳이어야 한다는 주장과 학문을 연구하는 곳이 되어야 한다는 주장이 있는데 나는 대학이 취업을 준비해 주는 곳이 되어야 한다고 본다.

그 이유는 첫째, 취업을 하지 못한다면 대학에 들어가는 것은 의미가 없기 때문이다. 대학은 학문을 위한 곳이다. 그러나 학문이 필요한 이유는 배움을 통해 자신의 자아를 실현하기 위해서이다. 자아실현은 자신이 원하는 일을 하면서 실현될 수 있다. 취직조차 하지 못하고 학문만을 위한 학문을 하는 것은 진정한 학문이 아닐 것이다.

둘째, 시대의 흐름에 따르지 못한다면 그것은 죽은 학문이다. 오늘날 취직을 하거나 성공한 사람들의 경우 실용적인 학문을 배워서 이를 실제로 적용시키는 경우가 많다. 학문만을 연구하는 인문학과 같은 기초 학문을 전공하는 경우 취직률이 낮거나 전공과 전혀 다른 곳에 취업하는 경우가 많다. 시대의 흐름과 상관없이 책상 앞에서 연구만 하는 학문은 더 이상 의미가 없다고 본다.

위에서 언급했던 것처럼 대학의 역할은 자아실현에 도움이 되고 시대의 흐름에 맞춰 변화해야 한다. 따라서 대학은 더 이상 학문만을 위해 존재할 것이 아니라 진정으로 학생을 위할 수 있는 실용적인 교육을 해야 할 것이다.

大学は学問のための場所だ。しかし、最近大学の役割について人々の意見が入り乱れている。大学は学生の就職を助けることができる場所でなければならないという主張と、学問を研究する場所にならなければならないという主張があるが、私は大学が就職を準備してあげる場所にならなければならないと思う。

その理由は、一つ目、就職ができなければ大学に入ることは意味がないからだ。大学は学問のための場所だ。しかし、学問が必要な理由は学んだことを通じて自分の自己を実現するためだ。自己実現は自分が望む仕事をしながら実現され得る。就職すらできずに学問だけのための学問をするのは真の学問ではないだろう。

二つ目、時代の流れに従えないならそれは死んだ学問だ。今日、就職をしたり成功したりした人の場合、実用的な学問を学んでこれを実際に適用させるケースが多い。学問だけを研究する人文学のような基礎学問を専攻する場合、就職率が低かったり専攻と全然違う場所に就職したりするケースが多い。時代の流れと関係なく机の前で研究だけする学問はこれ以上意味がないと思う。

上で言及したように、大学の役割は自己実現の助けとなり、時代の流れに合わせて変化しなければならない。従って、大学はこれ以上学問だけのために存在するのではなく、真に学生のための実用的な教育をしなければならないだろう。

問題
54

대학은 대학생들이 공부를 하는 곳을 말한다. 그런데 대학의 역할에 대해 사람들이 어떻게 해야 하는지 의논한다. 대학은 학생들의 취업을 도와줄 수 있는 곳이어야 하는 주장과 학문을 연구하는 곳이 되어야 하는 주장이 있다. 나는 대학이 취업을 준비해 주는 곳이 되어야 한다고 생각한다. 첫째, 취업을 못한다면 왜 대학교에 들어가는 것은 의미가 없기 때문이다. 대학교에 가는 이유는 좋은 회사에 취직하고 싶다. 다음으로 대학교에서 배운 공부가 회사에서 사용되지 않으면 아무 소용없다. 내 친구만 해도 대학교에서 실용적이지 않은 공부를 했으니까 지금 취직하기가 너무 어렵다. 셋째, 실용적이지 않은 것도 괜찮지만 완전히 다르면 안 된다. 마지막으로 옛날하고 시대가 달라진 것 같다. 시대에 따라 대학교도 달라야 한다. 그리고 대학교를 졸업해도 취직을 못하면 아무 소용없다. 그러니까 대학교에서 무조건 공부만 하는 것은 안 된다.

나는 대학에서 공부만 하는 것은 반대한다. 요즘 추업하기가 얼마나 힘이 든데 공부만 하고 취업하는 준비를 하지 않으면 대학생들은 취직하기가 너무 힘들다. 그러니까 대학에서는 공부만 가르치면 안 되고 쉽게 취직할 수 있는 것을 가르쳐 주면 더 좋다.

大学は大学生が勉強する場所のことをいう。だが、大学の役割について、人々がどのようにしなければいけないか議論する。大学は学生の就職を助けることができる場所でなければならないという主張と、学問を研究する場所にならなければならないという主張がある。私は大学が就職を準備してあげる場所にならなければならないと考える。一つ目、就職できないならなぜ大学に入ることは意味がないからだ。大学に行く理由はいい会社に就職したい。次に、大学で学んだ勉強が会社で使われないなら、何の意味もない。私の友達の場合でも、大学で実用的ではない勉強をしたから、今就職するのがとても難しい。三つ目、実用的でないこともいいが、完全に違うのはよくない。最後に、昔と時代が変わったようだ。時代によって大学も違わなければならない。そして、大学を卒業しても就職できなければ何の意味もない。だから、大学で無条件に勉強だけするのはよくない。

私は大学で勉強だけするのは反対だ。最近、就職するのがすごく骨が折れるが、勉強だけして就職する準備をしなければ大学生は就職するのがとても大変だ。だから、大学では勉強だけ教えるのは駄目で、簡単に就職できることを教えてあげればもっとよい。

〈低評価の理由〉

内容および 課題遂行	大学の役割について自分の立場をしっかりと表明してはいますが（就職を準備してあげる場所に変えなければならない）、序論で言及しなければいけないテーマに対する紹介なしですぐに本論の内容を書き始めています。テーマから外れている部分はありませんが、具体的に説明していない部分もあります。何より内容を読んでみると、同じ話が続けて繰り返されており、多様な根拠を提示していません。

展開構造	序論、本論、結論に従って段落が適切に分けられていません。そして、内容を展開するときに使う連結表現がほとんどないだけでなく一貫してもいません。例：**첫째**（一つ目）、**다음으로**（次に）、**셋째**（三つ目）、**마지막으로**（最後に）、**그리고**（そして）。そして、結論に見える部分は上の内容を整理したものではなくただ繰り返しているだけです。
言語使用	**-고 싶다**（〜したい）や**-(으)면 좋겠다**（〜ならうれしい）などの口語的な表現が多く、助詞も書き間違っているものが多いです。単語や文法の使用も多様ではなく、同じ表現を繰り返し使っています。

1 従来の出題傾向

　新しいTOPIKが始まった当初は、下記のように上級レベルのテーマや単語が出て、書くのが難しい問題が多かったです。

35回	36回
54.	54.
경제적 여유가 행복에 미치는 영향 ·행복한 삶의 의미 ·경제적 조건과 행복 만족도 간의 관계 ·행복 만족도를 높이기 위해 필요한 노력	**외적 동기와 내적 동기가 일에 미치는 영향** ·일의 시작 단계에서 동기의 역할 ·동기가 일의 결과에 미치는 영향

35回	36回
54.	54.
経済的余裕が幸せに及ぼす影響 ・幸せな人生の意味 ・経済的条件と幸福満足度の間の関係 ・幸福満足度を高めるために必要な努力	**外的動機と内的動機が仕事に及ぼす影響** ・仕事の始まる段階における動機の役割 ・動機が仕事の結果に及ぼす影響

37回	41回
54.	54.
현대 사회에 필요한 인재 ·현대 사회에서 필요한 인재의 조건 ·인재가 되기 위해 필요한 노력	**역사가 우리에게 주는 가치** ·역사를 알아야 하는 이유 ·역사를 통해 배울 수 있는 것

37回	41回
54.	**54.**
現代社会に必要な人材 ・現代社会で必要な人材の条件 ・人材になるために必要な努力	歴史がわれわれにくれる価値 ・歴史を知らなければならない理由 ・歴史を通して学べること

② 最近の出題傾向

　最近は以前よりテーマや単語が多少簡単になりました。中級レベルの学習者であれば分かるような問題が出ています。

47回

> 칭찬이 사람들에게 미치는 영향
>
> ・칭찬의 긍정적인 영향
> ・칭찬의 부정적인 영향
> ・효과적인 칭찬의 방법

47回

> 称賛が人に及ぼす影響
> ・称賛の肯定的影響
> ・称賛の否定的影響
> ・効果的な称賛の方法

52回

> 의사소통의 중요성 및 방법
>
> ・의사소통이 중요한 이유
> ・의사소통이 잘 이루어지지 않는 이유
> ・의사소통을 잘하는 방법

意思疎通の重要性および方法
・意思疎通が重要な理由 ・意思疎通がうまくできない理由 ・意思疎通をうまくする方法

①テーマや単語が多少簡単になりました

　新しいTOPIKが始まってすぐは、分からない単語やテーマのために書くのが難しかったですが、今はそこまで難しいテーマではありません。

初期	最近
경제적 조건/행복 만족도 経済的条件／幸福満足度、 외적 동기/내적 동기 外的動機／内的動機	칭찬 称賛、 의사소통 意思疎通

②叙述型の質問文は普通3個が多いです

　よく出る質問は、

　　1　〜의 중요성/필요성/의미/역할 (〜の重要性／必要性／意味／役割)
　　2　〜의 긍정적/부정적 영향 (〜の肯定的／否定的影響)
　　3　〜에 대한 태도/방법/노력 (〜に対する態度／方法／努力)

などです。

③「時系列のグラフ＋原因＋見通し」、「アンケートのグラフ＋理由 (原因)」の二つの類型がよく出ます

　試験ごとにグラフの類型を確認し、条件に合わせて書かなければいけません。

④52回以降、問題に「단, 문제를 그대로 옮겨 쓰지 마시오. (ただし、問題文をそのまま書き写さないでください。)」という言葉が追加されたので、問題にあるものをそのまま書いてはいけません

다음을 참고하여 600~700자로 글을 쓰시오. 단, 문제를 그대로 옮겨 쓰지 마시오. (50점)

　普通、問題にテーマと関連した内容があるので、それを同じように書く学習者が多いです。
ですが、問題文をそのまま書くといい点数をもらえません。

③ 高得点に備えるヒント

　まず文を書く方法（形式）を知る必要があります。テーマが簡単になったので、誰でも簡
単に書けます。これは、内容が簡単に書けるので、形式的なことで点数差が現れ得るとい
うことを意味します。「始め・中間・終わり」があるか、文を書くときに使うといい表現をきち
んと使っているかが重要です。

　次に、内容も重要ですが、提示された条件をしっかり守ることが何よりも重要です。
1　分量を守ること：600〜700字
2　最初の部分に問題文をそのまま書かないこと
3　三つの質問文について全部書くこと

1 다음을 참고하여 600~700자로 글을 쓰시오. 단, 문제를 그대로 옮겨 쓰지 마시오. (50점)

> 　사이버 공간에서 언어, 영상 등을 통해 타인에게 피해 또는 불쾌감을 주는 행위를 '사이버 폭력'이라고 합니다. 인터넷 보급 이후 악성 댓글, 사이버 모욕과 같은 사이버 폭력 문제가 끊임없이 제기되고 있습니다. 사이버 폭력을 줄일 수 있는 효과적인 방법에 대해 아래의 내용을 중심으로 주장하는 글을 쓰십시오.
>
> ・사이버 폭력으로 인해 어떤 문제가 생기고 있습니까?
> ・사이버 폭력의 원인은 무엇입니까?
> ・사이버 폭력의 대처 방안은 무엇입니까?

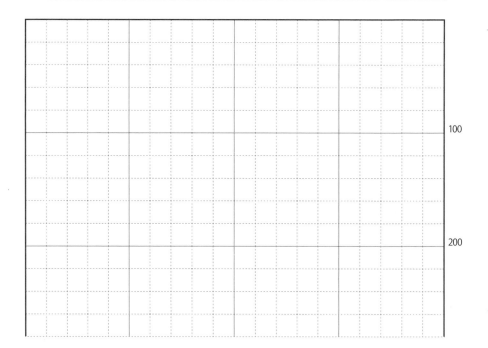

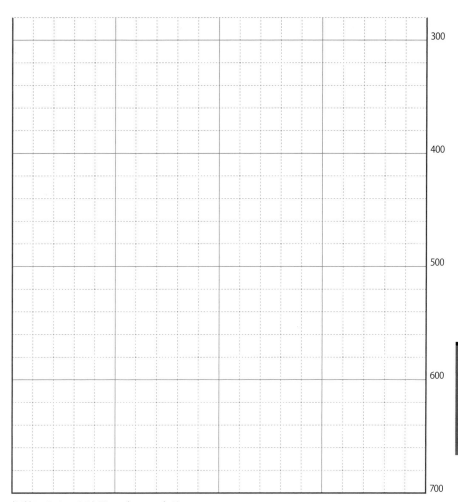

300

400

500

問題
54

600

700

解答にかかった時間　（　　　）分

2 다음을 참고하여 600~700자로 글을 쓰시오. 단, 문제를 그대로 옮겨 쓰지 마시오. (50점)

> 기술의 발달로 사람들이 서로 소통하는 방식이 과거와 많이 달라졌다. 시간과 공간에 관계없이 언제 어디서든지 연락을 주고받을 수 있다. 그러나 기술이 발달했다고 해서 사람들 간에 진정한 소통이 이루어진다고는 할 수 없다. 기술 발달이 사람들의 소통에 미치는 영향에 대해 아래의 내용을 중심으로 자신의 생각을 쓰십시오.

- 진정한 소통이란 무엇인가?
- 기술의 발달과 사람들 간 소통의 관계는 어떠한가?
- 소통을 잘 하기 위해 어떠한 노력이 필요한가?

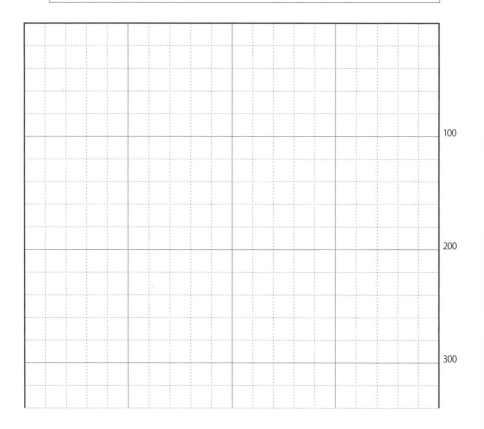

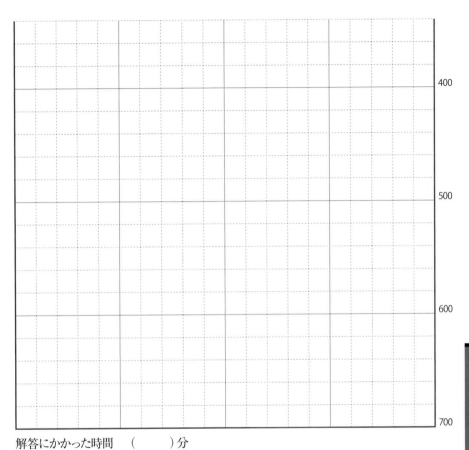

解答にかかった時間　（　　　）分

3 다음을 참고하여 600~700자로 글을 쓰시오. 단, 문제를 그대로 옮겨 쓰지 마시오. (50점)

> 이제 우리는 '지구촌'이라 불리는 세계화 시대에 살고 있습니다. 여러분이 생각하는 '세계화 시대'는 무엇이고 세계화 시대에서 살아가기 위해 필요한 것이 무엇이며 세계화 시대를 살아가는 데 버려야만 할 태도나 사고방식은 무엇입니까?

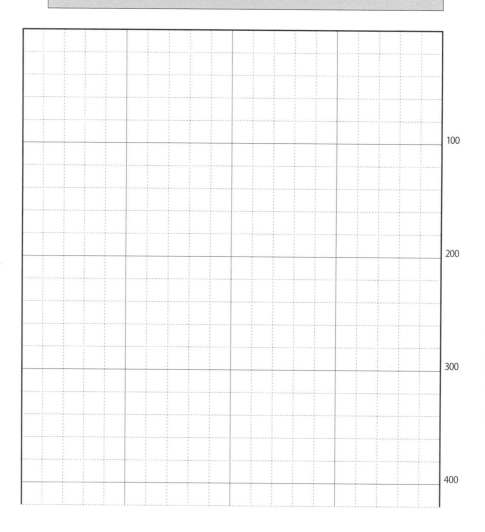

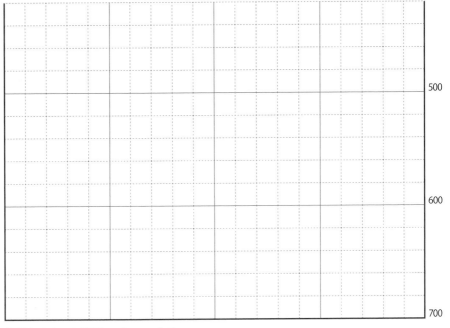

500

600

700

解答にかかった時間　（　　　）分

問題54

4 다음을 참고하여 600~700자로 글을 쓰시오. 단, 문제를 그대로 옮겨 쓰지 마시오. (50점)

> 우리는 하루에도 몇 번씩 대중매체를 통해 다양한 일들을 합니다. 전통적인 대중매체에는 텔레비전, 라디오, 신문, 잡지 등이 있고 인터넷은 기술 발달로 등장한 최신의 대중매체입니다. 이러한 대중매체가 사람들에게 미치는 영향에 대해 아래의 내용을 중심으로 자신의 생각을 쓰십시오.

- 대중매체는 우리의 일상에서 어떠한 역할을 합니까?
- 대중매체가 우리에게 미치는 긍정적인 영향과 부정적인 영향은 무엇입니까?
- 대중매체가 나아갈 올바른 방향은 무엇입니까?

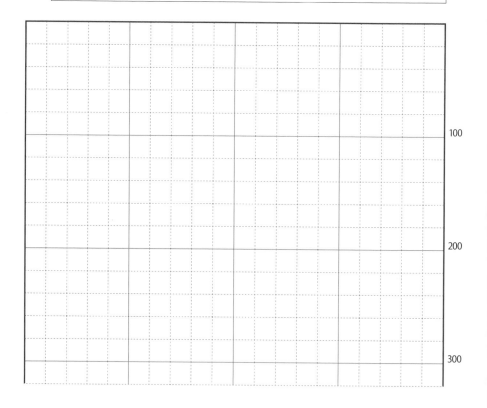

100

200

300

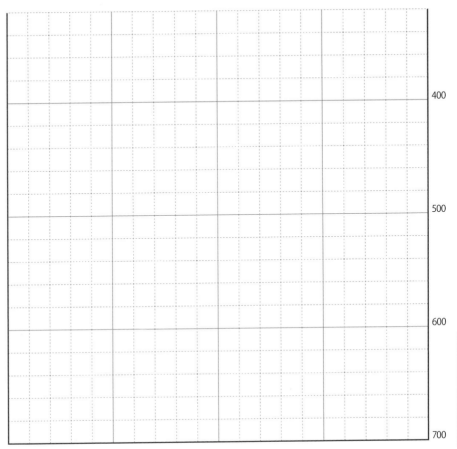

解答にかかった時間　（　　　　）分

解答例・解説・訳

1

〈高評価〉

　사이버 폭력이란 사이버 공간에서 언어나 영상을 이용해 타인에게 불쾌감을 주는 것을 말하는데 인터넷 보급 이후 사이버 폭력 문제가 끊임없이 일어나고 있다. 따라서 이 글을 통해 폭력을 줄일 수 있는 방법에 대해 살펴보고자 한다.

　사이버 폭력으로 인해 생기는 문제는 먼저 사이버 폭력을 당한 피해자가 정신적인 충격으로 우울증에 걸리거나 자살을 하기도 한다는 것이다. 다음으로 가해자들이 피해자의 개인 정보를 노출함으로써 피해자의 일상생활이 어려워지기도 한다.

　이러한 사이버 폭력의 원인은 첫째, 인터넷의 익명성 때문이다. 사이버 공간에서는 자신의 이름을 밝히지 않기 때문에 함부로 다른 사람의 욕을 하거나 공격하기 쉽다. 둘째, 가해자들이 사이버 폭력의 심각성을 잘 느끼지 못하기 때문이다. 인터넷에서는 아무리 심한 말을 해도 실제로 그 사람의 몸을 때리는 것이 아니기 때문이다.
　따라서 사이버 폭력을 예방하기 위해
서는 반드시 인터넷 실명제를 실시해야 　500
한다. 실명제를 하면 자신의 말이나 행
동에 책임감을 가지게 될 것이다. 그리
고 처벌법을 강화해야 한다. 많은 벌금
을 내게 하면 사이버 폭력이 줄어들
것이다. 　600
　지금까지 사이버 폭력의 문제와 이를
해결할 수 있는 방법에 대해 살펴보았
다. 앞으로 이 문제를 해결하기 위해서
는 인터넷 실명제를 실시하고 처벌을
더 강화해야 할 것이다. 　700

問題54

次を参考にして600〜700字で文章を書きなさい。ただし、問題文をそのまま書き写さないでください。（50点）

　サイバー空間で言葉、映像などによって他人に被害または不快感を与える行為を「サイバー暴力」と言います。インターネットの普及以降、悪質なコメント、サイバー侮辱などのサイバー暴力問題が絶えず提起されています。サイバー暴力を減らすことのできる効果的な方法について、下の内容を中心に主張する文章を書きなさい。
・サイバー暴力によってどのような問題が起きていますか？
・サイバー暴力の原因は何ですか？
・サイバー暴力の対処法は何ですか？

　サイバー暴力とは、サイバー空間で言葉や映像を利用して他人に不快感を与えることを言うが、インターネットの普及以降、サイバー暴力問題が絶えず起きている。従って、この文章を通して暴力を減らすことのできる方法について見てみようと思う。
　サイバー暴力によって起きる問題は、まず、サイバー暴力を受けた被害者が精神的な衝撃でうつ病

になったり、自殺をしたりもするということである。次に、加害者が被害者の個人情報を露出することにより、被害者の日常生活が困難になったりもする。

このようなサイバー暴力の原因は、一つ目、インターネットの匿名性のためである。サイバー空間では自分の名前を明かさないため、むやみに他の人の悪口を言ったり攻撃したりしやすい。二つ目、加害者がサイバー暴力の深刻さをあまり感じられないためである。インターネットではいくらひどいことを言っても実際にその人の体をなぐるわけではないからだ。

従って、サイバー暴力を予防するためには、必ずインターネット実名制を実施しなければならない。実名制を実施すれば自分の言葉や行動に責任感を持つようになるだろう。そして、処罰法を強化しなければならない。多くの罰金を払うことになれば、サイバー暴力が減るだろう。

ここまで、サイバー暴力の問題とこれを解決できる方法について見てきた。今後、この問題を解決するためにはインターネット実名制を実施し、処罰をより強化しなければならないだろう。

〈低評価〉テーマについて間違って把握している解答の例

사이버 폭력이란 사이버 중에서 한 사람과 다른 사람이 말을 통해 서로 싸우는 것을 말한다. 사이버 폭력으로 인해 생기는 문제는 싸우는 두 사람 중에서 마음이 약한 한 사람이 우울증에 걸리거나 자살을 하기도 한다.

이러한 사이버 폭력의 원인은 첫째, 스트레스가 많다. 자신의 스트레스를 다른 사람과 싸우면서 푼다. 일이나 공부 때문에 스트레스가 많은 경우 인터넷에서 우리는 다른 사람과 쉽게 싸운다. 둘째, 사이버에서 우리는 폭력이 심각하지 않다고 생각하는 것 같다. 사이버에서는 아무리 심하게 싸우더라도 실제로 그 사람의 몸을 때리는 것이 아니기 때문이다.

따라서 사이버 폭력을 예방하기 위해서는 스트레스를 받지 않아야 한다. 그러면 폭력하고 싶은 마음이 없어진다. 또 사이버 폭력도 심각하다고 생각해야 한다. 그리고 법도 만들어야 폭력이 약해질 것이다.

サイバー暴力とは、サイバーの中である人と他の人が言葉でお互いにけんかすることをいう。サイバー暴力によって生じる問題は、けんかした二人のうち、心の弱い人がうつ病になったり自殺をしたりもする。

このようなサイバー暴力の原因は、一つ目、ストレスが多い。自分のストレスを他の人とけんかすることで解消する。仕事や勉強のせいでストレスが多い場合、インターネットでわれわれは他の人と簡単にけんかする。二つ目、サイバーでわれわれは暴力が深刻ではないと考えるようだ。サイバーではいくらひどくけんかしても実際にその人の体をなぐるのではないからだ。

従って、サイバー暴力を予防するためには、ストレスを受けてはいけない。すると、暴力をしたい気持ちがなくなる。また、サイバー暴力も深刻だと考えなければならない。そして、法律も作ってこそ暴力が弱くなるだろう。

内容および 課題遂行	**사이버 폭력** (サイバー暴力) の意味を間違って理解しています (下線を引いた部分)。サイバー上で互いにけんかすることと理解しており、全体的にサイバー暴力というテーマから外れた内容を書いています。
展開構造	序論、本論、結論に従って段落をしっかり分けてあります。そして、段落が変わるたびに連結表現を使って中心となる内容とこれを支える内容も適切に構成されています。ただ、原因を説明するとき使わなければいけない表現をきちんと使えていません。
言語使用	テーマとなる単語の **폭력** (暴力) という単語をずっと**푝력**と書いています。そして、1文の長さが短い上に、接続詞の使用が多すぎて内容がつながらず切れている印象です。

2

　기술의　발달로　채팅앱이나　SNS　등
이　생겨나면서　우리는　과거에　비해　더
많은　사람과　소통할　수　있게　되었다.
그러나　많은　사람과　소통하는　것이　진
정한　소통이라고는　볼　수　없다. 따라서
이　글을　통해　기술　발달이　사람들의
소통에　미치는　영향에　대해　살펴보고자
한다.

　먼저　진정한　소통이란　단편적으로　서
로의　소식이나　정보에　대해　주고받는
것이　아니라　각자가　생각하고　고민하는
것에　진심으로　관심을　가져　주고　함께
기뻐해　주거나　슬퍼해　주는　것이라고
할　수　있다.

　이러한　의미에서　기술의　발달은　오히
려　우리를　진정한　소통에서　멀어지게
만들었다. 기술의　발달로　인해　소통하는
상대의　수는　훨씬　늘었지만　SNS나
채팅앱에서의　형식적인　소통의　경우만
늘었기　때문이다. 또한　형식적인　소통에
시간을　소비하느라고　정작　소통이　필요
한　가족이나　주변의　친구들과　멀어지게
되었다.

306

	따	라	서		진	정	한		소	통	을		위	해	서	는		지	금
바	로		가	족	이	나		주	변		친	구	들	과	의		자	리	를
마	련	해	야		한	다	.		그	리	고		스	마	트	폰	은		잠	시
꺼		두	고		가	족	과		친	구	들	의		이	야	기	에		귀
를		기	울	여	야		할		것	이	다	.							
	지	금	까	지		기	술	의		발	달	이		진	정	한		소	통
에		미	치	는		영	향	에		대	해		살	펴	보	았	다	.	앞
에	서		말	했	듯	이		기	술	의		발	달	은		많	은		사
람	들	과	의		소	통	에	는		긍	정	적	인		영	향	을		주
었	으	나		진	정	한		소	통	은		아	니	다	.		따	라	서
진	정	한		소	통	을		위	해		기	술	보	다	는		주	변	
사	람	들	과	의		관	계	에		집	중	해	야		할		것	이	다	.

500 / 600 / 700

次を参考にして600〜700字で文章を書きなさい。ただし、問題文をそのまま書き写さないでください。(50点)

　技術の発達で、人が互いにコミュニケーションする方法が過去と大きく変わった。時間と空間に関係なく、いつどこでも連絡をやりとりできる。しかし、技術が発達したからといって人々の間に真のコミュニケーションが行われるとは言えない。技術の発達が人々のコミュニケーションに及ぼす影響について、下の内容を中心に自分の考えを書きなさい。
・真のコミュニケーションとは何か?
・技術の発達と人々の間のコミュニケーションの関係はどうなっているか?
・しっかりコミュニケーションをするためにどのような努力が必要か?

　技術の発達で、チャットアプリやSNSなどが生まれるにつれて、われわれは過去と比べてより多くの人とコミュニケーションできるようになった。しかし、多くの人とコミュニケーションするのが真のコミュニケーションとは言えない。従って、この文章を通して、技術の発達が人々のコミュニケーションに及ぼす影響について見てみようと思う。
　まず、真のコミュニケーションとは、断片的に互いの近況や情報についてやりとりするのではなく、各自が考えて悩んでいることに心から関心を持ってあげて一緒に喜んでやったり悲しんでやったりす

ることと言える。

　このような意味で、技術の発達はむしろわれわれを真のコミュニケーションから遠ざけた。技術の発達によってコミュニケーションする相手の数ははるかに増えたが、SNSやチャットアプリでの形式的なコミュニケーションの場合だけが増えたためだ。また、形式的なコミュニケーションに時間を消費していて、実際にコミュニケーションが必要な家族や周囲の友達と遠ざかることになった。

　従って、真のコミュニケーションのためには、今すぐ家族や周囲の友達との場を設けなければならない。そして、スマートフォンはしばらく電源を切っておいて、家族や友達との話に耳を傾けなければならないだろう。

　ここまで、技術の発達が真のコミュニケーションに及ぼす影響について見てきた。前で述べたように、技術の発達は多くの人とのコミュニケーションには肯定的な影響を与えたが、真のコミュニケーションではない。従って、真のコミュニケーションのために、技術よりは周囲の友達との関係に集中しなければならないだろう。

〈低評価〉序論が長すぎる解答の例

　사회가 발전함에 따라 기술이 발달하게 됐다. 그로 인해서 채팅앱, SNS, 블로그 등이 생겨났고 많은 사람들이 이 기술을 이용하며 소통한다. 예를 들면 페이스북에서 외국에 있는 친구와 연락하기도 하고 오랫동안 연락 하지 않았던 친구와 연락을 다시 할 수도 있다. 이렇게 소통을 하게 되었는데 이것이 진정한 소통이라고 할 수 있을까? 과거에는 편지를 주고 받기도 하고 연락하고 싶으면 며칠이나 몇 달이 걸려서 그 사람들 만나러 갔다. 이것이 진정한 소통이 아닐까?

　진정한 소통은 앞에서 말했다시피 과거처럼 오랜 시간이 걸려도 상대방을 생각해서 연락하는 것이다.

　이 의미에서 기술의 발달은 너무 모든 것이 빠르다. 먼 나라의 친구도 오랜만에 연락하는 친구와도 컴퓨터를 켜자마자 연락을 할 수 있다. 모든 것이 나무 빠르게 변한다. 과거처럼 상대를 생각하고 걱정하며 소통하는 시간은 꿈도 못 꾼다.

　따라서 기술이 발달했지만 소통을 잘하기 위해서는 과거처럼 편지도 쓰고 직접 만나서 이야기해야 한다.

　社会が発展するに従い、技術が発達することとなった。それによってチャットアプリ、SNS、ブログなどが生まれ、多くの人がこの技術を利用してコミュニケーションしている。例えば、フェイスブックで外国にいる友達と連絡したりもするし、長い間連絡していなかった友達と再び連絡できたりもする。このようにコミュニケーションをするようになったが、これが真のコミュニケーションと言えるだろうか？　過去には手紙をやりとりし、連絡したければ数日や数カ月かけてその人に会いに行った。これが真のコミュニケーションではないだろうか？

　真のコミュニケーションとは、前で言ったように、過去のように長い時間がかかっても相手を考えて連絡することだ。

　この意味で、技術の発達はあまりに全てのことが速い。遠い国の友達も、久しぶりに連絡する友達ともパソコンをつけるとすぐ連絡できる。全てのことが速く変わる。過去のように相手を考えて心配しながらコミュニケーションする時間は夢のまた夢だ。

従って、技術は発達したが、コミュニケーションを上手にするためには、過去のように手紙も書き、直接会って話さなければならない。

内容および 課題遂行	この文章は、問題で要求されていること（真のコミュニケーションとは、技術の発達とコミュニケーションの関係、真のコミュニケーションのために必要なこと）を忠実に書いてはいます。
展開構造	内容に従って段落をきちんと分けてあります。ですが、序論の内容が半分以上を占めるほどに長いです。
言語使用	特に間違いが多いわけではありませんが、上級レベルの文法や単語がほとんどありません。若干の間違いがあったとしても上級レベルの文法や単語をいろいろと使うのがよいでしょう。

3

〈高評価〉

　우리는　지구가　하나의　마을이라는　의
미의　'지구촌'에　살고　있다.　이러한
세계화　시대를　살아가기　위해서는　필요
한　태도와　버려야만　할　태도가　있을
것이다.　따라서　이　글을　통해　세계화
시대에　필요한　태도에　대해　알아보고자
한다.

　먼저　세계화의　의미를　생각해　보면
세계화란　세계　여러　나라가　정치,　경제,
사회,　문화　등　다양한　분야에서　서로
영향을　주고받으면서　교류가　많아지는
현상이라고　할　수　있다.　따라서　우리는
모두　세계화　시대에　살고　있다고　할
수　있다.

　이러한　세계화　시대를　살아가기　위해
필요한　것은　첫째,　다른　나라의　문화를
수용할　줄　아는　넓은　마음이　필요하다.
타문화에　대한　편견이　있으면　교류하기
힘들기　때문이다.　둘째,　공용어인　영어를
배워서　다른　나라　사람들과　쉽게　소통
할　수　있어야　할　것이다.

　이와　반대로　세계화　시대에　버려야만
할　태도나　사고방식은　첫째,　다른　나라

100

200

300

400

310

의 문화나 언어 등에 부정적인 시각을 갖는 것은 좋지 않다. 둘째, 자신의 문화와 언어를 무시하는 태도도 좋지 않다. 세계화는 같은 문화를 공유하는 것이 아니라 다양한 문화를 교류하는 것이기 때문이다.

　지금까지 세계화 시대에 꼭 필요한 태도와 버려야만 할 태도에 대해 살펴보았다. 앞으로 세계는 더욱더 세계화될 것이다. 따라서 우리는 다른 문화나 언어를 받아들이면서도 자신의 것을 소중히 하는 자세를 가져야 할 것이다.

次を参考にして600～700字で文章を書きなさい。ただし、問題文をそのまま書き写さないでください。（50点）

　今ではわれわれは「地球村」と呼ばれるグローバル化時代に生きています。皆さんが考える「グローバル化時代」とは何であり、グローバル化時代で生きていくために必要なことは何であり、グローバル化時代を生きていくのに捨てなければならない態度や考え方は何ですか？

　われわれは、地球が一つの村という意味の「地球村」に住んでいる。このようなグローバル化時代を生きていくためには必要な態度や捨てなければならない態度があるだろう。従って、この文章を通して、グローバル化時代に必要な態度について見てみようと思う。
　まず、グローバル化の意味を考えてみると、グローバル化とは世界のいろいろな国が政治、経済、社会、文化などさまざまな分野で互いに影響を与え合いながら交流が増える現象と言える。従って、われわれは皆グローバル化時代に生きていると言える。
　このようなグローバル化時代を生きていくために必要なことは、一つ目、他の国の文化を受容できる広い心が必要だ。他文化に対する偏見があると、交流するのは難しいためだ。二つ目、公用語である英語を学び、他の国の人と簡単に疎通できなければならないだろう。
　これと反対に、グローバル化時代に捨てなければならない態度や考え方は、一つ目、他の国の文

化や言語などに否定的な見方を持つことはよくない。二つ目、自分の文化や言語を無視する態度もよくない。グローバル化とは同じ文化を共有することではなく、多様な文化を交流することだからだ。

　ここまで、グローバル化時代に必ず必要な態度と捨てなければならない態度について見てきた。今後、世界はさらにグローバル化されるだろう。従って、われわれは他の文化や言語を受け入れながらも自分のものを大事にする姿勢を持たなければならないだろう。

〈低評価〉個人的な内容、推測表現、口語的な表現が多い解答の例

> 　우리 세계화 시대를 살고 있으니까 필요한 태도와 안 필요한 태도가 있는 것 같다. 그래서 나는 여기에서 세계화 시대 무슨 태도 필요하는지 쓰겠다.
> 　세계화란 세계가 소통하면서 영향을도 주고받고 교류한다. 그러니까 우리는 다 세계화 시대에 살고 있는 것 같다. 나도 다른 나라에 친구들이 많이 있다.
> 　세계화 시대에서 필요하는 것은 다른 나라의 문화를 이해하는 마음이 있으면 좋겠다. 왜냐하면 다른 나라하고 교류가 많으니까 다른 나라 문화를 싫어하면 나쁜 영향이 있다.
> 　하지만 세계화 시대에 이런 태도는 있으면 나쁘다. 다른 나라랑 교류를 많이 하니까 자기 문화하고 언어를 신경 쓰지 않은 사람도 있을 듯하다. 세계화는 세계 나라가 문화가 같게 되는 건 아니다고 생각한다. 세계화는 다른 문화가 서로 교류한다. 그러니까 자기 문화도 소중한다.
> 　앞에서 세계화 시대에 좋은 태도와 나쁜 태도를 얘기했는데 내 생각은 앞으로 세계는 더 세계화가 되는 것 같다. 그러니까 우리 사람은 자기 문화를 잘 생각하고 다른 나라하고 교류는도 하면 정말 좋겠다.

> 　われわれはグローバル化時代を生きているので、必要な態度と必要ではない態度があると思う。そのため、私はここでグローバル化時代、どういう態度が必要か書く。
> 　グローバル化とは、世界が疎通しながら影響もやりとりして交流する。つまり、われわれは皆グローバル化時代に生きていると思う。私も他の国に友達がたくさんいる。
> 　グローバル化時代に必要なことは、他の国の文化を理解する気持ちがあるとよいだろう。なぜなら、他の国と交流が多いので他の国の文化を嫌うと悪い影響がある。
> 　しかし、グローバル化時代にこのような態度はあると悪い。他の国と交流をたくさんするので自分の文化と言語に気を配らない人もいそうだ。グローバル化は、世界の国が文化が同じになるのではないと考える。グローバル化は異なる文化が互いに交流する。だから自分の文化も大切だ。
> 　前でグローバル化時代にいい態度と悪い態度について話したが、私の考えは、今後世界はよりグローバル化すると思う。だからわれわれ人は自分の文化をよく考えて他の国と交流もすれば本当によいだろう。

内容および課題遂行	この問題はグローバル化時代に必要な態度について書くものですが、この文章の二つ目の段落の最後に書かれた「自分は外国に友達が多い」という内容はテーマと関係がありません（下線を引いた部分）。

展開構造	序論、本論、結論に従って段落はしっかり分けてあります。そして段落が変わるたびに文法表現を使ってはいるのですが、内容展開に必要な表現の使用が少ないです。
言語使用	口語的な表現 (안 필요한、나라랑) や推測の表現 (있는 것 같다など) がとても多いです。従って、文章のテーマに合っていません。また、語尾や助詞の使用にも間違いが多いです (下線を引いた部分)。

4

　대중매체란　많은　사람에게　대량으로
정보와　생각을　전달하는　수단이다.　이러
한　대중매체는　우리에게　많은　영향을
끼치는데　이　글을　통해　대중매체의　역
할과　그　영향에　대해　살펴보고자　한다. **100**
　이제　대중매체는　우리　일상에　없어서
는　안　될　존재가　되었다.　하루에도　몇
번씩　인터넷에　접속하여　다양한　정보를
찾기도　하고　수시로　텔레비전을　보기도
한다.　시대가　변했지만　여전히　라디오나 **200**
신문,　잡지　등의　대중매체도　많이　이용
한다.
　이러한　대중매체는　긍정적인　면과　부
정적인　면이　모두　있다.　먼저　대중매체
의　보급으로　인해　특별한　계층만　누리 **300**
던　문화를　대중이　누릴　수　있게　되었
다.　또한　다양한　정보를　많은　사람들이
쉽게　접할　수　있게　되었다.　그러나　대
중매체를　통해　얻는　정보가　똑같기　때
문에　현대인의　개성과　취미가　획일적으 **400**
로　바뀔　수　있다.　게다가　대중매체는
일방적이거나　잘못된　정보를　보여　줌으
로써　문제를　만들　수　있다.

	따	라	서		앞	으	로		대	중	매	체	가		올	바	른		방
향	으	로		나	아	가	기		위	해	서	는		개	성	을		살	리
거	나		개	개	인	의		취	향	에		맞	는		다	양	한		정
보	를		제	공	해	야		할		것	이	며		정	치	적	인		보
도	에		있	어	서		중	립	적	인		입	장	에	서		사	실	을
있	는		그	대	로		깨	끗	하	게		보	도	해	야	만		할	
것	이	다	.																
	지	금	까	지		대	중	매	체	의		긍	정	적	·	부	정	적	인
영	향	과		대	중	매	체	가		나	아	가	야		할		방	향	에
대	해		살	펴	보	았	다	.		앞	에	서		언	급	했	던		것	처
럼		대	중	매	체	의		정	보	들	은		있	는		그	대	로	
사	람	들	에	게		전	달	되	어	야		할		것	이	다	.		

500
600
700

次を参考にして600〜700字で文章を書きなさい。ただし、問題文をそのまま書き写さないでください。(50点)

　われわれは一日に何度も大衆メディアを通じてさまざまなことをしています。伝統的な大衆メディアにはテレビ、ラジオ、新聞、雑誌などがあり、インターネットは技術の発達で登場した最新の大衆メディアです。このような大衆メディアが人に及ぼす影響について、下の内容を中心に自分の考えを書きなさい。
・大衆メディアはわれわれの日常でどのような役割をしていますか?
・大衆メディアがわれわれに及ぼす肯定的な影響と否定的な影響は何ですか?
・大衆メディアが進むべき正しい方向は何ですか?

　大衆メディアとは、多くの人に大量に情報や考えを伝える手段である。このような大衆メディアは、われわれに多くの影響を及ぼすが、この文章を通して大衆メディアの役割とその影響について見てみようと思う。
　今では大衆メディアは、われわれの日常になくてはならない存在になった。一日に何度もインターネットに接続し、さまざまな情報を探したりもするし、随時テレビを見たりもする。時代は変わったが、依然としてラジオや新聞、雑誌などの大衆メディアもよく利用されている。

このような大衆メディアは、肯定的な面と否定的な面が両方ある。まず、大衆メディアの普及によって特別な階層だけが享受していた文化を大衆が享受できるようになった。また、多様な情報に多くの人が簡単に接することができるようになった。しかし、大衆メディアを通じて得る情報は同じであるため、現代人の個性や趣味が画一的に変わることがある。その上、大衆メディアは一方的だったり間違っていたりする情報を見せることにより、問題を起こすことがある。

従って、今後大衆メディアが正しい方向に進むためには、個性を生かしたり個々人の趣向に合ったりする多様な情報を提供しなければならず、政治的な報道において、中立な立場から事実をありのまま、クリーンに報道しなければならないだろう。

ここまで、大衆メディアの肯定的・否定的な影響と大衆メディアが進むべき方向について見てきた。前で言及したように、大衆メディアの情報はありのまま、人に伝達されなければならないだろう。

〈低評価〉文と段落をつなげる表現がない解答の例

대중매체란 많은 사람에게 대량으로 정보와 생각을 전달하는 수단이다. 사회를 발전함에 따라 대중매체는 우리 일상에 매일 사용하는 꼭 필요한 것이다. 하루에도 몇 번씩 인터넷에 접속하여 다양한 정보를 찾기도 하고 텔레비전도 매일 본다. 라디오나 신문, 잡지 등의 대중매체도 많이 이용한다.

대중매체는 긍정적인 영향은 대중매체의 보급으로 인해 특별한 계층만 누리던 문화를 대중이 누릴 수 있게 되었다. 대중매체를 통해 얻는 정보가 똑같기 때문에 현대인의 개성과 취미가 획일적으로 바뀔 수 있다. 일방적이거나 잘못된 정보를 보여줌으로써 문제가 나올 수 있다. 이것은 부정적인 영향이다.

대중매체가 다양한 정보를 제공해야 한다. 개성과 취미를 살려야 한다. 대중매체는 또 좋은 정보를 보여줘야 한다. 대중매체의 긍정적·부정적인 영향과 대중매체가 나아가야 할 방향에 대해 이야기했다.

大衆メディアとは、多くの人に大量の情報や考えを伝える手段だ。社会を発展するに従い、大衆メディアはわれわれ日常に毎日使う、必ず必要なものだ。一日に何度もインターネットに接続してさまざまな情報を探したりもし、テレビも毎日見たりする。ラジオや新聞、雑誌などの大衆メディアも多く利用する。

大衆メディアは肯定的な影響は、大衆メディアの普及によって特別な階層だけが享受していた文化を大衆が享受できるようになった。大衆メディアを通じて得る情報が同じため、現代人の個性と趣味が画一的に変わり得る。一方的だったり間違ったりした情報を見せることにより、問題が起き得る。これは否定的な影響だ。

大衆メディアがさまざまな情報を提供しなければならない。個性と趣味を生かさなければならない。大衆メディアはまた、いい情報を見せなければならない。大衆メディアの肯定的・否定的な影響と大衆メディアが進むべき方向について話した。

内容および課題遂行	問題で要求していることはもれなく大体よく書かれています。ですが、文字数も不足しており、一つ目の質問と三つ目の質問の場合、具体的に何を言おうとしているかよく分かりません。
展開構造	序論、本論、結論に従って段落はしっかり分けてあります。ですが、文章を展開するとき、内容をつなげる表現がありません。そのため、全体的に何の話をしているのか理解するのが難しいです。
言語使用	文の長さがおおむね短く、文同士をつなげる表現も不足しています。従って、上級レベルの文として書いたと見るのは難しいです。

語彙

練習問題1の中に出てきた覚えておくべき単語をまとめました。

1　사이버 공간 サイバー空間
　영상 映像
　타인 他人
　불쾌감 不快感
　행위 行為
　사이버 폭력 サイバー暴力
　보급 普及
　악성 댓글 悪質なコメント
　사이버 모욕 サイバー侮辱
　끊임없이 絶えず
　제기되다 提起される
　대처 対処
　방안 方法

2　기술 技術
　소통하다 コミュニケーションをとる
　방식 方式
　진정하다 真正だ

3　지구촌 地球村
　불리다 呼ばれる
　세계화 グローバル化
　태도 態度
　사고방식 考え方

4　대중매체 大衆メディア
　등장하다 登場する
　일상 日常
　나아가다 進む
　올바르다 正しい
　방향 方向

問題54

項目別チェック │ 文語と口語①

下線を引いた部分を文語的な表現に変えてみましょう。

① 요즘 환경 오염 때문에 지구 온난화 문제가 생겼다.

② 스마트폰 중독을 예방하기 위해 적당히 사용하면 좋겠다.

③ 노인 문제를 해결하기 위해서는 노인한테 관심을 가져야 한다.

④ 정부랑 국민 모두가 관심을 가져야 한다.

⑤ 이 문제를 해결하기 위해서 대책을 마련해야 된다.

⑥ 책 속에는 많은 지식과 정보가 들어 있다. 그러니까 책을 많이 읽어야 한다.

⑦ 과학의 발전으로 우리의 생활이 편리해졌다. 근데 몇 가지 문제도 생겨났다.

⑧ 자기도 그렇게 될 수 있다고 생각해야 한다.

⑨ 요즘 저출산이 완전 심각한 사회 문제가 되었다.

⑩ 스마트 폰을 적당히 사용하는 것이 제일 중요하다.

　今回は、文語と口語を整理しました。問題54では文語的な表現を使うのがよいでしょう。

① 환경 오염 때문에 ⇨ 환경 오염으로 인해
※文語的な表現を使わなければならない。
　～ 때문에 ⇨ ~(으)로 인해　~에 의해서, -(으)ㄴ/는 까닭에　~하고 있기 때문에

② 사용하면 좋겠다 ⇨ 사용해야 한다/할 것이다
※明確な表現を使わなければならない。
　-(으)면 좋겠다 ⇨ -아/어야 한다 ～しなければならない、-아/어야 할 것이다 ～しなければならないだろう

③ 노인한테 ⇨ 노인에게
※同じ意味の助詞でも口語と文語の違いがある。
　~한테 ⇨ ~에게 ～に

④ 정부랑 국민 ⇨ 정부와 국민
※同じ意味の助詞でも口語と文語の違いがある。
　~(이)랑, ~하고 ⇨ ~와/과 ～と

⑤ 마련해야 된다 ⇨ 마련해야 한다
※同じ意味の文法でも口語と文語の違いがある。
　-아/어야 되다 ⇨ -아/어야 하다 ～しなければならない

⑥ 그러니까 ⇨ 그러므로
※同じ意味の文法でも口語と文語の違いがある。
　그러니까 ⇨ 그러므로 そのため、따라서 従って

⑦ 근데 ⇨ 그러나
※同じ意味の文法でも口語と文語の違いがある。
　　근데 ⇨ 그러나 しかし

⑧ 자기도 ⇨ 자신
※同じ意味の単語でも口語と文語の違いがある。
　　자기 ⇨ 자신 自分、自身

⑨ 완전 ⇨ 매우
※同じ意味の単語でも口語と文語の違いがある。
　　완전 ⇨ 매우 非常に

⑩ 제일 ⇨ 가장
※同じ意味の単語でも口語と文語の違いがある。
　　제일 ⇨ 가장 最も

---

① 近年、環境汚染によって地球温暖化問題が生じた。
② スマートフォン中毒を予防するため、適切に使用しなければならない。
③ お年寄りの問題を解決するためにはお年寄りに関心を持たなければならない。
④ 政府と国民の両方が関心を持たなければならない。
⑤ この問題を解決するために対策を講じなければならない。
⑥ 本の中には多くの知識と情報が入っている。そのため本をたくさん読まなければならない。
⑦ 科学の発展でわれわれの生活が便利になった。しかし幾つかの問題も生じた。
⑧ 自分もそうなり得ると考えなければならない。
⑨ 近年、少子化が非常に深刻な社会問題となった。
⑩ スマートフォンを適切に使用することが最も重要だ。

問題54 練習問題2 ※解答例・解説・訳はP.329～

1 다음은 유기견 안락사에 대한 글입니다. 이에 대한 자신의 입장을 정해 논리적으로 주장하는 글을 쓰시오. 단, 문제를 그대로 옮겨 쓰지 마시오. (50점)

> 현재 버려지는 유기견은 입양이 되거나 안락사 된다. 입양이 되는 유기견은 불과 20%에 미치지 못해 대부분 안락사 되고 있다. 정부의 재정적인 문제와 관리인력 부족, 보호소 부지 등의 관리 한계로 인해 안락사가 최선의 방법이라는 의견이 있는 반면에 현재의 비인간적인 동물관련 정책을 강력히 반대하는 여론도 강하다.

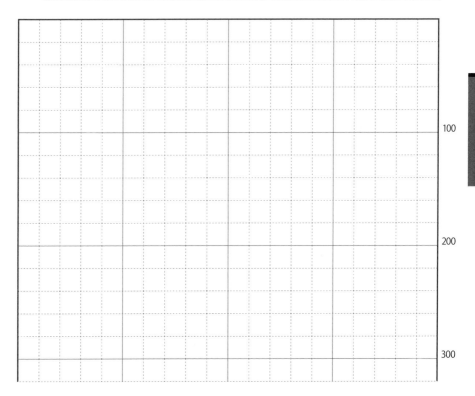

100

200

300

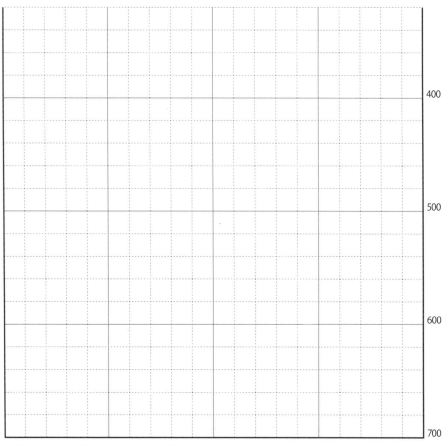

400

500

600

700

解答にかかった時間　（　　　）分

2 다음은 흡연 규제에 대한 글입니다. 이에 대한 자신의 입장을 정해 논리적으로 주장하는 글을 쓰시오. 단, 문제를 그대로 옮겨 쓰지 마시오. (50점)

> 흡연에 대한 규제가 점점 강화되고 있다. 최근에는 채용이나 인사에서 흡연자를 제외하거나 비흡연자에게 가산점을 주는 방식으로 흡연자들에게 불이익을 주는 기업도 있다. 이에 대해 간접흡연의 피해를 줄일 수 있는 적절한 제도라고 보는 의견이 있는 반면, 개인의 기호로 인해 취업이나 승진에서 불이익을 받는 것은 공정하지 않다는 의견도 있어 논란이 되고 있다.

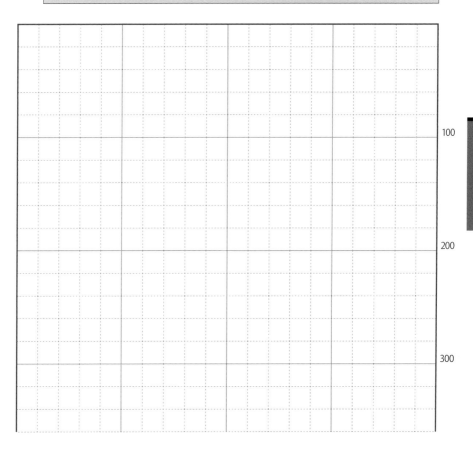

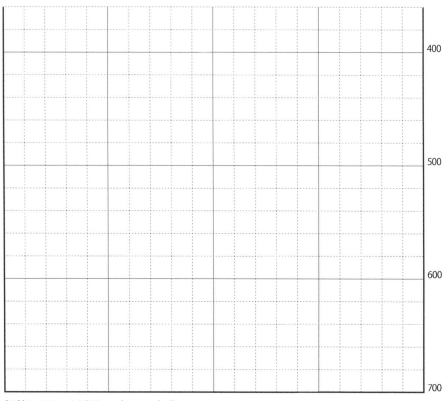

400

500

600

700

解答にかかった時間　（　　　　）分

3 다음은 동물실험에 대한 글입니다. 이에 대한 자신의 입장을 정해 논리적으로 주장하는 글을 쓰시오. 단, 문제를 그대로 옮겨 쓰지 마시오. (50점)

> 동물실험은 의약품, 화장품, 식품 등 인체에 미치는 영향을 예측하는 데 활용되는데 나날이 그 분야가 넓어지고 있습니다. 이에 대해 동물실험은 인간을 위해 필요하다는 주장과 동물도 소중한 생명이기 때문에 금지해야 한다는 주장이 있습니다. 이에 대해 자신의 견해를 서술하십시오. 단, 아래에 제시된 내용이 모두 포함되어야 합니다.
>
> 〈동물실험〉
> (1) 양쪽 입장 중 어느 것이 더 중요하다고 생각하는가?
> (2) 그렇게 생각하는 이유는 무엇인가? (2가지 이상 쓰시오.)

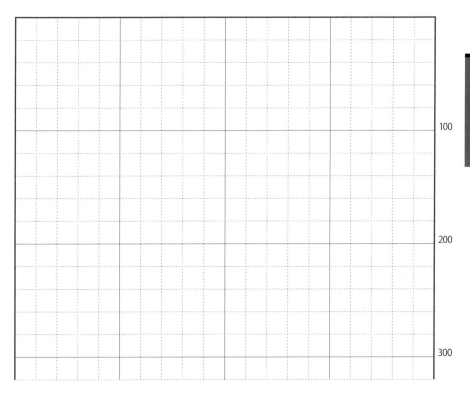

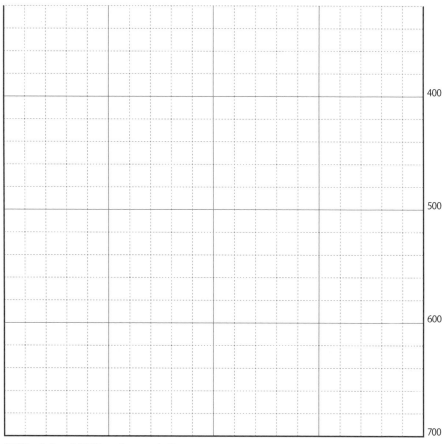

400

500

600

700

解答にかかった時間　（　　　　）分

4 다음은 유전자 변형 식품(GMO)에 대한 글입니다. 이에 대한 자신의 입장을 정해 논리적으로 주장하는 글을 쓰시오. 단, 문제를 그대로 옮겨 쓰지 마시오. (50점)

> 유전자 변형 식품(GMO : Genetically Modified Organism)은 유전공학기술을 이용하여 기존의 방법으로는 나타날 수 없는 유전자를 지니도록 개발된 식품이다. GMO는 미래의 식량문제를 해결할 수 있는 대안으로 떠오르고 있지만, 인체에 미치는 영향에 대한 안전성이 검증되지 않아 양쪽의 의견이 팽팽하게 맞서고 있다.

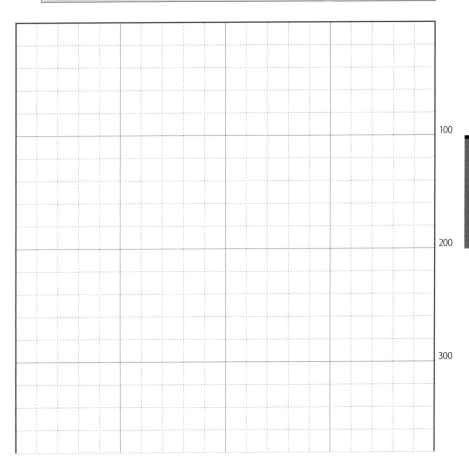

100

200

300

問題54

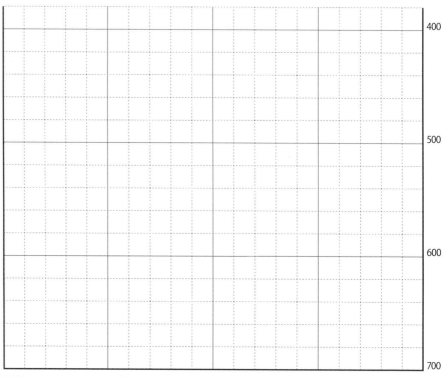

400

500

600

700

解答にかかった時間　（　　　　）分

解答例・解説・訳

1

〈高評価〉

　유기견이란 버려지는 개를 의미하는데 현재 유기견들의 20%는 입양되지만 나머지는 대부분 안락사 되고 있다. 재정적인 문제와 관리 문제 등으로 인해 안락사가 최선이라는 의견과 비인간적이라는 이유로 반대하는 의견이 있는데 나는 유기견들을 안락사 하는 것은 옳지 않다고 본다.

　유기견 안락사에 반대하는 이유는 다음과 같다. 첫째, 유기견은 전적으로 인간의 책임이기 때문이다. 사람들은 개가 병에 걸리거나 더 이상 귀엽지 않다는 이유 등으로 개를 버려 결국 죽음에 이르게 한다. 이러한 인간의 무책임한 행동이 개의 생명을 좌우하는 것은 옳지 않다고 본다.

　둘째, 아무리 작고 말 못하는 동물일지라도 소중한 생명체이기 때문이다. 인간과 같이 살아가는 소중한 생명체를 단순히 관리할 장소가 부족하고 비용이 많이 든다는 이유로 안락사 시키는 것은 인간의 잔인하고 이기적인 행동이다.

問題54

	셋	째	,		조	사	에		따	르	면		유	기	견	을		안	락	사
하	는		데		드	는		비	용	이		연	간		1	1	0	억	이	라
고		한	다	.	이	렇	게		많	은		비	용	을		유	기	견	을		500
죽	이	는		데	에		사	용	하	느	니		차	라	리		보	호	소
를		만	드	는		데		쓰	거	나		유	기	견		입	양		홍
보	에		쓴	다	면		더	욱		의	미		있	을		것	이	다	.
	지	금	까	지		유	기	견		안	락	사	에		반	대	하	는	
입	장	에	서		그		이	유	를		정	리	해		보	았	다	.	애		600
견	이		유	기	견	이		된		책	임	은		인	간	에	게		있
으	며		인	간	이		동	물	의		소	중	한		생	명	을		마
음	대	로		빼	앗	을		권	리	는		없	다	.	따	라	서		안
락	사		비	용	을		유	기	견	을		보	호	하	는		데	에	
사	용	하	는		것	이		더		의	미		있	을		것	이	다	.		700

次は、遺棄犬(捨て犬)の安楽死に関する文章です。これについて、自分の立場を決めて論理的に主張する文章を書きなさい。ただし、問題文をそのまま書き写さないでください。(50点)

　現在、捨てられる遺棄犬はもらわれたり安楽死になったりする。もらわれる遺棄犬はわずか20%に及ばず、ほとんどは安楽死になっている。政府の財政的な問題と管理人材の不足、保護センターの敷地などの管理の限界によって安楽死が最善の方法という意見がある一方、現在の非人間的な動物関連の政策に強力に反対する世論も強い。

　遺棄犬とは、捨てられる犬を意味するが、現在遺棄犬の20%はもらわれるが残りはほとんどが安楽死になっている。財政的な問題と管理の問題などによって安楽死が最善だという意見と、非人間的だという理由で反対する意見があるが、私は遺棄犬を安楽死させるのは正しくないと思う。
　遺棄犬の安楽死に反対する理由は次の通りである。一つ目、遺棄犬はひとえに人間の責任だからだ。人は犬が病気になったりもうかわいくなかったりという理由などで犬を捨て、結局死に至らせる。このような人間の無責任な行動が犬の命を左右するのは正しくないと思う。
　二つ目、いくら小さくて話せない動物であっても、大事な生命体だからだ。人間と一緒に生きていく大事な生命体を、単純に管理する場所が足りず費用が多くかかるという理由で安楽死させることは

人間の残忍で利己的な行動だ。

三つ目、調査によると、遺棄犬を安楽死するのにかかる費用は年間110億だそうだ。このように多くの費用を遺棄犬を殺すのに使うなら、いっそ保護センターを作るのに使ったり、遺棄犬の里親募集に使ったりすれば、より意味があるだろう。

ここまで、遺棄犬の安楽死に反対する立場から、その理由を整理してみた。愛犬が遺棄犬になった責任は人間にあり、人間が動物の大事な命を勝手に奪う権利はない。従って、安楽死の費用を、遺棄犬を保護するのに使う方がより意味があるだろう。

〈低評価〉序論や結論がなく、主張が一貫していない解答の例

나는 유기견 안락사를 반대한다. 그 이유는 셋까지 있다. 유기견을 버리는 행동은 사람이 한다. 이것은 무책임한 행동이다. 사람 때문에 동물이 죽는 것은 너무 잔인하다. 동물은 우리 사람의 가족 때문에 우리가 책임을 져야 한다. 무책임하게 행동하면 안 된다. 책임 있는 사람만 개를 기를 수 있다.

또 개는 사람이 아니고 동물이지만 생명이 있어서 소중하다. 사람한테 친구같은 것이다. 우리는 돈이 없으면도 친구를 버리지 않는다. 돈이 많이 필요하다고 개를 버리면 너무 이기적이다. 개는 물건이 아니다. 개도 자기를 버리면 슬픈 감정을 안다. 그러니까 개를 버리면 안 된다.

또 신문에서 봤는데 유기견 보호소에 유기견이 너무 많다. 유기견을 보호하기 위해서 돈이 많이 필요하다. 보호소에 돈이 없으니까 안락사는 할 수밖에 없다고 보는 사람도 있다. 개가 적당하게 있으면 괜찮지만 유기견 보호소에 개가 너무 많으면 안락사하는 것은도 조금 괜찮은 것 같다.

또 유기견 보호소에 개가 너무 많으로 인해서 보호소가 깨끗하지 않기 때문에 병에 걸리는 개도 많다. 그러니까 개들이 병에 걸리지 않도록 잘 관리해야 한다.

私は遺棄犬の安楽死に反対する。その理由は三つまである。遺棄犬を捨てる行動は人間がする。これは無責任な行動だ。人間のせいで動物が死ぬのはあまりにも残忍だ。動物はわれわれ人間の家族のせいでわれわれが責任を負わなければならない。無責任に行動してはいけない。責任のある人だけが犬を飼うことができる。

また、犬は人間ではなく動物だが、命があり大事だ。人間にとって友達のようなものだ。われわれは金がなくても友達を捨てない。金が多く必要だからと犬を捨てたらとても利己的だ。犬は物ではない。犬も自分を捨てたら悲しい感情を分かる。だから犬を捨ててはいけない。

また、新聞で見たが、遺棄犬の保護センターに遺棄犬がとても多い。遺棄犬を保護するために金が多く必要だ。保護センターに金がないので安楽死は仕方ないと考える人もいる。犬が適度にいればいいが、遺棄犬の保護センターに犬があまりにも多ければ安楽死するのも少しいいと思う。

また、遺棄犬の保護センターに犬があまりにも多いことによって保護センターがきれいではないので病気になる犬も多い。だから犬が病気にならないようしっかり管理しなければならない。

問題
54

内容および 課題遂行	初めに遺棄犬の安楽死に反対すると表明したのに、三つ目の段落を見ると安楽死をしてもいいという内容があります（下線を引いた部分）。そして、最後の段落は不必要な内容です。
展開構造	序論と結論がありません。そして、段落をつなぐ連結表現が또 (また) の一つしかなく、또は段落をつなぐのに適切な表現ではありません。
言語使用	口語的な表現も多く、上級レベルと見るには難しい表現も多くあります。

2

〈高評価〉

　최근　담뱃값이　오르고　흡연　장소를
제한하는　등　그　규제가　강화되고　있다.
이런　가운데　채용이나　승진에　불이익을
주는　기업들도　생기고　있다.　이에　대해
찬성하는　입장과　반대하는　입장이　있는　　100
데　나는　흡연을　이유로　취직이나　승진
에서　불이익을　주는　것은　타당하지　않
다고　본다.

　흡연자에게　취업이나　승진에서　불이익
을　주는　것에　반대하는　이유는　다음과　　200
같다.　첫째,　담배를　피우는　것은　개인의
기호이다.　많은　사람들이　담배가　건강에
좋지　않다는　이유로　흡연에　대해　부정
적으로　생각하는　경우가　많이　있지만
담배는　과자와　같은　기호　식품일　뿐이　　300
므로　좋아하면　피울　수　있는　권리가
있다.　기업이　흡연자의　권리나　자유를
침해하는　행동을　할　수는　없다.

　둘째,　흡연은　일의　능력과　전혀　관계
가　없기　때문이다.　기업에서　직원을　뽑　　400
거나　승진을　시킬　때　그　기준은　그
사람의　업무에　대한　능력일　것이다.　따
라서　업무　능력과　관계없는　것으로　평

가를　받아서　취직이나　승진에　불이익을
당하는　것은　옳지　않다.

　지금까지　흡연자에　대한　기업의　불이
익은　옳지　않다는　입장에서　이에　반대
하는　이유에　대해　이야기해　보았다.　흡
연은　개인의　기호일　뿐이며　업무　능력
과는　전혀　상관이　없다.　따라서　흡연자
에　대한　기업의　불이익은　옳지　않으며
흡연자의　권리를　보호해야　할　것이다.

次は喫煙規制についての文章です。これについて、自分の立場を決めて論理的に主張する文章を書きなさい。ただし、問題文をそのまま書き写さないでください。(50点)

　喫煙に対する規制がだんだん強化されている。最近は採用や人事で喫煙者を除外したり非喫煙者に加算点を与えたりする方式で喫煙者に不利益を与える企業もある。これに対して、受動喫煙の被害を減らせる適切な制度と考える意見がある一方、個人の嗜好(しこう)によって就職や昇進で不利益を受けるのは公正ではないという意見もあり、議論になっている。

　最近、たばこの値段が上がり、喫煙場所を制限するなど、その規制が強化されている。このような中、採用や昇進に不利益を与える企業も生まれている。これに対して賛成する立場と反対する立場があるが、私は喫煙を理由に就職や昇進で不利益を与えることは妥当ではないと思う。
　喫煙者に就職や昇進で不利益を与えるのに反対する理由は次の通りだ。一つ目、たばこを吸うことは個人の嗜好だ。多くの人がたばこは健康に良くないという理由で喫煙に対して否定的に考えることが多くあるが、たばこは菓子と同じ嗜好品であるだけなので、好きなら吸うことができる権利がある。企業が喫煙者の権利や自由を侵害する行動をすることはできない。
　二つ目、喫煙は仕事の能力と全く関係ないためだ。企業で職員を採用したり昇進をさせたりする際、その基準はその人の業務に対する能力であるはずだ。従って、業務の能力と関係ないことで評価を受けて就職や昇進で不利益を被ることは正しくない。
　ここまで、喫煙者に対する企業の不利益は正しくないという立場で、これに反対する理由について話した。喫煙は個人の嗜好というだけで、業務の能力とは全く関係ない。従って、喫煙者に対する企業の不利益は正しくなく、喫煙者の権利を保護しなければならないだろう。

〈低評価〉過度に感情的で非論理的な解答の例

요즘 흡연하는 것을 규제하는 것이 강해지고 있다. 회사에서 직원을 뽑을 때 승진을 할 때 불이익을 주는 곳도 있을 정도다.

나는 흡연 규제 강화는 당연하다고 생각한다. 왜냐하면 첫째, <u>흡연은 좋은 점이 하나도 없기 때문이다.</u> 흡연을 하면 건강도 나빠지는 데다가 담배 연기 때문에 머리나 옷에 안 좋은 냄새가 나기도 하고 오랫동안 담배를 피우면 입이나 몸에서 나쁜 냄새가 나서 <u>좋은 점이 없다.</u>

둘째, 흡연은 주위 사람들에게도 피해만 줄 뿐이다. 담배를 피우는 사람 옆에 있으면 냄새를 맡게 되니까 기분도 안 좋을 수밖에 없고 또한 간접흡연이 건강에 훨씬 더 해롭다는 것은 모르는 사람이 없을 것이다. 이렇게 흡연은 좋은 점이 하나도 없는데 <u>담배를 피우는 사람은 자기만 생각하는 이기적인 사람이다.</u>

셋째, 건강을 해치기만 하는 담배를 사는 데 돈이 많이 들기 때문이다. 최근 담배값이 많이 올라서 담배를 사는 데 훨씬 더 많은 부담이 생겼다. 이렇게 비싼 돈을 내고 담배를 사느니 차라리 불쌍한 사람들을 도와주는 것이 훨씬 더 낫다고 생각한다. <u>담배를 피우는 데 돈을 쓰는 것은 쓸데없이 돈을 쓰는 것에 불과하다.</u>

지금까지 흡연자에 대해서 기업이 불이익을 주는 것이 당연한 이유를 이야기해 보았다. 흡연은 자신뿐만 아니라 주위 사람들에게도 피해만 줄 뿐이므로 이기적으로 자신만 생각하지 않는다면 담배는 피우지 않아야 할 것이다.

最近、喫煙することを規制することが強くなっている。会社で職員を採用するとき、昇進をするとき不利益を与えるところもあるほどだ。

私は、喫煙規制強化は当然だと考える。なぜなら、一つ目、<u>喫煙はいい点が一つもないからだ。</u>喫煙をすれば健康も悪くなる上にたばこの煙のせいで髪の毛や服に良くないにおいがすることもあり、長い間たばこを吸うと口や体から悪いにおいがして<u>いい点がない。</u>

二つ目、喫煙は周囲の人にも被害を与えるだけだ。たばこを吸う人の隣にいるとにおいを嗅ぐことになるので気分も悪くなるしかなく、また、受動喫煙が健康にはるかに有害だということは知らない人がいないだろう。このように、喫煙はいい点が一つもないが、<u>たばこを吸う人は自分のことしか考えない利己的な人だ。</u>

三つ目、健康を害するだけのたばこを買うのにとても金がかかるからだ。最近、たばこの値段がすごく上がってたばこを買うのにはるかに大きい負担が生じた。このように高い金を払ってたばこを買うくらいなら、いっそかわいそうな人を助ける方がはるかにいいと思う。<u>たばこを吸うのに金を使うのは無駄に金を使うことにすぎない。</u>

ここまで、喫煙者に対して企業が不利益を与えるのが当然な理由を話した。喫煙は自分だけでなく周囲の人にも被害を与えるだけなので、利己的で自分のことだけを考えるのでないのならたばこを吸ってはならないだろう。

内容および 課題遂行	喫煙規制について賛成する立場ですが、その根拠が非論理的で感情的です（下線を引いた部分）。そして、論理的な根拠が全く見当たらず、「当然駄目だ」という形で主張のみをずっと繰り返しています。

展開構造	序論、本論、結論に従って段落をきちんと分けてあります。そして、文章を展開する際の連結表現も大体きちんと使っています。
言語使用	-(으)니까 (〜だから) や、안 (〜ない) の形の否定表現など、口語的な表現が多いです。

3

〈高評価〉

　동물실험은　동물을　이용하여　생명현상을　연구하는　일이다.　최근에는　의학　분야뿐만　아니라　식품,　화장품　등의　분야로　확대되고　있다.　이런　이유로　동물실험은　지속되어야　한다는　주장과　인간을　위해　동물이　희생되면　안　된다는　주장이　있는데　나는　동물실험이　필요하다고　본다.

　동물실험이　필요한　이유를　정리해　보면　다음과　같다.　첫째,　동물실험을　통해　질병을　예방하고　치료법을　개발하여　더　많은　수의　생명을　살릴　수　있기　때문이다.　실례로　당뇨병을　치료하는　인슐린　역시　개를　대상으로　한　동물실험을　통해　알아냈다.

　둘째,　동물실험을　대체할　현실적인　대안이　아직까지　없기　때문이다.　과학　기술의　발전으로　가능하게　된　인공　조직을　이용하는　방법도　개발되기는　하였으나　그　결과는　아직까지　검증되지　않았다.

　셋째,　동물실험과　관련된　규정을　통해　동물들의　존엄성이　최대한　지켜지도록

법	으	로		보	호	되	어		있	기		때	문	이	다	.		최	소	한
의		동	물	을		이	용	해		실	험		중		고	통	을		받	
지		않	도	록		하	고		있	으	므	로		동	물	의			생	명
을		함	부	로		대	한	다	는		주	장	은			억	지	스	럽	다	.
	이	상	으	로		동	물	실	험	이		필	요	하	다	는		입	장
에	서		동	물	실	험	의		필	요	성	에		대	해		이	야	기
해		보	았	다	.	동	물	실	험	이		최	선	의		선	택	은	
아	니	겠	지	만		현	실	적	인		부	분	을		고	려	했	을	
때		관	련		규	정	만		잘		지	킨	다	면		동	물	실	험
은		인	간	을		위	해		필	요	하	다	고		본	다	.			

次は動物実験についての文章です。これについて、自分の立場を決めて論理的に主張する文章を書きなさい。ただし、問題文をそのまま書き写さないでください。(50点)

　動物実験は医薬品、化粧品、食品など人体に及ぼす影響を予測するのに活用されますが、日に日にその分野が広がっています。これに対し、動物実験は人間のために必要だという主張と動物も大事な命なので禁止しなければならないという主張があります。これについて、自分の見解を述べてください。ただし、下に提示された内容が全て含まれなければなりません。

> 〈動物実験〉
> (1) 両方の立場のうち、どちらがより大事だと考えるか?
> (2) そのように考える理由は何か?(二つ以上書きなさい)

　動物実験は、動物を利用して生命現象を研究することだ。最近は、医学分野だけでなく食品、化粧品などの分野に拡大されている。このような理由で動物実験は続けられなければならないという主張と人間のために動物が犠牲になってはならないという主張があるが、私は動物実験は必要だと思う。
　動物実験が必要な理由を整理してみると次の通りである。一つ目、動物実験を通して病気を予防して治療法を開発し、より多くの数の命を救えるからだ。実例として、糖尿病を治療するインシュリンもやはり犬を対象にした動物実験を通して見つけ出した。

　二つ目、動物実験に代わる現実的な代案がいまだにないからだ。科学技術の発展で可能になった人工組織を利用する方法も開発されはしたが、その結果はまだ検証されていない。

　三つ目、動物実験と関連した規定を通して、動物の尊厳が最大限守られるように法で保護されているからだ。最小限の動物を利用し、実験中に苦痛を受けないようにしているので動物の命をぞんざいに扱っているという主張は無理がある。

　以上、動物実験が必要だという立場から動物実験の必要性について話した。動物実験が最善の選択ではないだろうが、現実的な部分を考慮したとき、関連規制さえきちんと守るのなら動物実験は人間のために必要だと思う。

〈低評価〉根拠が論理的でない解答の例

　동물실험은 동물로 연구하는 것이다. 요즘 병원뿐만 아니라 식품, 화장품에서도 동물실험을 하고 있다. 나는 동물실험은 하면 안 된다고 본다. 그 이유는 첫째, 동물 실험은 동물을 죽이는 끔찍한 행동이다. 나는 고향에서 강아지를 키운 적이 있다. 어느날 강아지가 감기에 걸렸는데 며칠 동안 아파서 밥도 안 먹고 힘들었다. 겨우 감기에 걸려도 이렇게 아픈 작고 약한 동물에게 실험을 하고 죽이는 것은 옳지 않다.

　둘째 동물도 가족이다. 요즘은 아이가 보통 한명밖에 없는 가족이 많다. 그래서 동물도 가족처럼 여기는 사람들이 많아졌다. 우리 고향에도 이런 사람들이 많다. 비록 동물이 사람은 아니지만 가족같은 존재이다. 가족을 누가 죽인다? 가족을 죽이는 것은 동물보다 더 못한 행동이다. 그러므로 동물실험은 안 된다.

　작고 약한 우리의 가족같은 동물을 앞으로 실험 때문에 죽여서는 절대로 안된다.

　動物実験は、動物で研究することだ。最近、病院だけでなく食品、化粧品でも動物実験をしている。私は、動物実験はしてはいけないと思う。その理由は、一つ目、動物実験は動物を殺すごい行動だ。私は故郷で犬を飼ったことがある。ある日犬が風邪をひいたが、数日もの間、具合が悪くて餌も食べずつらかった。風邪をひいただけでもこんなに具合の悪い小さくて弱い動物に実験をして殺すことは正しくない。

　二つ目、動物も家族だ。最近は子どもが普通1人しかいない家族が多い。そのため動物も家族のように考える人が増えた。私の故郷にもこういう人が多い。たとえ動物が人ではなくても家族のような存在だ。家族を誰が殺すというのか？ 家族を殺すのは動物よりもっと劣る行動だ。それゆえ動物実験は駄目だ。

　小さくて弱いわれわれの家族のような動物を、今後実験のために殺しては絶対にいけない。

内容および課題遂行	動物実験について反対する立場であることを明かしていますが、その根拠が論理的ではありません。単純に自分が動物を飼っているという理由で、無条件で駄目だというのは全く論理的ではありません（下線を引いた部分）。

展開構造	序論、本論、結論に従って、段落はきちんと分けてあります。そして、自分の根拠を提示する連結表現はありますが、「理由」を表す文法表現が確実ではありません。
言語使用	論理的な文章にはふさわしくない口語的な表現がとても多いです。

4

〈高評価〉

　유전자 변형 식품(GMO)은 유전공
학기술을 이용하여 유전자를 조작해 개
발된 식품이다. GMO는 식량문제를 해
결할 수 있다는 점에서 찬성하는 입장
과 부작용에 대한 연구가 부족해 반대
하는 입장이 있는데 나는 안전성의 문
제가 있기 때문에 유통되지 않아야 한
다고 본다.
　GMO에 반대하는 이유는 다음과 같
이 정리해 볼 수 있다. 첫째, 아직까지
GMO의 안전성이 검증되지 않았기 때
문이다. GMO 식품은 이전까지 먹어
오던 식품과 달라 섭취 후 알레르기
반응을 일으킨 사례가 종종 보도되고
있다.
　둘째, 생태계가 파괴될 수 있기 때문
이다. 예를 들어 유전자 조작 연어의
경우 성장 호르몬에 문제가 생겨 기형
적으로 변하고 결국에는 몇 세대 만에
종이 거의 사라졌다고 한다. 또한 내성
을 가진 GMO는 슈퍼 잡초를 만들어
내기도 한다.
　셋째, 다국적 기업의 종자 및 식량

독	점		문	제	가		생	기	기		때	문	이	다	.		강	한		유
전	자	인		G	M	O	가		종	자		시	장	을		독	점	하	게	
되	면	서		해	마	다		G	M	O		품	종	을		가	지	고	
있	는		기	업	에		많	은		돈	을		지	불	하	고		종	자
를		사		와	야		한	다	.										
	지	금	까	지		G	M	O		식	품	에		반	대	하	는		입
장	에	서		G	M	O	가		유	통	되	면		안		되	는		이
유	에		대	해		이	야	기	해		보	았	다	.		G	M	O	는
여	러		면	에	서		인	간	에	게		이	롭	기	보	다	는		해
로	운		면	이		많	다	.		인	간	과		생	태	계	의		안	전
과		조	화	를		생	각	한	다	면		G	M	O		식	품		생
산	은		금	지	되	어	야		할		것	이	다	.					

500 (5행), *600* (7행), *700* (12행)

次は遺伝子組み替え食品(GMO)についての文章です。これについて、自分の立場を決めて論理的に主張する文章を書きなさい。ただし、問題文をそのまま書き写さないでください。(50点)

遺伝子組み替え食品(GMO:Genetically Modified Organism)とは、遺伝工学技術を利用して既存の方法では現れることのない遺伝子を持つように開発された食品である。GMOは未来の食糧問題を解決できる対案として浮上しているが、人体に及ぼす影響について安全性が検証されておらず、両側の意見が伯伸して対立している。

遺伝子組み替え食品(GMO)は、遺伝工学技術を利用して遺伝子を操作して開発された食品だ。GMOは食糧問題を解決できるという点で賛成する立場と副作用に対する研究が不足しており反対する立場があるが、私は安全性の問題があるため流通されてはならないと思う。

GMOに反対する理由は、次のように整理できる。一つ目、まだGMOの安全性が検証されていないからだ。GMO食品はこれまで食べてきた食品と違い、摂取後にアレルギー反応を引き起こした事例が時々報道されている。

二つ目、生態系が破壊される可能性があるからだ。例えば、遺伝子組み換えサケの場合、成長ホルモンに問題が起き、奇形のように変わって結局は数世代の間に種がほぼ消えたそうだ。また、耐性を持つGMOはスーパー雑草を作り出しもする。

三つ目、多国籍企業の種子および食糧独占問題が起きるからだ。強い遺伝子であるGMOが種子市場を独占することになり、毎年GMO品種を持っている企業に多くの金を払って種子を買ってこなければならない。

ここまで、GMO食品に反対する立場でGMOが流通されてはならない理由について話した。GMOはいろいろな面で人間に有益であるより害のある面が多い。人間と生態系の安全と調和を考えると、GMO食品生産は禁止されなければならないだろう。

〈低評価〉賛成側の主張の根拠を長く書き、自分の主張の根拠がほとんどない解答の例

유전자 변형 식품(GMO)은 유전자를 조작해 개발된 식품이다. 나는 안정성의 문제가 있기 때문에 유통되지 않아야 한다고 본다.

GMO에 반대하는 이유는 다음과 같이 정리해 볼 수 있다. 첫째, 세계식량기구에서 GMO 식품을 아직 유해하다고 판단하지 않았고 각국 정부가 자체 안정성 시험을 거치고 있어 어느 정도 안정성이 검증되었다고 하지만 GMO 섭취 후 부작용이 나타났다는 보도 사례가 적지 않기 때문이다.

둘째, 슈퍼 잡초나 슈퍼 해충이 생긴 이유는 단순히 GMO에 의해서 생겨난 것이 아니라 오래 전부터 사용해 온 농약 때문이라는 주장도 있지만 농약보다 GMO를 사용했을 때 그 영향이 더 컸기 때문이다.

셋째, 다국적 기업에서의 종자 개량 덕분에 아프리카나 여러 나라에서 병충해에 강한 종자가 개발되었다는 이유로 다국적 기업의 문제가 아니라고 하는 주장도 있지만 어쨌든 그 기업에 많은 돈을 지불해야 하기 때문에 GMO 식품은 필요하다고 할 수 없다.

지금까지 GMO 식품에 반대하는 입장에서 GMO가 유통되면 안 되는 이유에 대해 이야기해 보았다. GMO는 여러 면에서 인간에게 이롭기 보다는 해로운 면이 많다. 인간과 생태계의 안전과 조화를 생각한다면 GMO 식품 생산은 금지되어야 할 것이다.

遺伝子組み替え食品 (GMO) は、遺伝子を操作して開発された食品だ。私は安全性の問題があるため流通されてはならないと思う。

GMOに反対する理由は、次のように整理できる。一つ目、世界食糧機構でGMO食品をまだ有害だと判断しておらず、各国政府が独自の安全性試験を経ており、ある程度安全性が検証されたというが、GMO摂取後に副作用が現れたという報道事例が少なくないからだ。

二つ目、スーパー雑草やスーパー害虫が生まれた理由は、単純にGMOによって生まれたのではなくかなり前から使ってきた農薬のせいだという主張もあるが、農薬よりGMOを使用したとき、その影響がより大きかったからだ。

三つ目、多国籍企業での種子改良のおかげでアフリカやいろいろな国で病気や虫に強い種子が開発されたという理由から多国籍企業の問題ではないという主張もあるが、とにかくその企業に多くの金を払わなければならないのでGMO食品は必要だと言えない。

ここまで、GMO食品に反対する立場でGMOが流通されてはならない理由について話した。GMOはいろいろな面で人間に有益であるより害のある面が多い。人間と生態系の安全と調和を考えると、GMO食品生産は禁止されなければならないだろう。

内容および 課題遂行	序論で反対の立場だときちんと表明していますが、その根拠を説明するとき賛成側の立場を長く書き、反論の内容はそれに対して否定する形で書いていて、根拠が全く足りません（下線を引いた部分）。
展開構造	序論、本論、結論に従って、段落はきちんと分けてあります。しかし、序論と本論、結論が一貫した立場で展開されていると見るのは難しいです。
言語使用	文語的で上級レベルに合った表現を比較的よく使っています。しかし、反対の理由を説明する二つ目の段落から1文の長さが長すぎて読みにくいです。また、**안전성**（安全性）と書くべき箇所を**안정성**（安定性）と間違えて書いています。

語彙

練習問題2の中に出てきた覚えておくべき単語をまとめました。

1　유기견 遺棄犬、捨て犬
　안락사 安楽死
　입양 養子を迎えること
　미치다 及ぼす
　재정적 財政的
　인력 人材
　보호소 保護センター
　부지 敷地
　한계 限界
　비인간적 非人間的
　정책 政策
　강력히 強力に
　여론 世論

2　흡연 喫煙
　규제 規制
　강화되다 強化される
　채용 採用
　인사 人事
　제외하다 除外される
　가산점 加算点
　불이익 不利益
　기업 企業
　간접흡연 受動喫煙
　적절하다 適切だ
　기호 嗜好

　승진 昇進
　공정하다 公正だ
　논란 議論

3　동물실험 動物実験
　의약품 医薬品
　인체 人体
　예측하다 予測する
　활용되다 活用される
　나날이 日に日に
　생명 生命
　금지하다 禁止する

4　유전자 변형 식품 遺伝子組み替え
　食品
　유전공학기술 遺伝工学技術
　기존 既存
　지니다 持つ
　개발되다 開発される
　식량 食糧
　대안 対案
　떠오르다 浮かぶ
　안전성 安全性
　검증되다 検証される
　팽팽하다 伯仲している
　맞서다 対立する

下線を引いた部分を文語的な表現に変えてみましょう。

①의학 기술이 발달함에 따라 수많은 질병을 고칠 수 <u>있게 됐다.</u>

②스마트폰이 개발된 후로 우리 생활에 많은 영향을 <u>줬다.</u>

③<u>이건</u> 나라마다 다르다고 할 수 있다.

④<u>그런</u> 특징에 따라 세 가지로 나누어 볼 수 있다.

⑤<u>뭐에</u> 대해 배울 수 있을지 살펴보도록 하겠다.

⑥이로 인해 나타나는 문제점에는 <u>뭐가</u> 있는지 생각해 보아야 한다.

⑦이 문제를 해결하기 위해 노력해야 <u>할 거다.</u>

⑧<u>저</u> 사람들의 경우 사고방식이 다를 수도 있다.

⑨여러분 <u>문화 차이로 인해 어떤 어려움을 겪는다?</u>

⑩그 원인에는 무엇이 <u>있어요?</u>

今回は、さらに文語と口語を整理しました。まず問題54では縮約形を使うのはなるべく避けるのがよいでしょう。以下①〜⑦はそうした例です。

①있게 됐다 ⇨ 있게 되었다

②줬다 ⇨ 주었다

| 했다 ⇨ 하였다 | 봤다 ⇨ 보았다 | 놨다 ⇨ 놓았다 |
| 줬다 ⇨ 주었다 | 됐다 ⇨ 되었다 | 이뤘다 ⇨ 이루었다 |

③이건 ⇨ 이것은

이건 ⇨ 이것은, 그건 ⇨ 그것은

④그런 특징에 따라 세 가지로 나누어 볼 수 있다. ⇨ 그러한

이런 ⇨ 이러한, 그런 ⇨ 그러한

⑤뭐에 ⇨ 무엇에

뭐에 ⇨ 무엇에

⑥뭐가 ⇨ 무엇이

뭐가 ⇨ 무엇이, 뭐를 ⇨ 무엇을, 뭘로 ⇨ 무엇으로, 뭐 때문에 ⇨ 무엇 때문에

⑦할 거다. ⇨ 할 것이다

－(으)ㄹ 거다 ⇨ －(으)ㄹ 것이다、－(으)ㄹ 거라고 ⇨ －(으)ㄹ 것이라고

次に、이、그、저のうち、저は口語でのみ使います。

⑧저 ⇨ 그/이

また、여러분は話すときのみ使う表現です。

⑨ 여러분 문화 차이로 인해 어떤 어려움을 겪는다? ⇨ 사람들이 문화 차이로 인해 어떤 어려움을 겪을까?

最後に、文語の疑問は－(으)ㄹ까の形で終わるとよいでしょう。

⑩ 있어요? ⇨ 있을까?

① 医療技術の発達に従って、多くの病気を治せるようになった。
② スマートフォンが開発されてから、われわれの生活に大きな影響を与えた。
③ これは国によって異なると言える。
④ そのような特徴に従って3種類に分けることができる。
⑤ 何について学べるのか見てみようと思う。
⑥ これによって出てくる問題点には何があるのか考えてみなければならない。
⑦ この問題を解決するために努力しなければならないだろう。
⑧ 彼らの場合は、考え方が異なるかもしれない。
⑨ 人々は文化の違いによってどのような困難を経験するか?
⑩ その原因には何があるだろうか?

1 다음을 참고하여 600~700자로 글을 쓰시오. 단, 문제를 그대로 옮겨 쓰지 마시오. (50점)

> 현대 사회는 과거와 달리 빠르게 변화하고 있습니다. 이러한 현대 사회의 특성을 참고하여 '현대 사회에서 필요한 리더'에 대해 아래의 내용을 중심으로 자신의 생각을 쓰십시오.

> ・현대 사회에서 필요한 리더는 어떤 능력을 가져야 합니까?
> ・그러한 리더가 되기 위해서는 어떤 노력이 필요합니까?

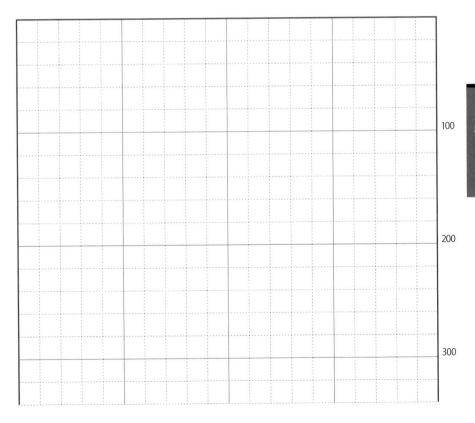

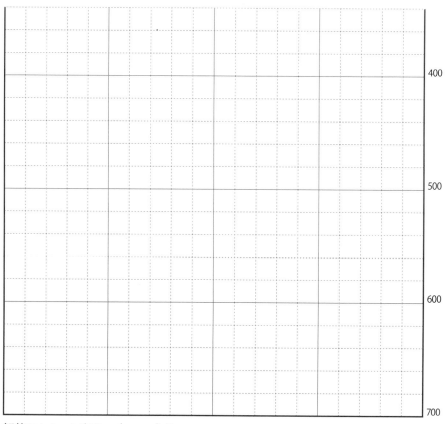

解答にかかった時間　（　　　　）分

2 다음을 참고하여 600~700자로 글을 쓰시오. 단, 문제를 그대로 옮겨 쓰지 마시오. (50점)

> 우리는 행복을 위해서 삽니다. 그러나 사람들마다 행복의 기준이 다릅니다. 자신이 생각하는 행복은 무엇이며 그 행복을 위해 필요한 것이 무엇인지 아래의 내용을 중심으로 자신의 생각을 쓰십시오.

· 진정한 행복이란 무엇인가?
· 진정한 행복을 위해서는 무엇이 필요한가?

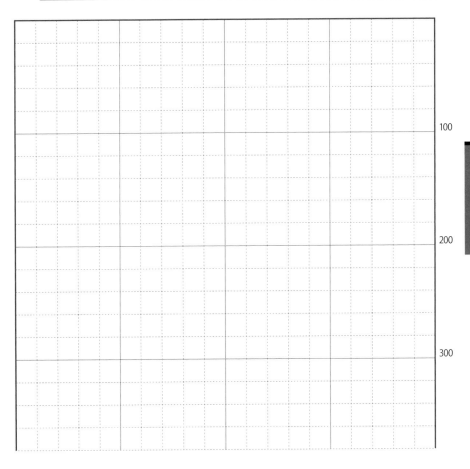

100

200

300

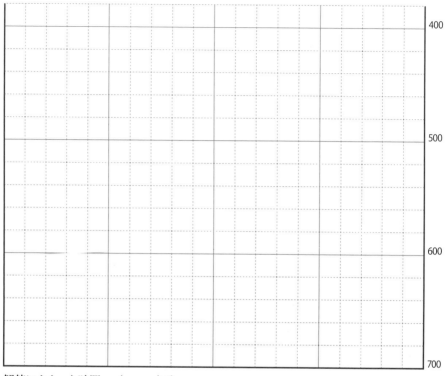

解答にかかった時間　（　　　）分

3 다음을 참고하여 600~700자로 글을 쓰시오. 단, 문제를 그대로 옮겨 쓰지 마시오. (50점)

> 다음은 임금 피크제에 대한 글입니다. 이에 대한 자신의 입장을 정해 논리적으로 주장하는 글을 쓰십시오.

임금 피크제란 일정 나이가 된 근로자의 임금을 줄이는 대신에 정년까지 고용을 보장하는 제도이다. 일부 나라에서는 이미 시행이 되고 있으며 최근 한국에서도 기업들이 이 제도를 시행하려고 하고 있다. 이에 대해 중·고령층의 고용을 유지해 실업률을 낮출 수 있다는 점에서 찬성하는 입장과 사회 전체적으로 봤을 때 급여의 수준이 떨어진다는 점에서 반대하는 입장의 의견이 팽팽하다.

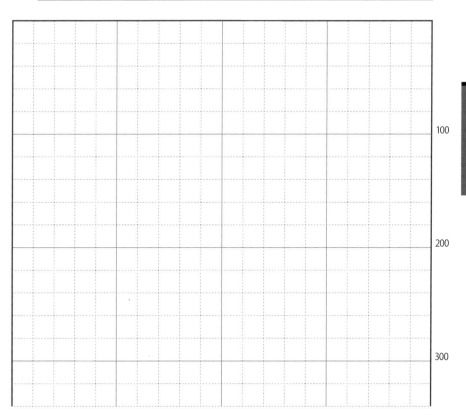

100

200

300

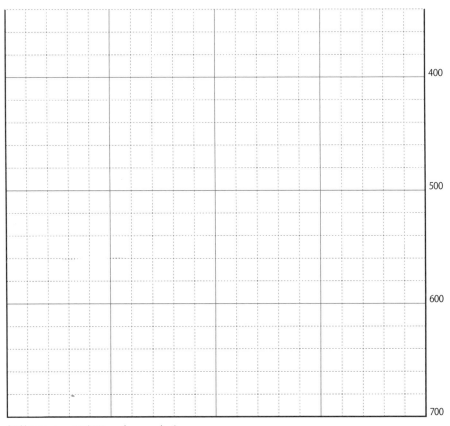

400

500

600

700

解答にかかった時間　（　　　）分

4 다음을 참고하여 600~700자로 글을 쓰시오. 단, 문제를 그대로 옮겨 쓰지 마시오. (50점)

> 최근 '노키즈존(No Kids Zone)'을 선언한 가게들이 늘어나고 있다. 노키즈존이란 어린 아이들의 출입을 금지하는 장소를 뜻한다. 이러한 노키즈존에 대해 누구나 이용할 수 있는 장소에서 나이를 제한하는 것은 차별이라고 보는 의견이 있는 반면, 일부 개념 없는 부모와 통제가 어려운 아이들이 타인에게 피해를 주는 것을 막을 수 있다는 이유로 찬성하는 의견도 있다. 이에 대한 자신의 입장을 정해 주장하는 글을 쓰십시오.

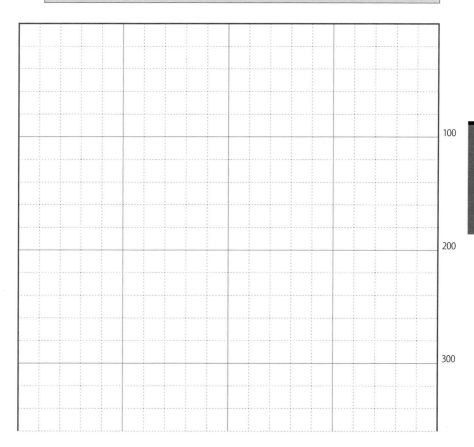

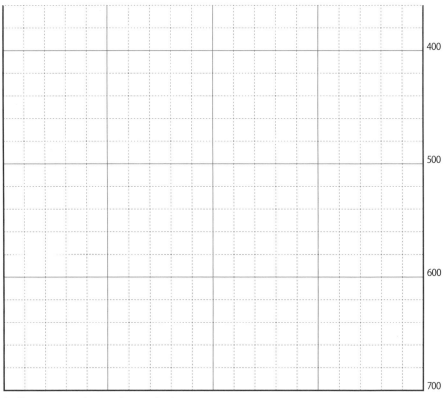

400

500

600

700

解答にかかった時間　（　　　）分

解答例・解説・訳

1

〈高評価〉

　현대 사회는　과거와　달리　빠르게　변
화하고　있다. 이에　따라　현대　사회에서
요구되는　리더의　능력도　달라질　것이다.
따라서　이　글을　통해　현대　사회에서
필요한　리더의　조건에　대해　살펴보고자　100
한다.
　현대　사회에서　리더에게　필요한　능력
은　무엇보다도　자신의　분야에　대한　전
문성일　것이다. 자신의　분야에서　전문성
을　갖추지　않고서는　리더가　되어　다른　200
사람을　끌고　갈　수　없다. 그　다음으로
리더에게　필요한　능력은　추진력이다. 빠
르게　변화하는　사회　속에서　현대인들은
어떠한　것을　선택하고　실행하는　것에
어려움을　느끼는　경우가　많다. 이때　추　300
진력을　가지고　일을　실행시키면　리더의
능력이　더욱　빛날　수　있다.
　앞에서　말한　리더가　되기　위해서는
다음과　같은　노력이　필요하다. 먼저　전
문성을　가지기　위해　자신의　분야와　관　400
련된　경험과　공부를　끊임없이　해야　한
다. 다음으로　추진력은　갑자기　생기는

능력은 아니므로 자신의 주관을 갖고
옳고 그름을 판단할 수 있는 능력을
먼저 키워야 할 것이다. 판단 능력을 　　500
키운 후에는 그것을 실제로 실행하는
힘을 키워야 할 것이다.
　지금까지 현대 사회에서 필요한 리더
의 능력과 그러한 리더가 되기 위해
필요한 노력에 대해 알아보았다. 뛰어난 　　600
리더가 되려면 전문성과 추진력은 필수
조건이며 그 밖에도 많은 노력이 필요
할 것이다.

次を参考にして600〜700字で文章を書きなさい。ただし、問題文をそのまま書き写さないでください。(50点)

　現代社会は過去と違い、急速に変化しています。このような現代社会の特性を参考にして、「現代社会で必要なリーダー」について、下の内容を中心に自分の考えを書きなさい。
・現代社会で必要なリーダーはどのような能力を持たなければなりませんか?
・そのようなリーダーになるためにはどのような努力が必要ですか?

　現代社会は過去と違い、急速に変化している。これに従い、現代社会で要求されるリーダーの能力も変わるだろう。従って、この文を通して現代社会で必要なリーダーの条件について見てみようと思う。
　現代社会でリーダーに必要な能力は、何よりも自分の分野についての専門性だろう。自分の分野で専門性を備えていなくては、リーダーとなって他の人を引っ張っていけない。その次に、リーダーに必要な能力は推進力だ。急速に変化する社会の中で、現代人はあることを選択して実行することに困難を感じることが多い。このとき、推進力を持って事を実行させればリーダーの能力がより輝くことができる。
　前で言ったリーダーになるためには、次のような努力が必要だ。まず、専門性を持つために自分の分野と関連した経験と勉強を絶えずしなければならない。次に、推進力は突然生まれる能力ではないので、自分の主観を持ち、正しいか正しくないかを判断できる能力をまず育てなければならないだ

ろう。判断能力を育てた後は、それを実際に実行する力を育てなければならないだろう。

　ここまで、現代社会で必要なリーダーの能力とそのようなリーダーになるために必要な努力について見てきた。優れたリーダーになろうとするなら専門性と推進力は必須条件であり、その他にも多くの努力が必要だろう。

〈低評価〉序論、結論なし。羅列するのみで具体的な説明なし

　현대 사회에서 리더에게 필요한 능력은 첫째, 자기와 다른 문화에 대해 열린 마음을 가져야 한다. 그리고 자신의 분야에서 전문성을 갖추는 것이다. 그리고 다른 사람을 배려하는 마음을 가져야 한다. 오늘날 경쟁이 심하고 이기적인 분위기가 사회에 많이 조성되어 있다. 이러한 사회일수록 다른 사람을 배려하는 마음이 꼭 필요하며 이러한 능력이 리더의 조건이다. 그리고 리더에게 필요한 능력은 언어와 컴퓨터능력이다.

　이러한 리더가 되기 위해서는 자기와 다른 문화에 대해 열린 마음을 가져야 한다. 그리고 전문성을 갖추기 위해 전문적인 지식과 전공 공부를 해야 한다. 그리고 배려하는 마음을 가져야 한다. 그리고 언어 능력, 컴퓨터 능력은 너무나 많다. 그리고 다른 사람보다 훨씬 더 노력해야 된다.

　現代社会でリーダーに必要な能力は、一つ目、自分と異なる文化に対して、開かれた心を持たなければならない。そして、自分の分野で専門性を備えることだ。そして、他の人に配慮する心を持たなければならない。今日、競争がひどく利己的な雰囲気が社会に多くつくられている。このような社会であるほど、他の人に配慮する心が必ず必要であり、このような能力がリーダーの条件だ。そして、リーダーに必要な能力は言語とパソコン能力だ。

　このようなリーダーになるためには自分と異なる文化に対して開かれた心を持たなければならない。そして、専門性を備えるために専門的な知識と専攻の勉強をしなければならない。そして、配慮する心を持たなければならない。そして、言語能力、パソコン能力はとても多い。そして、他の人よりはるかに努力しなければならない。

内容および 課題遂行	問題が要求していることは、漏れなく大体きちんと書いてあります。しかし、具体的な説明が足りません。
展開構造	序論と結論がありません。そして、文章を展開するときに内容をつなげる表現として그리고（そして）だけがずっと繰り返されています（下線を引いた部分）。
言語使用	文の長さが大体短く、文同士をつなげる表現も不足しています。従って、上級レベルの文を書いたと見るのは難しいです。

問題
54

2

〈高評価〉

　우리는　누구나　행복을　위해　살고　행
복을　얻기　위해　노력하지만　사람들마다
행복에　대한　기준이　다르다.　따라서　이
글을　통해　진정한　행복이　무엇인지,　진
정한　행복을　위해서　필요한　것은　무엇
인지　이야기해　보고자　한다. (100)

　행복이란　생활에서　기쁨과　만족감을
느끼는　상태를　말한다.　그러므로　돈을
많이　가졌을　때　행복하다고　느끼는　사
람도　있고　성공이　진정한　행복이라고 (200)
말하는　사람도　있다.　하지만　내가　생각
하는　진정한　행복이란　사랑하는　사람과
함께　시간을　보내는　것이다.　아무리　돈
이　많아도　함께　할　가족이나　애인,　또
는　친구가　없다면　외로움이　더　커질 (300)
것이고　성공　역시　옆에서　같이　기뻐해
줄　사람이　없다면　행복을　느끼기　힘들
것이다.

　따라서　진정한　행복을　위해서　사랑하
는　사람들에게　항상　감사하는　마음을 (400)
가지고　소중히　대해야　할　것이다.　우리
는　가까이　있는　것에　대한　소중함을
잊어버릴　때가　많은데　그들이　진정한

360

행	복	을		주	는		사	람	임	을		잊	지		말	아	야		할
것	이	다	.		그	리	고		사	랑	하	는		사	람	들	의		행	복

행복을 주는 사람임을 잊지 말아야 할
것이다. 그리고 사랑하는 사람들의 행복 500
을 위해 같이 시간을 보내 줄 수 있
어야 한다. 상대방 역시 행복을 느낄
때 옆에서 시간을 함께 보내 줄 수
있어야 할 것이다.
　지금까지 진정한 행복에 대해 이야기 600
해 보았다. 진정한 행복은 먼 곳에 있
는 것이 아니다. 주변의 사람들과 함께
할 때 행복을 느낄 수 있다면 그 삶
이야말로 진정으로 행복한 삶일 것이다.

次を参考にして600〜700字で文章を書きなさい。ただし、問題文をそのまま書き写さないでください。(50点)

問題54

　われわれは幸せのために生きています。しかし、人によって幸せの基準は違います。自分が考える幸せは何であり、その幸せのために必要なことは何であるか、下の内容を中心に自分の考えを書きなさい。
・真の幸せとは何なのか?
・真の幸せのためには何が必要か?

　われわれは誰もが幸せのために生き、幸せを手に入れるために努力するが、人によって幸せに対する基準が異なる。従って、この文を通して、真の幸せとは何なのか、真の幸せのために必要なことは何なのか、話してみようと思う。
　幸せとは、生活で喜びと満足感を得る状態を言う。それゆえ、お金をたくさん持ったとき、幸せだと感じる人もおり、成功が真の幸せと言う人もいる。だが、私が考える真の幸せとは、愛する人と一緒に時間を過ごすことだ。いくらお金がたくさんあっても、一緒に過ごす家族や恋人、または友達がいないのなら、寂しさがより大きくなるだろうし、成功もまた、隣で一緒に喜んでくれる人がいないのなら幸せを感じるのは難しいだろう。
　従って、真の幸せのために愛する人に常に感謝する気持ちを持ち、大事に接しなければならないだろう。われわれは近くにいる者に対する大切さを忘れることが多いが、彼らが真の幸せをくれる人

であることを忘れてはならないだろう。そして、愛する人たちの幸せのため、一緒に時間を過ごせるようにしなければならない。相手もまた幸せを感じるとき、隣で時間を一緒に過ごせるようにしなければならないだろう。

ここまで、真の幸せについて話した。真の幸せは遠い所にあるのではない。周囲の人と一緒にいるとき、幸せを感じることができるのなら、その人生こそ真に幸せな人生だろう。

〈低評価〉前後の内容が一貫していない

> 　사람들은 살면서 행복을 얻기 위해 노력한다. 그런데 사람들마다 헹복에 대한 기준이 다르다.
> 　행복이란 생활에서 기쁘고 좋다고 생각하는 그 느낌이다. 작은 일에 행복할 수도 있고 큰 일에 행복할 수도 있다. 그러므로 돈을 아주 많이 가졌을 때 행복하다고 느끼는 사람도 있고 성공했을 때 너무 너무 행복한다고 말하는 사람도 있다. 하지만 내가 생각하는 진정한 행복이란 애인이 옆에 있는 것이다. 애인이 있으면 아무리 배가 고파도 돈이 없어도 너무 행복할 것 같다. 성공하지 않아도 행복할 것이다. 그런데 애인이 옆에 있으려면 무엇보다도 돈이 꼭 필요한다. 그리도 좋은 학력도 필요히다. 돈이 아무리 많아도 좋은 학교를 다니지 않으면 애인이 찾기 힘들다.
> 　또 성공하지 않으면 안된다. 성공해야 애인이 생길 수 있다.
> 　따라서 진정한 행복을 위해서 돈을 많이 벌게 좋은 직업을 먼저 찾아야 한다. 그리고 학력도 좋아야 하니까 좋은 대학교에 입학해야 한다. 좋은 대학교에 가려면 열심히 한국어를 공부하고 수업도 열심히 들어야 한다. 그러면 성공도 할 수 있다. 사람들이 모두 행복을 원한다. 나도 행복을 원한다. 그러므로 사람들은 다 자기가 원하는 것을 찾기 위해서 열심히 노력해야 한다.

> 　人は生きていて幸せを手に入れるために努力する。だが、人によって幸せに対する基準が異なる。
> 　幸せとは、生活においてうれしく良いと思うその感じである。小さなことに幸せなこともあり、大きなことに幸せなこともある。それゆえ、お金をとてもたくさん持ったときに幸せだと感じる人もいて、成功したときにとてもとても幸せだと言う人もいる。しかし、私が考える真の幸せとは、恋人が隣にいることだ。恋人がいるといくらおなかがすいてもお金がなくてもとても幸せだと思う。成功しなくても幸せだろう。だが、恋人が隣にいるには何よりもお金が必ず必要だ。そしていい学歴も必要だ。お金がいくら多くてもいい学校に通わなければ恋人が見つけくい。
> 　また、成功しなくてはいけない。成功してこそ恋人ができるだろう。
> 　従って、真の幸せのために、お金をたくさん稼げるようにいい仕事をまず探さなければならない。そして、学歴も良くなければならないので、いい大学に入学しなければならない。いい大学に行くには一生懸命韓国語を勉強して授業も一生懸命聞かなければならない。そうすれば成功できる。人は皆幸せを望む。私も幸せを望む。それゆえ、人は皆自分が望むものを手に入れるために一生懸命努力しなければならない。

内容および 課題遂行	自分が考える幸せは「恋人が隣にいること」だと言っていますが、後ろでは幸せのために「お金を稼げるようにいい仕事を見つけていい大学に入学しなければならない」という、多少前後が合わない話をしています。また、内容が論理的ではありません（下線を引いた部分）。
展開構造	おおむね序論、本論、結論をしっかり分けてありますが、途中途中で内容が変わっていないのに段落を変えています。
言語使用	叙述文で間違いがあったり（있는다、필요한다など）、推測表現、口語的表現がたくさんあったりします。また、つづりの間違いもあります（헹복、그리도）。そして、上級レベルの文法や単語がほとんどありません。

3

〈高評価〉

　임금 피크제란 일정한 나이가 된 근로자의 임금을 줄이는 대신에 정년까지 고용을 보장하는 제도이다. 최근 한국의 기업들이 이 제도를 시행하려고 하는데 이에 대해 찬성과 반대 입장이 서로 팽팽히 맞서고 있다. 나는 다음과 같은 이유로 임금 피크제에 대해 반대한다.

　임금 피크제에 반대하는 이유는 첫째, 기업이 경력이 많은 직원을 싼 임금으로 쓰려고 할 것이기 때문이다. 경력이 많은 직원은 그에 맞는 임금을 받아야 하는데 임금 피크제가 생김으로 인해서 불이익을 당할 수도 있다.

　둘째, 청년 실업과 이 문제는 아무런 관련이 없기 때문이다. 청년 실업의 원인이 마치 고령자 때문이라는 시각이 있는데 실제 연구 결과에 의하면 임금 피크제는 청년 실업 문제와 관련이 없는 것으로 나타났다.

　셋째, 일에 대한 집중력도 떨어질 뿐만 아니라 회사에 대한 애정도 없어질 것이다. 임금이 줄어들면 회사나 일에 대한 만족도가 떨어지게 되므로 일을

열	심	히		해	야	겠	다	는		생	각	이		들	지		않	을
것	이	다	.															
	이	상	으	로		임	금		피	크	제	에		반	대	하	는		입
장	에	서		임	금		피	크	제		시	행	으	로		나	타	날
수		있	는		문	제	점	에		대	해		살	펴	보	았	다	.	임
금		피	크	제	는		기	업	이		악	용	할		경	우		노	동
자	가		피	해	를		볼		수	도		있	고		청	년		실	업
문	제	를		해	결	해		줄		수	도		없	다	.		또	한		일
에	서	의		능	률	을		떨	어	뜨	릴		수	도		있	으	므	로
시	행	해	서	는		안		된	다	고		본	다	.						

500（2行目右）／600（7行目右）

次を参考にして600〜700字で文章を書きなさい。ただし、問題文をそのまま書き写さないでください。（50点）

　次は賃金ピーク制についての文章です。これについての自分の立場を決めて、論理的に主張する文章を書きなさい。

　賃金ピーク制とは、一定の年齢になった労働者の賃金を減らす代わりに定年まで雇用を保障する制度である。一部の国ではすでに施行されており、最近韓国でも企業がこの制度を施行しようとしている。これに対して、中・高年齢層の雇用を維持して失業率を低くすることができるという点で賛成する立場と、社会全体を見たとき、給与の水準が落ちるという点で反対する立場の意見が伯仲している。

　賃金ピーク制とは、一定の年齢になった労働者の賃金を減らす代わりに定年まで雇用を保障する制度だ。最近、韓国の企業がこの制度を施行しようとしているが、これに対して賛成と反対の立場が互いに対立している。私は次のような理由で、賃金ピーク制に対して反対する。

　賃金ピーク制に反対する理由は、一つ目、企業が経歴の長い職員を安い賃金で使おうとするだろうからだ。経歴の長い職員はそれに合う賃金をもらわなければならないが、賃金ピーク制ができることによって不利益を被ることがある。

　二つ目、青年の失業とこの問題は何の関連もないからだ。青年の失業の原因がまるで高齢者のせいだという考えがあるが、実際の研究結果によると、賃金ピーク制は青年の失業問題と関連がないことが分かった。

三つ目、仕事に対する集中力も落ちるだけでなく、会社に対する愛情もなくなるだろう。賃金が減ると会社や仕事に対する満足度が落ちることになるので、仕事を一生懸命しなければという考えが起きないだろう。

　以上、賃金ピーク制に反対する立場で、賃金ピーク制施行で現れ得る問題点について見てきた。賃金ピーク制は企業が悪用した場合、労働者が被害を被ることもあり、青年の失業問題を解決することもない。また、仕事での能率を落とすこともあるので、施行してはいけないと思う。

〈低評価〉自分の立場を選択せず両方の立場を全て書く

　임금 피크제란 일정한 연령을 기준으로 임금을 줄이는 대신 일정 기간 동안 고용을 보장하는 제도이다.

　임금 피크제를 도입하면 고용이 안정될 수 있다. 기업의 입장에서 인건비에 대한 부담을 줄일 수 있으며 고령의 인력을 활용할 수도 있다. 인사 문제를 해소할 수 있는 데다가 노동력 부족 문제가 해결되는 등 여러 가지 기대되는 효과가 있다.

　임금 피크제를 시행할 경우 다음과 같은 문제점이 생길 수도 있다. 임금이 줄어들기 때문에 조직의 분위기나 활력이 떨어질 수 있다.

　임금 피크제는 고액 연봉을 받는 고령 근로자에 대한 기업의 부담과 청년 실업이라는 사회적인 문제를 해결하기 위한 대책으로 생겨난 것이다. 이것은 노동자는 늘어나지만 임금 총액은 변함이 없으므로 기업에게만 좋은 것이라고도 볼 수 있다. 임금 피크제 외에 더 현실적이고 많은 사람들이 만족할 수 있는 제도가 만들어져야 할 것이다.

　賃金ピーク制とは、一定の年齢を基準に賃金を減らす代わりに一定期間雇用を保障する制度だ。

　賃金ピーク制を導入すると、雇用が安定し得る。企業の立場で人件費についての負担を減らすことができ、高齢の人材を活用することもできる。人事問題を解消できる上に労働力不足の問題が解決されるなど、いろいろと期待される効果がある。

　賃金ピーク制を施行する場合、次のような問題点が発生することもある。賃金が減るため、組織の雰囲気や活力が落ちることがある。

　賃金ピーク制は高額の年収をもらう高齢労働者に対する企業の負担と青年失業という社会的な問題を解決するための対策として生まれたものだ。これは、労働者は増えるが賃金総額は変わらないので企業にのみいいものとも考えることができる。賃金ピーク制以外に、もっと現実的で多くの人が満足できる制度が作られなければならないだろう。

内容および 課題遂行	この問題は一つの立場を選択して書かなければいけない類型ですが、この文章は両方の立場を全て紹介しているので、問題を完全に間違えて把握しているケースです。
展開構造	序論、本論、結論に従って、段落はきちんと分けてあります。しかし、文章を展開するとき内容をつなげる表現がありません。そのため、文章を理解するのが簡単ではありません。

言語使用	文語的で上級レベルに合った文章を書いています。しかし、いくら正確な文法と単語を使ったとしても、書かなければいけない内容が間違っているので、いい点数を取るのは難しいです。

問題
54

4

　　'노키즈존'이란　어린아이들의　출입을
금지하는　구역이다. 최근　노키즈존이　확
대되는　경향에　대해　일반　고객을　위해
시행해야　한다는　입장과　아이들에　대한
차별이기에　시행하면　안　된다는　입장이　　100
있는데　나는　노키즈존은　필요하다고　본
다.

　　노키즈존에　찬성하는　이유는　다음과
같다. 첫째,　영업　방침을　정하는　것은
개인의　권리이므로　존중해야　하기　때문　　200
이다. 물론　아이를　가진　부모　입장에서
는　기분이　안　좋을　수　있지만　가게
주인들이　자신이　원하는　가게　분위기가
있기　때문에　이것에　대해　왈가왈부할
수는　없다.　　300

　　둘째,　노키즈존이　생긴　것은　소란을
피우는　아이들과　이를　방치한　몰상식한
부모　탓이기　때문이다. 공공장소에서는
기본적으로　지켜야　하는　예의가　있는데
이를　지키지　않았기　때문에　노키즈존이　　400
생겨난　것이다. 노키즈존을　무조건　반대
하기　전에　자신들의　행동을　돌아볼　필
요가　있다.

셋째, 아이들의 안전사고를 예방하자는 차원이기 때문이다. 어린아이들이 가게 안에서 뛰어놀다가 다치면 그 책임이 가게 주인에게도 있는데 이를 사전에 방지하고자 하는 생각에서 노키즈존은 필요하다고 할 수 있다.

지금까지 노키즈존이 필요하다는 입장에서 그 이유를 정리해 보았다. 노키즈존은 결국 공공장소에서의 예절을 지키지 않아 생겨난 것이다. 따라서 반대하기에 앞서 공공장소에서 예절을 지키는 일이 선행되어야 할 것이다.

次を参考にして600～700字で文章を書きなさい。ただし、問題文をそのまま書き写さないでください。(50点)

最近、「ノーキッズゾーン(No Kids Zone)」を宣言した店が増えている。ノーキッズゾーンとは、幼い子どもの出入りを禁止する場所を意味する。このようなノーキッズゾーンに対して、誰でも利用できる場所で年齢を制限することは差別だと考える意見がある一方、一部の常識のない親とコントロールが難しい子どもが他人に被害を与えるのを防ぐことができるという理由で賛成する意見もある。これについての自分の立場を決めて、主張する文章を書きなさい。

「ノーキッズゾーン」とは、幼い子どもの出入りを禁止する区域だ。最近、ノーキッズゾーンが拡大する傾向に対して、一般の客のために施行しなければならないという立場と、子どもに対する差別なので施行してはならないという立場があるが、私はノーキッズゾーンは必要だと思う。

ノーキッズゾーンに賛成する理由は次の通りだ。一つ目、営業方針を決めるのは個人の権利なので尊重しなければならないからだ。もちろん、子を持つ親の立場からはいい気がしないだろうが、店主には自分が望む店の雰囲気があるので、これに対してあれこれ言うことはできない。

二つ目、ノーキッズゾーンができたのは騒ぐ子どもとこれを放置した非常識な親のせいだからだ。公共の場所では基本的に守らなければならない礼儀があるが、これを守らなかったからノーキッズ

ゾーンができたのだ。ノーキッズゾーンに無条件で反対する前に、自分たちの行動を振り返る必要がある。

　三つ目、子どもの事故を予防しようという考え方だからだ。幼い子どもが店の中で走り回っていてけがしたらその責任は店主にもあるが、これを事前に防止しようという考えから、ノーキッズゾーンは必要だと言える。

　ここまで、ノーキッズゾーンが必要だという立場から、その理由を整理した。ノーキッズゾーンは結局、公共の場所での礼節を守らずに生まれたものだ。従って、反対する前に公共の場所で礼節を守ることが先行しなければならないだろう。

〈低評価〉口語的、推測性表現が多い

要즘 노키즈존 문제에 사람들이 많이 관심이 가지고 있다. 여기에 대해 일반 고객님을 위해 시행해야 한다는 입장과 애기들에 대한 <u>차별이니까</u> 시행하면 안 된다는 입장이 있는데 내 생각에는 노키즈존은 필요한 것 같다.

그 이유는 다음과 같다. 첫째, 가게에 애기랑 엄마가 올 수 있고 없고는 사장님께서 정하는 거라고 생각한다. 아기하고 부모님은 기분이 안 좋을 수 있지만 가게 사장님들이 자기가 원하는 가게 분위기가 있기 때문에 이것에 대해 얘기 할 수는 없다.

둘째, 애기들이 없으면 가게 분위기가 더 좋은 <u>것 같다.</u> 결혼 안한 사람들은 아기를 좋아하지 않는다. 참, 가게 알바들도 안 좋아한다. 아기들이 시끄럽게 떠들거나 놀면 분위기가 안 좋고 사람들도 즐길 수 <u>없는 것 같다.</u>

셋째, 아이들이 사고를 당할 수도 <u>있는 것 같다.</u> 가게 안은 뜨거운 음식도 있고 바닥도 미끄

러우니까 아이들이 쉽게 다친다. 사고가 나기라도 하면 <u>큰일이잖아.</u> 아기들은 가게에 오느니 차라리 금지하는 게 더 <u>나을</u> 것 같다.

<u>이건</u> 바로 내가 노키즈존에 찬성한 이유이다.

　最近、ノーキッズゾーン問題に人々が関心を多く持っている。これについて、一般の客のために施行しなければならないという立場と、赤ちゃんに対する<u>差別</u>だから施行してはならないという立場があるが、私の考えではノーキッズゾーンは必要だと思う。

　その理由は次の通りだ。一つ目、店に赤ちゃんと母親が来られる来られないは社長が決めることだと思う。<u>赤ちゃんと親はいい気がしないだろうが、</u>店の社長には自分が望む店の雰囲気があるため、これについて言うことができない。

　二つ目、<u>赤ちゃんが</u>いなければ、店の雰囲気はもっといいと思う。結婚していない人は赤ちゃんが好きではない。<u>そうだ、</u>店のアルバイトも好きではない。赤ちゃんがうるさく騒いだり遊んだりすると雰囲気が悪く、人も楽しめないと思う。

　三つ目、子どもが事故に遭うことも<u>あると思う。</u>店の中は熱い食べ物もあり、床も滑るので子どもがけがしやすい。事故が起きでもしたら<u>一大事</u>じゃないか。赤ちゃんは店に来るくらいなら、いっそ禁止した方がもっといいと思う。

<u>これは</u>まさに私がノーキッズゾーンに賛成する理由だ。

内容および 課題遂行	「ノーキッズゾーン」に賛成する立場から、三つほどの理由を具体的に書いてはあります。しかし、内容を読んでみると、推測表現のせいで根拠の論理性が不足しているように見えます（下線を引いた部分）。
展開構造	序論、本論、結論に従って、段落はきちんと分けてあります。しかし、結論を見ると、前に書いた内容を整理するのではなく、単純に「賛成する理由だ」という文で締めくくっています。
言語使用	口語的、推測表現があまりにも多く（下線を引いた部分）、論理的な印象を全く受けません。

語彙

練習問題3の中に出てきた覚えておくべき単語や表現をまとめました。

1　특성 特性
　참고하다 参考にする
　리더 リーダー
2　기준 基準
　진정하다 真正だ
3　임금 피크제 賃金ピーク制
　일정 一定
　근로자 労働者
　정년 定年
　고용 雇用
　보장하다 保障する

　제도 制度
　시행이 되다 施行される
　유지하다 維持する
　실업률 失業率
　급여 給与
4　노키즈존 ノーキッズゾーン
　선언하다 宣言する
　제한하다 制限する
　차별 差別
　일부 一部

問題
54

371

次の文で間違っている部分を直してみましょう。

① 직업은 우리 <u>생활 중에서</u> 아주 중요한 부분이다.

② 자연<u>에게</u> 관심을 가져야 한다.

③ <u>노인분들께서 일자리가 없으셔서 힘드신</u> 경우가 많다.

④ 특징은 <u>3개가</u> 있다.

⑤ 사람들은 누구나 행복하게 <u>살고 싶다.</u>

⑥ <u>사회를 발전함에 따라</u> 생활 방식이 다양해졌다.

⑦ <u>학생 때문에</u> 공부하느라 스트레스가 많다.

⑧ 사람들의 생각이 <u>바꿔야 한다.</u>

⑨ <u>싫어해지는</u> 경우도 있다.

⑩ <u>익숙하게 되면</u> 편하다.

今回は、文章を書くときに学習者がよく間違える単語、文法、表現などを整理しました。

① 생활 중에서 ⇨ 생활 속에서

중：あることをしている間、ある状態の間 (근무 중、여행 중、회의 중、방학 중)

속：ある現象や状況、出来事の中や間 (기쁨 속、이야기 속、상상 속)

※중は時間的な意味が強い

② 자연에게 ⇨ 자연에

~에、~에게：前の言葉にある行動や作用が及ぶ対象であることを表す助詞

~에게は人や動物のとき、~에は人と動物以外のもの

③ 노인분들께서 일자리가 없으셔서 힘드신 ⇨ 노인들이 일자리가 없어서 힘든

個人的に書いたものではないので、敬語表現を使う必要なし

④ 3개가 ⇨ 세 가지가

개：物を数える単位

가지：事物の種類を数える単位

⑤ 살고 싶다. ⇨ 살고 싶어 한다

自分ではなく他の人についての感情や状態のときは、「形容詞」＋－아/어하다を使わなければいけない

⑥ 사회를 발전함에 따라 ⇨ 사회가 발전함에 따라

~이/가 발전함에 따라 ～が発展するにつれて

⑦ 학생 때문에 ⇨ 학생이기 때문에

　～ 때문에 ～のせいで：학생 때문에 스트레스가 많다 学生のせいでストレスが多い

　～이기 때문에 ～なので：학생이기 때문에 스트레스가 많다 学生なのでストレスが多い

⑧ 바꿔야 한다. ⇨ 바뀌어야 한다

　～을/를 바꾸다 ～を変える、～이/가 바뀌다 ～が変わる

⑨ 싫어해지는 ⇨ 싫어하게 되는

　「ある状態になる」という意味で、動詞のときは－게 되다、形容詞のときは－아/어지다

⑩ 익숙하게 되면 ⇨ 익숙해지면

　「ある状態になる」という意味で、動詞のときは－게 되다、形容詞のときは－아/어지다

---

① 仕事はわれわれの生活の中でとても重要な部分である。
② 自然に関心を持たなければならない。
③ お年寄りが、働き口がなくて大変な場合が多い。
④ 特徴は3種類がある。
⑤ 人々は誰でも幸せに生きたいと思っている。
⑥ 社会が発展するにつれて、生活様式が多様になった。
⑦ 学生なので、勉強していてストレスが多い。
⑧ 人々の考えが変わらなければならない。
⑨ 嫌いになる場合もある。
⑩ 慣れると楽だ。

※解答例・解説・訳はP.383〜

問題54 練習問題4

1 다음을 참고하여 600~700자로 글을 쓰시오. 단, 문제를 그대로 옮겨 쓰지 마시오. (50점)

> 사람이 살아가는 데에 일도 중요하지만 휴식도 중요하다. 최근 많은 사람들은 개인의 행복을 위해 일과 휴식의 균형을 맞추려는 노력을 한다. 일과 휴식의 균형을 맞추는 것이 왜 중요하며 이것을 위해 필요한 것이 무엇인지 아래의 내용을 중심으로 자신의 생각을 쓰라.

- 일과 휴식의 균형을 맞추는 것이 왜 중요한가?
- 일과 휴식의 균형을 맞추지 않으면 무슨 문제가 생기는가?
- 일과 휴식의 균형을 맞추기 위해 어떻게 해야 하는가?

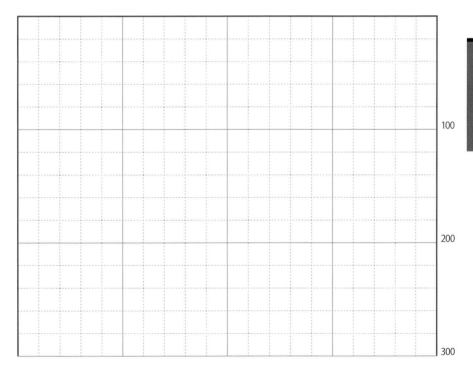

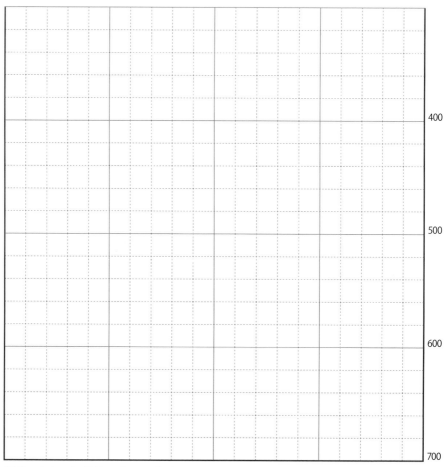

400

500

600

700

解答にかかった時間　（　　　　）分

2 다음을 참고하여 600~700자로 글을 쓰시오. 단, 문제를 그대로 옮겨 쓰지 마시오. (50점)

> 멀리 있는 친구나 가족과 대화하거나 다양한 정보를 얻기 위해 SNS를 하는 사람이 많다. 그러나 SNS가 긍정적인 부분만 있는 것은 아니다. 'SNS의 올바른 사용 방법'에 대해 아래의 내용을 중심으로 자신의 생각을 쓰라.
>
> · SNS의 긍정적인 부분은 무엇인가?
> · SNS의 부정적인 부분은 무엇인가?
> · SNS를 올바르게 사용하는 방법은 무엇인가?

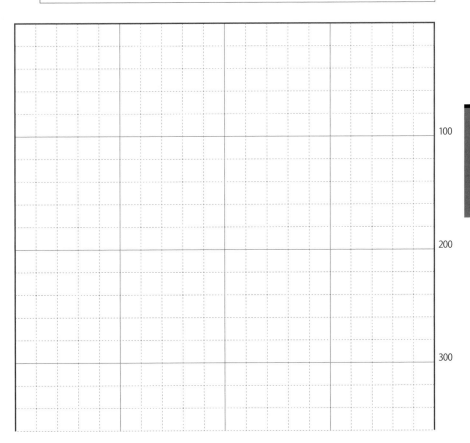

100

200

300

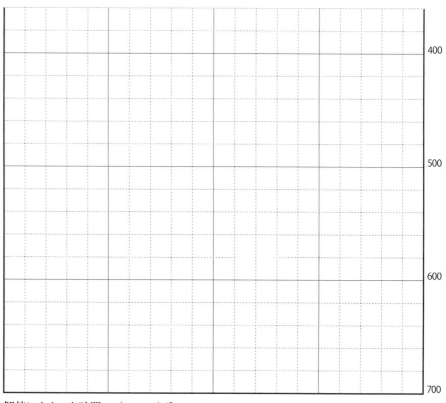

400

500

600

700

解答にかかった時間　（　　　）分

3 다음을 참고하여 600~700자로 글을 쓰시오. 단, 문제를 그대로 옮겨 쓰지 마시오. (50점)

> 예전에는 개나 고양이 등은 단순히 인간에게 즐거움을 주는 존재라고 생각했다. 그러나 요즘은 동물들을 친구나 가족 같은 존재로 생각하는 사람들이 늘어나고 있다. 이러한 상황에서 '반려동물을 대하는 태도'에 대해 아래의 내용을 중심으로 자신의 생각을 쓰라.
>
> · 반려동물은 어떤 존재인가?
> · 반려동물은 인간에게 어떤 영향을 미치는가?
> · 반려동물을 대할 때 어떤 태도를 가져야 하는가?

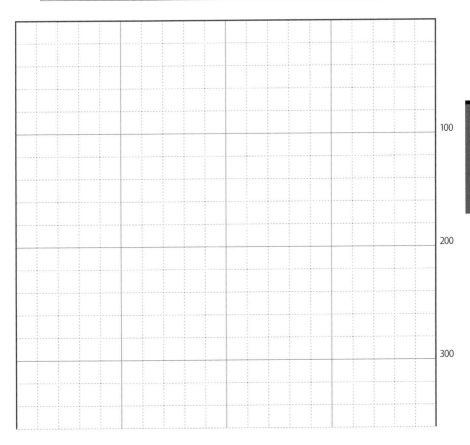

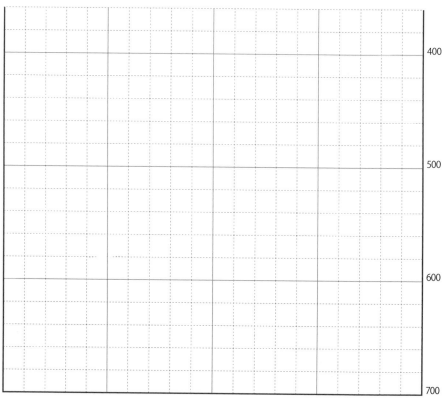

400

500

600

700

解答にかかった時間　（　　　）分

4 다음을 참고하여 600~700자로 글을 쓰시오. 단, 문제를 그대로 옮겨 쓰지 마시오. (50점)

> 일반적으로 기부라고 하면 다른 사람을 돕기 위해 돈을 내는 것을 생각한다. 그러나 최근 자신의 재능으로 다른 사람을 돕거나 직접 물건을 만들어서 기부하는 등 그 방법이 다양해지고 있다. 아래의 내용을 중심으로 기부에 대한 자신의 생각을 쓰라.
>
> ・사람들이 기부를 하는 이유는 무엇인가?
> ・기부의 방법에는 어떤 것들이 있는가?
> ・기부를 통해 사람들은 무엇을 얻을 수 있는가?

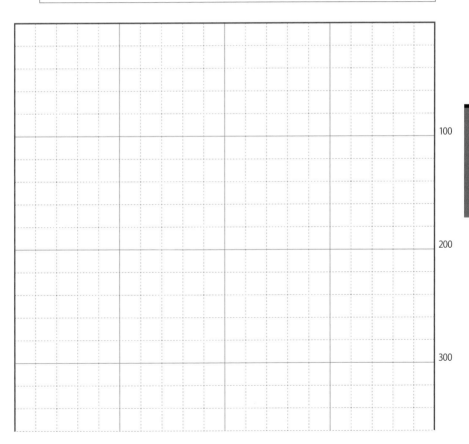

100

200

300

問題54

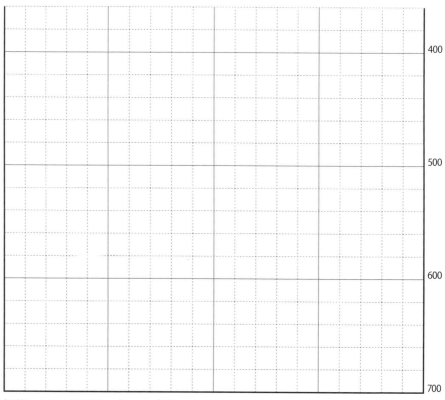

400

500

600

700

解答にかかった時間　（　　　　）分

382

解答例・解説・訳

1

	최	근		젊	은		세	대	는		일	을		많	이		해	서	
돈	을		많	이		버	는		것	보	다		퇴	근		후		개	인
적	인		시	간	을		보	내	며		쉬	는		것	을		행	복	한
삶	이	라	고		생	각	한	다	.		일	이		끝	나	고		충	분	한
휴	식	을		취	해	야		다	시		일	을		할		수		있	는
새	로	운		에	너	지	가		생	기	고		일	의		능	률	도
오	르	게		되	기		때	문	이	다	.		따	라	서		일	과		휴
식	의		균	형	을		맞	추	는		것	은		매	우		중	요	하
다	.																

최근 젊은 세대는 일을 많이 해서 돈을 많이 버는 것보다 퇴근 후 개인적인 시간을 보내며 쉬는 것을 행복한 삶이라고 생각한다. 일이 끝나고 충분한 휴식을 취해야 다시 일을 할 수 있는 새로운 에너지가 생기고 일의 능률도 오르게 되기 때문이다. 따라서 일과 휴식의 균형을 맞추는 것은 매우 중요하다. (100)

만약 일과 휴식의 균형을 맞추지 않으면 여러 가지 문제가 생길 수 있다. (200) 먼저, 신체적으로 건강하지 못한 사람들이 늘어날 것이다. 사람의 몸은 일정 시간 일을 했으면 일정 시간 동안 쉬어야 한다. 그런데 그 둘의 균형이 깨지면 (300) 건강상의 문제가 생기고 만다. 또한 제대로 쉬지 못하면 일의 능률도 오르지 않는다. 이로 인해 스트레스를 받게 될 것이고 정신적으로도 건강하지 못한 상태가 될 것이다. 이것은 결국 (400) 사회적으로도 큰 손실을 가져오게 될 것이다.

일과 휴식의 균형을 맞추기 위해서는 첫째, 휴식 시간을 보장 받을 수 있는 제도가 마련되어야 한다. 아무리 개인이 쉬고 싶어도 회사에서 업무 시간을 줄이지 않으면 불가능하다. 따라서 일하는 사람들의 휴식 시간을 법이나 제도로 보장해 주어야 한다. 둘째, 사회적 분위기가 바뀌어야 한다. 지금까지는 경쟁에서 이겨야 하기 때문에 쉬면 남들보다 뒤처진다고 생각했다. 그러나 잘 쉬는 것이 일의 효율을 높인다는 사실을 모두 알게 된다면 일만큼 휴식이 중요하다는 것을 알게 될 것이다.

1の解答例は以下のような構成になっています。

序論	**일과 휴식의 균형을 맞춰야 하는 이유** 仕事と休息のバランスを取らなければいけない理由 **휴식을 잘 취해야** 休息をしっかり取ってこそ ①새로운 에너지가 생김 新しいエネルギーが生まれる ②일의 능률도 오름 仕事の能率も上がる
本論	**일과 휴식의 균형이 깨지면 생기는 문제** 仕事と休息のバランスが崩れると生じる問題 ①건강상의 문제(신체, 정신) 健康上の問題 (体、精神) ②일의 능률이 떨어짐 仕事の能率が落ちる ↓ 사회적 손실 社会的損失

結論	일과 휴식의 균형을 위해 필요한 노력 仕事と休息のバランスのために必要な努力 ①관련 법이나 제도 마련 関連法や制度の整備 ②사회적 분위기 변화 필요 社会的雰囲気の変化が必要

次を参考にして600〜700字で文章を書きなさい。ただし、問題文をそのまま書き写さないでください。(50点)

　人が生きていくのに仕事も重要だが、休息も重要だ。最近、多くの人が個人の幸せのために仕事と休息のバランスを取ろうと努力をしている。仕事と休息のバランスを取ることがなぜ重要で、このために必要なものは何か、下の内容を中心に自分の考えを書け。
・仕事と休息のバランスを取ることがなぜ重要か?
・仕事と休息のバランスを取らなかったらどういう問題が起きるか?
・仕事と休息のバランスを取るためにどうしなければならないか?

　最近の若い世代は仕事をたくさんしてお金をたくさん稼ぐことより、退勤後に個人的な時間を過ごしながら休むことを幸せな人生と考えている。仕事が終わって十分な休息を取ってこそ、再び仕事をすることができる新しいエネルギーが生まれ、仕事の能率も上がるようになるからだ。従って、仕事と休息のバランスを取ることはとても重要だ。

　もし仕事と休息のバランスを取らないと、いろいろな問題が起き得る。まず、肉体的に健康でいられない人が増えるだろう。人の体は一定時間仕事をしたら一定時間休まなければならない。だが、その二つのバランスが崩れたら、健康上の問題が起きてしまう。また、きちんと休めないと、仕事の能率も上がらない。これによってストレスを受けることになり、精神的にも健康でいられない状態になるだろう。これは結局、社会的にも大きな損失をもたらすことになるだろう。

　仕事と休息のバランスを取るためには、一つ目、休息時間が保障される制度が用意されなければならない。いくら個人が休みたくても会社で業務時間を減らさなければ不可能だ。従って、働く人たちの休息時間を法や制度で保障してあげなければならない。二つ目、社会的雰囲気が変わらなければならない。今までは競争で勝たなければならないので、休むと他の人たちに遅れを取ると考えた。しかし、きちんと休むことが仕事の効率を高めるという事実を皆知るようになれば仕事と同じぐらい休息が重要だということが分かるようになるだろう。

2

사람들은 온라인상에서 정보를 얻거나 다양한 사람과 소통하기 위해 SNS를 한다. 이러한 SNS는 가족이나 친구뿐만 아니라 전 세계에 있는 다양한 사람들과 정보를 주고받을 수도 있고 서로 소통할 수도 있다. 이를 통해 새로운 인간관계를 만들기도 한다. 또한 SNS를 통해 전 세계에 있는 소식을 누구나 실시간으로 알릴 수 있고 알게 될 수도 있다. 이처럼 SNS는 예전에는 쉽게 접하지 못했던 정보들을 쉽게 접할 수 있다는 점에서 긍정적으로 볼 수 있다.

반면 SNS로 인해 생겨나는 문제점도 적지 않다. 우선 SNS에 공개되어 있는 개인 정보를 유출해 범죄에 이용하는 경우도 있고 SNS에 올린 사진이나 글에 있는 내용이 도용되는 경우도 종종 일어난다. 그뿐만 아니라 너무 많은 정보를 쉽게 올리다 보니 정확하지 않은 가짜 정보도 넘쳐나고 있다. 한번 생산된 내용은 급속도로 퍼져 나가서 잘못된 정보를 다시 정정한다고 해도 이미 퍼져 나간 내용을 되돌리기

에	는		한	계	가		있	다	.							
	따	라	서		S	N	S	를		올	바	르	게		사	용	하	기
위	해	서	는		첫	째	,		S	N	S	를		이	용	할		때		개
인		정	보	를		공	개	하	는		것	에		신	중	해	야		한
다	.		그	리	고		자	신	의		사	생	활	을		지	나	치	게
많	이		공	개	하	는		것	도		조	심	해	야		할		것	이
다	.		둘	째	,		사	실	로		확	인	되	지		않	은		내	용	에
대	해		글	을		올	리	거	나		그	것	을		공	유	하	는
등	의		행	동	을		삼	가	야		한	다	.		S	N	S	상	에
글	이	나		사	진	을		올	리	기		전	에		충	분	히		사
실		여	부	를		판	단	하	고		올	려	야		할		것	이	다	.

(行末表示: 500 / 600 / 700)

2の解答例は以下のような構成になっています。

序論	**SNS의 긍정적인 부분** SNSの肯定的な部分 ①다양한 사람과 정보 주고받으며 소통－새로운 인간관계 형성 　さまざまな人と情報をやりとりして疎通－新しい人間関係の形成 ②전 세계에 있는 소식을 실시간으로 알 수 있음 　全世界のニュースをリアルタイムで知ることができる
本論	**SNS의 부정적인 부분** SNSの否定的な部分 ①개인 정보 유출, 범죄 악용(도용) 　個人情報の流出、犯罪に悪用（盗用） ②가짜 정보－퍼지는 속도 너무 빠름, 수정 불가능 　偽の情報－広がる速度がすごく速い、修正不可能

<table>
<tr><td rowspan="3">結論</td><td>**SNSの올바른 사용 방법**
SNSの正しい使用方法</td></tr>
<tr><td>①개인 정보 공개/사생활 노출 조심
　個人情報の公開／プライベートの公開に注意</td></tr>
<tr><td>②글이나 사진의 사실 여부 충분히 판단
　文や写真が事実かどうかを十分に判断</td></tr>
</table>

次を参考にして600〜700字で文章を書きなさい。ただし、問題文をそのまま書き写さないでください。(50点)

　遠くにいる友達や家族と対話したりさまざまな情報を得たりするためにSNSをする人が多い。しかし、SNSは肯定的な部分だけがあるわけではない。「SNSの正しい使用方法」について、下の内容を中心に自分の考えを書け。
・SNSの肯定的な部分は何か?
・SNSの否定的な部分は何か?
・SNSを正しく使う方法は何か?

　人はオンライン上で情報を得たり、さまざまな人とコミュニケーションしたりするためにSNSをする。このようなSNSは、家族や友達だけでなく、全世界にいるさまざまな人と情報をやりとりすることもでき、互いにコミュニケーションすることもできる。これを通じて新しい人間関係をつくりもする。また、SNSを通じて全世界のニュースを誰でもリアルタイムで知らせることができ、知ることもできる。このようにSNSは、昔は簡単に接することができなかった情報に簡単に接することができるという点で、肯定的に見ることができる。

　一方、SNSによって発生する問題点も少なくない。まず、SNSに公開されている個人情報を流出させて犯罪に利用することもあり、SNSに載せた写真や文章にある内容が盗用されることも時々起きる。それだけでなく、あまりにも多くの情報を簡単に載せた結果、正確ではない偽の情報もあふれている。一度生産された内容は急速に広がっていき、間違った情報を再び訂正するとしても、すでに広がった内容を戻すには限界がある。

　従って、SNSを正しく使うためには、一つ目、SNSを利用するとき、個人情報を公開することに慎重でなければならない。そして、自分のプライベートを過度にたくさん公開することも気を付けなければならないだろう。二つ目、事実と確認されていない内容について、文章を載せたりそれを共有したりするなどの行動を慎まなければならない。SNS上に文章や写真を載せる前に十分に事実かどうかを判断して載せなければならないだろう。

388

3

　인간은　오랫동안　개나　고양이와　같은　동물과　함께　살아왔다.　그런데　과거에는　이런　동물을　단순히　귀엽고　인간을　즐겁게　하는　존재라고　생각해　애완동물이라고　불렀다.　하지만　최근에는　인간과　더불어　살아가며　교감을　나누는　친구이자　가족과　같은　존재라고　생각해　반려동물이라고　부른다.

　반려동물은　인간에게　긍정적인　영향을　미친다.　우선,　반려동물은　인간으로　하여금　심리적　안정감을　느끼게　해　준다.　혼자　사는　노인들이　반려동물과　함께　사는　경우　심리적으로　안정감을　느껴　외로움을　덜　느끼게　된다고　한다.　그리고　우울증에　걸린　사람도　반려동물을　키우면서　성격이　밝아지고　우울증이　치료된　연구　결과도　있다고　한다.　또한　시각장애인의　경우　앞을　볼　수　없어서　혼자서는　외출하기가　매우　힘들다.　그런데　안내견과　함께하면서　외출도　가능해지고　평생　함께할　수　있는　친구도　생기게　된다.

　이처럼　반려동물은　인간에게　긍정적인　영향을　미치는데　여전히　개나　고양이를

키우다가 마음에 안 든다는 이유로 버
리거나 학대를 하는 경우도 있다. 이는
잘못된 태도이다. 만약에 반려동물을 가
족과 같은 존재라고 생각한다면 좀 더
소중하게 아끼고 사랑을 나누어야 할
것이다. 또한 반려동물을 기르는 사람은
책임감을 가지고 끝까지 가족으로 생각
하고 돌봐야 할 것이다.

3の解答例は以下のような構成になっています。

序論	반려동물의 존재 의미 伴侶動物の存在の意味 친구이자 가족과 같은 존재 友達であり家族と同じ存在
本論	반려동물이 인간에게 미치는 영향 伴侶動物が人間に及ぼす影響 ①인간에게 심리적 안정감을 줌 人間に心理的安定感を与える ②실질적 도움을 줌(우울증 치료, 안내견) 実質的に助けてくれる(うつ病の治療、盲導犬)
結論	반려동물을 대하는 태도 伴侶動物に接する態度 ①소중하게 대하고 아끼고 사랑하기 大事に接し、大切にして愛する ②책임감 가지기 責任感を持つ

次を参考にして600〜700字で文章を書きなさい。ただし、問題文をそのまま書き写さないでください。（50点）

　昔は犬や猫などは、単純に人間に楽しさをくれる存在と考えていた。しかし、最近は動物を友達や家族のような存在と考える人が増えている。このような状況で「伴侶動物（コンパニオンアニマル）に対する態度」について、下の内容を中心に自分の考えを書け。
・伴侶動物はどんな存在か？
・伴侶動物は人間にどのような影響を及ぼすか？
・伴侶動物に接するとき、どのような態度を取らなければならないか？

　人間は長い間、犬や猫などの動物と一緒に暮らしてきた。だが、過去にはこのような動物を単純にかわいく人間を楽しませる存在と考え、愛玩動物（ペット）と呼んだ。しかし、最近は人間と一緒に生きていき、共感を分かち合う友達であり家族同然の存在と考えて伴侶動物と呼ぶ。
　伴侶動物は、人間に肯定的な影響を及ぼす。まず、伴侶動物は人間に心理的安定感を感じさせてくれる。一人暮らしの老人が伴侶動物と一緒に暮らす場合、心理的に安定感を感じ、寂しさをあまり感じなくなるそうだ。そして、うつ病になった人も伴侶動物を飼って性格が明るくなり、うつ病が良くなった研究結果もあるそうだ。また、視覚障害者の場合、前が見えなくて一人では外出するのがとても大変だ。だが、盲導犬と一緒に外出も可能になり、生涯一緒に過ごす友達もできることになる。
　このように伴侶動物は人間に肯定的な影響を及ぼすが、依然として犬や猫を飼っていて、気に入らないという理由で捨てたり虐待したりするケースもある。これは間違った態度だ。もし伴侶動物を家族と同じ存在と考えるなら、もう少し大事に、大切に愛おしみ、愛を分かち合わなければならないだろう。また、伴侶動物を飼う人は責任感を持って最後まで家族と考え、世話をしなければならないだろう。

4

　기부란　도움이　필요한　사람이나　단체에　가지고　있는　돈이나　물건　등을　대가　없이　내놓는　것을　말한다. 사람들이　기부를　하는　이유는　지진으로　갑자기　집을　잃은　사람들이나　부모가　없는　아이들과　같은　사람들에게　여러　방면에서　도움을　주기　위해서이다.

　그런데　과거에는　기부라고　하면　하나같이　돈을　내는　것이라고　생각했지만　최근에는　돈이　아니더라도　다양한　방법으로　기부를　하는　사람들이　많아지고　있다. 먼저　재능기부를　들　수　있다. 예를　들어　미용사가　자신의　재능인　머리를　자르는　기술을　이용하여　주말에　가난한　노인들이나　아이들의　머리를　무료로　잘라　주는　것이다. 다음으로　물건을　구매함으로써　기부를　하는　방법도　있다. 그것은　'포인트'　기부라고도　하는데　카드로　물건을　사면　금액의　1%　정도가　포인트로　쌓여서　어려운　이웃에게　사용되기도　한다.

　기부는　남을　돕는　행위이지만　기부를　한　사람들은　대부분　'자신의　행복을　위해서'라고　말하는　경우가　많다. 사람

들	은		다	른		사	람	들	로	부	터		무	엇	을		받	았	을	500
때	도		행	복	함	을		느	끼	지	만		자	신	이		가	진	
것	을		다	른		사	람	에	게		나	누	어		주	었	을		때
더		큰		행	복	을		느	끼	는		경	우	가		많	기		때
문	이	다	.		이	처	럼		사	람	들	은		기	부	를		통	해
자	신	이		가	진		재	능	이	나		작	은		행	동	이		누	600
군	가	에	게		도	움	이		된	다	고		생	각	하	고		행	복
을		느	낄		것	이	다	.											

4の解答例は以下のような構成になっています。

序論	기부를 하는 이유 寄付をする理由 도움이 필요한 사람들을 돕기 위해 助けが必要な人を助けるため
本論	다양한 기부의 방법 さまざまな寄付の方法 ①재능기부 (예: 미용사) 才能寄付 (例:美容師) ②포인트 기부 ポイント寄付
結論	기부를 통해 얻을 수 있는 것 寄付を通じて得られるもの 누군가에게 도움을 주었다는 데에서 오는 행복감 誰かを助けたということから来る幸福感

問題
54

次を参考にして600〜700字で文章を書きなさい。ただし、問題文をそのまま書き写さないでください。(50点)

　一般的に寄付といえば、他の人を助けるためにお金を出すことを考える。しかし最近、自分の才能で他の人を助けたり直接物を作って寄付するなど、その方法が多様になっている。下の内容を中心に寄付についての自分の考えを書け。
・人が寄付をする理由は何か?
・寄付の方法にはどのようなものがあるか?

・寄付を通じて人は何を得られるか?

　寄付とは、助けが必要な人や団体に持っているお金や物などを対価なく差し出すことをいう。人が寄付をする理由は、地震で突然家を失った人や親のいない子どものような人をいろいろな方面で助けるためだ。

　ところで、過去には寄付といえば一様にお金を出すことだと考えられていたが、最近はお金でなくてもさまざまな方法で寄付をする人が増えている。まず、才能寄付が挙げられる。例えば、美容師が自分の才能である髪を切る技術を利用して、週末に貧しい老人や子どもの髪を無料で切ってあげることだ。次に、物を買うことによって寄付をする方法もある。それは「ポイント」寄付ともいうが、カードで物を買うと金額の1%ほどがポイントとしてたまり、生活が厳しい隣人に使われたりもする。

　寄付は他人を助ける行為だが、寄付をした人たちはほとんどが「自分の幸せのために」と言うことが多い。人は他の人から何かをもらったときも幸福感を得るが、自分が持っている物を他の人に分けてあげたとき、より大きな幸せを感じることが多いためだ。このように人は寄付を通じて自分が持っている才能や小さな行動が誰かの役に立つと考え、幸せを感じるだろう。

語彙

練習問題4の中に出てきた覚えておくべき単語や表現をまとめました。

1　살아가다 生きていく
　휴식 休息
　개인 個人
　행복 幸せ
　균형을 맞추다 バランスを取る
2　멀리 遠く
　정보를 얻다 情報を得る
　긍정적 肯定的
　올바르다 正しい
　부정적 否定的

3　예전 昔
　단순히 単純に
　즐거움 楽しさ
　존재 存在
　늘어나다 増える
　반려동물 伴侶動物
　대하다 接する
　태도 態度
　영향을 미치다 影響を及ぼす
4　일반적 一般的
　기부 寄付
　재능 才能

模擬テスト

● なるべく実際の試験と同じ環境で
模擬テストに取り掛かりましょう!
1. 携帯電話の電源は切りましたか?
2. ペン、修正テープを準備しましたか?
3. 時計を準備しましたか?

全ての準備ができたら試験を始めます。
試験時間は50分です。

TOPIK Ⅱ 쓰기(51번~54번)

※ [51~52] 다음 글의 ㉠과 ㉡에 알맞은 말을 각각 쓰시오. (각 10점)

51.

> ✉ E-Mail
>
> 교수님께
> 교수님, 안녕하세요?
> 저는 교수님의 수업 '한국어의 이해'를 듣고 있는 왕신입니다.
> 이번 주에 내야 하는 과제 때문에 연락드렸습니다.
> 교수님께서 내일 수업 시간에 과제를 직접 제출하라고 하셨는데
> (㉠   ).
> 급한 사정이 생겨서 중국에 와 있기 때문입니다.
> 정말 죄송합니다.
> 혹시 (㉡   )? 답장 주시면 감사하겠습니다.
>
> 왕신 올림

52.

　　인간은 사는 동안 끊임없이 성공과 실패를 경험한다. 성공으로 인해 기뻐하기도 하고 (　　㉠　　). 사람들은 실패했을 때 너무나 힘들고 고통스럽기 때문에 실패를 굉장히 두려워한다. 그렇다고 해서 (　　㉡　　). 실패를 함으로써 많은 것을 배울 수 있고 그로 인해 성공도 할 수 있기 때문이다.

53. 다음은 '옷을 살 때 중요하게 생각하는 조건'에 대해 20대와 40대 성인 남녀 500명을 대상으로 실시한 설문 조사입니다. 그래프를 보고, 조사 결과를 비교하여 200~300자로 쓰시오. 단, 글의 제목을 쓰지 마시오. (30점)

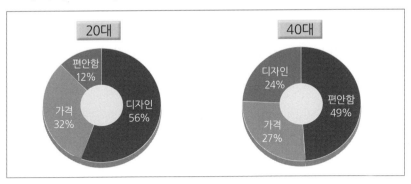

54. 다음을 참고하여 600~700자로 글을 쓰시오. 단, 문제를 그대로 옮겨 쓰지 마시오. (50점)

> 다음은 CCTV 설치에 대한 글입니다. 이에 대한 자신의 입장을 정해 논리적으로 주장하는 글을 쓰십시오.

> 최근 각종 범죄가 증가하면서 CCTV를 설치하는 것에 대해 사람들의 의견이 분분하다. CCTV는 사회 안전 유지에 꼭 필요한 것이며 범죄 예방과 공익을 위한다는 측면에서 찬성하는 사람들이 있는 반면에 개인의 사생활을 침해할 수 있을 뿐만 아니라 가해자의 인권을 보호해야 한다는 측면에서 반대하는 사람들도 있어 논란이 되고 있다.

TOPIK Ⅱ　쓰기(51번〜54번)

※ [51〜52] 다음 글의 ㉠과 ㉡에 알맞은 말을 각각 쓰시오. (각 10점)

51.

외국인 한국어 말하기 대회

2015년 10월 9일 대한대학교에서 (　　㉠　　).

관심이 있는 외국인이라면 누구나 참가하실 수 있습니다.

(　　㉡　　). 이메일 주소는 speaking@daehan.ac.kr입니다.

신청 기간은 8월 1일부터 31일까지입니다.

많은 관심과 참여를 부탁드립니다.

52.

　　세대 차이란 각 세대 간에 생각의 차이를 느끼는 것이다. 이러한 세대 차이는 주로 가정에서 나타나지만 (　　㉠　　). 이를 해결하기 위해 학교 내에서 선배와 후배 간에 서로 대화하고 소통해야 한다. 그러나 실제로 (　　㉡　　). 왜냐하면 서로의 차이를 인정하고 이해하는 것은 쉽지 않기 때문이다.

53. 다음은 '한국어 말하기 능력을 향상시키는 방법'에 대해 교사와 학생 200명을 대상으로 실시한 설문 조사입니다. 그래프를 보고, 조사 결과를 비교하여 200~300자로 쓰시오. 단, 글의 제목을 쓰지 마시오. (30점)

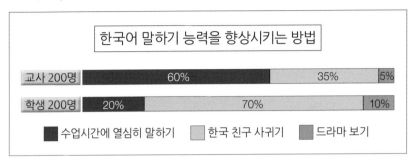

54. 다음을 참고하여 600~700자로 글을 쓰시오. 단, 문제를 그대로 옮겨 쓰지 마시오. (50점)

세계화 시대에 영어가 세계 공용어로서의 지위를 가지게 되면서 영어를 공용어로 사용하는 나라들이 많아졌습니다. 이로 인해 언어학자들은 곧 다가올 미래에 많은 나라의 언어가 사라질 것이라고 예측하기도 합니다. 그러나 우리는 자국의 언어를 배우고 자국의 언어를 지켜야 합니다. 여러분은 왜 자국어를 지켜야 하고 자국어를 통해 무엇을 배울 수 있다고 생각합니까? '자국어의 중요성'에 대해 아래의 내용을 중심으로 자신의 생각을 쓰십시오.

· 자국어를 지켜야 하는 이유가 무엇입니까?
· 자국어를 통해 무엇을 배울 수 있습니까?

TOPIK Ⅱ　쓰기(51번~54번)

※ [51~52] 다음 글의 ㉠과 ㉡에 알맞은 말을 각각 쓰시오. (각 10점)

51.

> ### 엘리베이터 고장 안내
>
> 오늘 오전에 엘리베이터가 고장이 났습니다.
>
> 그래서 현재 (　　　　㉠　　　　).
>
> 불편하시겠지만 엘리베이터 대신에 (　　　　㉡　　　　).
>
> 최대한 빠른 시간 내에 처리하겠습니다.
>
> 대한아파트 관리사무소

52.

> 　최근 걷기 운동이 건강과 다이어트에 효과가 좋다는 이유로 남녀노소 할 것 없이 사람들이 걷기 운동을 즐겨 한다. 그러나 의사들은 걷기 운동도 아무나 해서는 안 된다고 말한다. 즉, (　　　㉠　　　). 허리나 무릎이 안 좋은 사람들의 경우가 그렇다. 이런 사람들에게는 오히려 (　　　㉡　　　).

53. 다음 표를 보고 최근 4년간 남성 전업주부 수가 어떻게 변화했는지 설명하고 그 원인과 앞으로의 전망에 대해 200~300자로 쓰시오. 단, 글의 제목을 쓰지 마시오. (30점)

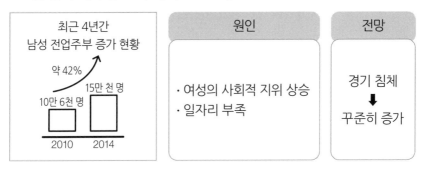

54. 다음을 참고하여 600~700자로 글을 쓰시오. 단, 문제를 그대로 옮겨 쓰지 마시오. (50점)

> 이제 많은 나라에서 전통적인 대가족이 거의 사라지고 핵가족이나 동거 가정, 한 부모 가정 등 그 형태가 다양해지고 있습니다. 이러한 '가족 형태의 변화가 사회에 미치는 영향'에 대해 아래의 내용을 중심으로 자신의 생각을 쓰십시오.

- 가족의 형태가 어떻게 달라져 왔는가?
- 가족의 형태가 달라지면서 사회에 어떤 영향을 미쳤는가?
- 앞으로 가족의 형태는 어떻게 달라질 것인가?

TOPIK Ⅱ 쓰기(51번~54번)

※ [51~52] 다음 글의 ㉠과 ㉡에 알맞은 말을 각각 쓰시오. (각 10점)

51.

> **언어 교환**
>
> 저는 현재 경영학과에 재학 중인 영국인 유학생입니다. 영어 공부를 하고 싶은 분과 (㉠). 제가 영어 회화와 쓰기를 도와드릴 테니까 저에게도 (㉡). 관심 있으신 분은 010-1234-5678로 연락해 주시기 바랍니다.

52.

> 최근 독감에 걸리는 환자들이 많아지고 있다. 의사들은 독감에 걸리지 않으려면 미리 (㉠). 독감 주사를 맞으면 독감을 예방할 수 있기 때문이다. 하지만 독감 주사를 맞는다고 해서 독감에 안 걸리는 것은 아니다. 따라서 아무리 (㉡) 독감에 걸리지 않도록 조심해야 한다.

53. 다음을 참고하여 '직장인의 운동 실태'에 대한 글을 200~300자로 쓰시오. 단, 글의 제목을 쓰지 마시오. (30점)

- 조사 기간 : 생활건강연구소
- 조사 대상 : 직장인 남녀 2,500명

〈일주일에 몇 번 운동하는가〉

매일 5%
매주 1~3회 35%
운동 안 함 60%

〈운동을 안 하는 이유〉

	남	여
1위	시간이 없어서	시간이 없어서
2위	귀찮아서	운동을 안 좋아해서

54. 다음을 참고하여 600~700자로 글을 쓰시오. 단, 문제를 그대로 옮겨 쓰지 마시오. (50점)

　　과거 영화나 책 속에서만 보았던 인공지능을 이제 우리의 생활에서도 많이 볼 수 있다. 사람이 하기 어려운 작업이나 단순한 작업은 인공지능이 대신하고 있다. 이로 인해 인간의 생활은 더 편해지기도 했지만 인공지능으로 인해 여러 문제가 생기기도 한다. 아래의 내용을 중심으로 자신의 생각을 쓰라.

- 인공지능의 긍정적인 영향은 무엇인가?
- 인공지능의 부정적인 영향은 무엇인가?
- 인공지능을 올바르게 사용하는 방법은 무엇인가?

TOPIK Ⅱ 쓰기(51번~54번)

※ [51~52] 다음 글의 ㉠과 ㉡에 알맞은 말을 각각 쓰시오. (각 10점)

51.

> ✉ E-Mail
>
> 안녕하십니까?
> 먼저 저희 회사 신입사원 모집에 (㉠   ).
> 지원자 분께서 이번 신입사원 모집에 합격하셨음을 안내 드립니다. 최종
> 합격을 진심으로 축하드립니다. 신입사원 교육은 (㉡   ) 예정
> 입니다. 5월 20일 오전 10시부터 5시까지 진행됩니다. 10시까지 면접 보
> 셨던 장소로 와 주시기 바랍니다.

52.

> 아침식사는 다이어트에 좋다고 알려져 있다. 하지만 아침에 바
> 쁘다고 너무 급하게 음식을 먹으면 오히려 (㉠   ). 왜
> 냐하면 밥을 급하게 먹으면 배가 부르다는 것을 느끼기 전에 계
> 속 먹게 돼서 먹는 양이 늘어나기 때문이다. 따라서 다이어트에
> 성공하고 싶다면 (㉡   ).

53. 다음을 참고하여 '연도별 운동 용품 판매량 변화'에 대한 글을 200~300자로 쓰시오. 단, 글의 제목을 쓰지 마시오. (30점)

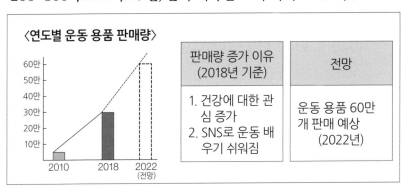

54. 다음을 참고하여 600~700자로 글을 쓰시오. 단, 문제를 그대로 옮겨 쓰지 마시오. (50점)

사회가 발전함에 따라 과거와는 달리 즐길 거리가 많아지면서 새로운 문화가 많이 생기고 있다. 특히 젊은 사람들은 새롭고 자극적인 것들을 선호하는데, 이로 인해 전통문화는 사람들의 관심에서 멀어지고 있다. 그러나 전통 문화를 지키지 않으면 한 나라의 고유한 문화가 사라질 수도 있다는 목소리도 있다. 이에 대해 아래의 내용을 중심으로 자신의 생각을 쓰라.

· 전통 문화를 지키는 것이 중요한 이유는 무엇인가?
· 전통 문화가 사라졌을 때 무슨 문제가 생길 수 있는가?
· 어떻게 하면 전통 문화를 지킬 수 있는가?

51. ㉠ 내일 직접 제출하기3가 어려울 것 같습니다

ㄴ 이메일로 보내도 되겠습니까/다음 주에 제출해도 되겠습니까

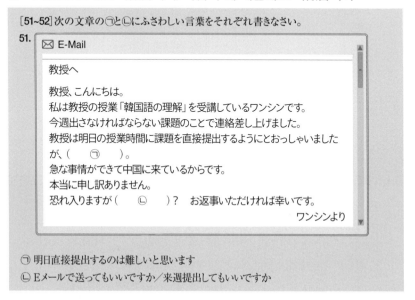

[51~52]次の文章の㉠と㉡にふさわしい言葉をそれぞれ書きなさい。

51.

> ✉ E-Mail
>
> 教授へ
>
> 教授、こんにちは。
> 私は教授の授業「韓国語の理解」を受講しているワンシンです。
> 今週出さなければならない課題のことで連絡差し上げました。
> 教授は明日の授業時間に課題を直接提出するようにとおっしゃいました
> が、（　　㉠　　）。
> 急な事情ができて中国に来ているからです。
> 本当に申し訳ありません。
> 恐れ入りますが（　　㉡　　）？　お返事いただければ幸いです。
>
> ワンシンより

㉠ 明日直接提出するのは難しいと思います

㉡ Eメールで送ってもいいですか／来週提出してもいいですか

52. ㉠ 실패로 인해 슬퍼하기도 한다

ㄴ 실패가 항상 나쁜 것은 아니다/실패를 두려워하면 안 된다

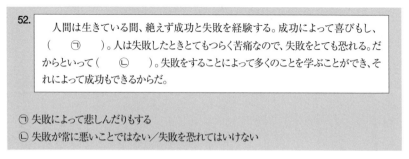

52.
> 　人間は生きている間、絶えず成功と失敗を経験する。成功によって喜びもし、
> （　　㉠　　）。人は失敗したときとてもつらく苦痛なので、失敗をとても恐れる。だ
> からといって（　　㉡　　）。失敗をすることによって多くのことを学ぶことができ、そ
> れによって成功もできるからだ。

㉠ 失敗によって悲しんだりもする

㉡ 失敗が常に悪いことではない／失敗を恐れてはいけない

53.

　이 그래프는 20대와 40대 성인 남녀 500명을 대상으로 옷을 살 때 중요하게 생각하는 조건에 대해 설문 조사를 실시한 것이다. 조사 결과 20대의 경우 디자인이 56%로 가장 높게 나타났고 그 다음으로 가격이 32%를 차지했다. 마지막으로 편안함을 중요하게 생각한다는 12%였다. 반면에 40대의 경우는 편안해야 한다가 49%로 가장 높았고 그 다음으로 가격이 27%, 디자인을 중요하게 생각한다는 24%로 나타났다. 이 조사 결과를 통해서 20대와 40대가 옷을 살 때 중요하게 생각하는 조건이 다르다는 것을 알 수 있다.

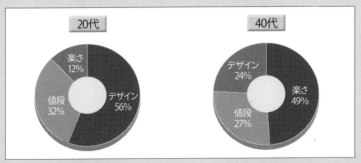

53. 次は「服を買うときに重要と考える条件」について、20代と40代の成人男女500名を対象に実施したアンケートです。グラフを見て、調査結果を比較して200～300字で書きなさい。ただし、文章のタイトルを書かないでください。(30点)

　このグラフは20代と40代の成人男女500人を対象に、服を買うときに重要と考える条件についてアンケートを実施したものである。調査の結果、20代の場合、「デザイン」が56%で最も高く、その次に「値段」が32%を占めた。最後に「楽さを重要と考える」は12%だった。反面、40代の場合は「楽でなければならない」が49%で最も高く、その次に「値段」が27%、「デザインを重要と考える」は24%だった。この調査結果を通して、20代と40代が服を買うときに重要と考える条件が違うということが分かる。

54.

CCTV 카메라는 대부분의 도로와 공공 시설물에 설치되어 있고 그 수가 증가하고 있다. CCTV 설치에 안전하다고 느끼는 사람이 있는가 하면 사생활을 침해한다는 이유로 반대하는 사람도 있는데 나는 CCTV가 사생활을 침해하기 때문에 설치되지 않아야 한다고 생각한다.

CCTV 설치에 반대하는 이유는 다음과 같다. 첫째, 사생활 보호는 우리의 기본 권리이기 때문이다. 모르는 사이에 자신의 개인적인 부분이 카메라에 찍힌다면 좋아할 사람은 없을 것이다. 안전을 이유로 사생활이 침해돼서는 안 된다.

둘째, 범죄율이 유의미하게 줄어들고 있지 않기 때문이다. 물론 CCTV 덕분에 범죄를 해결하는 경우가 있기는 하지만 전체 비율로 따지면 많지 않다. 막대한 돈을 들였는데도 범죄율 감소에 효과가 없다면 CCTV는 비효율적이라고 볼 수밖에 없다.

셋째, CCTV는 증거로서의 역할밖에 하지 못하기 때문이다. CCTV는 범죄 발생 후에 효과가 있는 것이지 범죄가 발생하는 당시에는 영향을 미치지 못한다. 그러나 이것 역시 CCTV가 볼 수 없는 사각지대에서 범죄가 발생한다면 아무런 소용이 없다.

지금까지 CCTV 설치를 반대하는 입장에서 그 이유를 이야기해 보았다. 안전을 위해서 개인의 권리가 희생되어서는 안 된다. 따라서 경찰은 이러한 보안 카메라에 의지하는 것이 아니라 범죄 예방을 위해서 더욱 적극적인 조치를 취해야 할 것이다.

54. 次を参考にして600〜700字で文章を書きなさい。ただし、問題文をそのまま書き写さないでください。

> 次は監視カメラ設置についての文です。これについて、自分の立場を決めて論理的に主張する文章を書きなさい。

> 近年、各種犯罪が増加するにつれて、監視カメラを設置することについて人々の意見が伯仲している。監視カメラは社会の安全維持に必ず必要な物であり、防犯と公益のためという側面から賛成する人がいる一方、個人の私生活を侵害し得るだけでなく加害者の人権を保護しなければならないという側面から反対する人もおり、議論になっている。

　監視カメラはほとんどの道路や公共の施設物に設置されており、その数が増加している。監視カメラ設置に安全だと感じる人がいるかと思えば、プライバシーを侵害するという理由で反対する人もいるが、私は監視カメラがプライバシーを侵害するため設置されてはならないと思う。

　監視カメラ設置に反対する理由は次の通りだ。一つ目、プライバシーの保護はわれわれの基本権利だからだ。知らない間に自分の個人的な部分がカメラに撮られたら喜ぶ人はいないだろう。安全を理由にプライバシーが侵害されてはならない。

　二つ目、犯罪率が有意に減っていないからだ。もちろん、監視カメラのおかげで犯罪を解決するケースがあるにはあるが、全体の比率で計算すると多くない。莫大な金をかけたのに犯罪率減少に効果がないのなら監視カメラは非効率的と考えるしかない。

　三つ目、監視カメラは証拠としての役割しかできないからだ。監視カメラは犯罪発生後に効果があるもので、犯罪が発生するその時には影響を与えられない。しかし、これもまた監視カメラが見ることのできない死角地帯で犯罪が発生したら何の意味もない。

　ここまで、監視カメラ設置に反対する立場からその理由を述べた。安全のために個人の権利が犠牲になってはならない。従って、警察はこのような保安カメラに頼るのではなく、防犯のためにより積極的な措置を取らなければならないだろう。

51. ㉠ 외국인 한국어 말하기 대회를 하려고 합니다

ㄴ 참가를 원하시는 분들은 이메일로 신청서를 보내 주시기 바랍니다

> [51~52]次の文章の㉠と㉡にふさわしい言葉をそれぞれ書きなさい。
>
> **51.**
>> **外国人韓国語スピーチ大会**
>> 2015年10月9日、大韓大学で（　㉠　）。
>> 関心のある外国人であれば誰でもご参加いただけます。
>> （　㉡　）。Eメールアドレスはspeaking@daehan.ac.krです。
>> 申し込み期間は8月1日から31日までです。
>> 多くの関心とご参加をお願いします。
>
> ㉠ 外国人韓国語スピーチ大会をやろうと思います
> ㉡ 参加を希望する方はEメールで申込書を送ってくださるようお願いします

52. ㉠ 학교에서 나타나기도 한다/나타날 때도 있다

ㄴ 세대 차이를 해결하기는 힘들다/극복하는 것은 쉽지 않다

> **52.**
>> ジェネレーションギャップとは、各世代間に考えの違いを感じることだ。このようなジェネレーションギャップは主に家庭で現れるが、（　㉠　）。これを解決するために学校内で先輩と後輩の間で互いに対話して疎通しなければならない。しかし、実際に（　㉡　）。なぜなら、互いの違いを認めて理解することは簡単ではないからだ。
>
> ㉠ 学校で現れることもある／現れるときもある
> ㉡ ジェネレーションギャップを解決するのは大変だ／克服するのは簡単ではない

53.

　이 그래프는 교사와 학생 200명을 대상으로 한국어 말하기 능력을 향상시키는 방법에 대해 조사를 실시한 것이다. 조사 결과 교사의 경우 말하기를 잘하기 위해서는 수업 시간에 열심히 말해야 한다가 60%로 가장 높게 나타났고 그 다음으로 한국 친구를 사귀어야 한다가 35%, 마지막으로 드라마를 봐야 한다는 5%에 불과했다. 반면에 학생의 경우 한국 친구 사귀기가 70%, 수업 시간에 열심히 말하기가 20%, 드라마 보기가 10%로 그 뒤를 이었다. 이 조사 결과를 통해서 교사와 학생의 말하기 능력을 향상시키는 방법에 대한 생각이 다르다는 것을 알 수 있다.

---

53. 次は「韓国語のスピーキング能力を向上させる方法」について、教師と学生200人を対象に実施したアンケートです。グラフを見て、調査結果を比較して200〜300字で書きなさい。ただし、文章のタイトルを書かないでください。

韓国語のスピーキング能力を向上させる方法

教師200人	60%	35%	5%
学生200人	20%	70%	10%

■ 授業時間に一生懸命話す　□ 韓国の友達と付き合う　▨ ドラマを見る

　このグラフは、教師と学生200人を対象に韓国語のスピーキング能力を向上させる方法について調査を実施したものである。調査の結果、教師の場合、スピーキングを上手にするためには「授業時間に一生懸命話さなければならない」が60%で最も高く、その次に「韓国の友達と付き合わなければならない」が35%、最後に「ドラマを見なければならない」は5%にすぎなかった。一方、学生の場合、「韓国の友達と付き合う」が70%、「授業時間に一生懸命話す」が20%、「ドラマを見る」が10%でその後に続いた。この調査結果を通して、教師と学生のスピーキング能力を向上させる方法に対する考えが違うということが分かる。

54.

　오늘날 교통과 통신 등의 발달로 인해 세계화가 되면서 영어를 공용어로 사용하는 나라들이 많아졌다. 이러한 상황에서 더 이상 자국어가 필요 없다고 말하는 사람들도 있는데 자국어는 단순히 의사소통의 수단이 아니라 그 나라 사람들에게 중요한 영향을 끼치므로 이 글을 통해 자국어의 중요성에 대해 살펴보고자 한다.

　자국어를 배우고 지켜야 하는 이유는 언어는 그 나라의 문화, 역사, 정서 등을 포함하고 있기 때문이다. 한국어에 '우리' 라는 단어는 공동체 의식을 중요하게 생각하는 한국인의 정서를 나타내는 것이고 일본 사람들이 '스미마셍' 이라는 말을 많이 하는 것도 다른 사람에게 폐를 끼치는 것을 싫어하는 일본인들의 특성을 보여 주는 것이다.

　이처럼 우리는 자국의 언어를 통해 국민으로서 정체성과 민족성 등을 배울 수 있다. 왜냐하면 언어는 그 민족의 정체성, 민족성을 드러내 주는 수단이기 때문이다. 한 예로 과거 식민지 정복자들이 식민지의 언어 사용을 금지했는데 이유는 그 나라 국민들의 민족성과 정체성을 없애고 싶었기 때문이다. 오늘날에도 많은 교포들이 자신의 정체성을 찾고 싶다는 이유로 자국의 언어를 공부하고 있다.

　지금까지 영어 공용어에 맞서 자국어의 중요성에 대해 살펴보았다. 언어는 단순히 말이 아니라 한 나라의 문화, 역사, 정체성, 민족성 등을 포함하고 있는 것이다. 따라서 우리는 자국어를 지켜야 할 것이다.

54. 次を参考にして600〜700字で文章を書きなさい。ただし、問題文をそのまま書き写さないでください。

> グローバル化時代に英語が世界の公用語としての地位を持つのに伴い、英語を公用語として使う国が増えました。これによって言語学者はじきにやってくる未来に多くの国の言語が消えるだろうと予測してもいます。しかし、われわれは自国の言語を学び、自国の言語を守らなければいけません。皆さんは、自国語を守らなければならない理由や、自国語を通して学べるものは何だと考えますか？　「自国語の重要性」について、下の内容を中心に自分の考えを書きなさい。

> ・自国語を守らなければならない理由は何ですか？
> ・自国語を通して何を学べますか？

　今日、交通や通信などの発達によってグローバル化時代になるにつれて、英語を公用語として使う国が増えた。このような状況で、これ以上自国語が必要ないと言う人もいるが、自国語は単純に意思疎通の手段ではなく、その国の人にとって重要な影響を及ぼすので、この文章を通して自国語の重要性について見てみようと思う。

　自国語を学び、守らなければならない理由は、言語はその国の文化、その国の歴史、その国の国民の情緒などを全て含んでいるからである。韓国語の「우리（われわれ）」という単語は共同体意識を重要と考える韓国人の情緒を表すもので、日本人が「すみません」という言葉をよく言うのも他の人に迷惑を掛けることを嫌う日本人の特性を示すものだ。

　このように、われわれは自国の言語を通して国民としてアイデンティティーや民族性などを学ぶことができる。なぜなら、言語はその民族のアイデンティティー、民族性を表す手段だからだ。一例として、過去、植民地の征服者は植民地の言語の使用を禁止したが、理由はその国の国民の民族性やアイデンティティーをなくしたかったからだ。今日にも多くの海外同胞が自分のアイデンティティーを見つけたいという理由で自国の言語を勉強している。

　ここまで、英語公用語に対立して自国語の重要性について見てきた。言語は、単に言葉なのではなく、一つの国の文化、歴史、アイデンティティー、民族性など、全てを含んでいるのだ。従って、われわれは自国語を守らなければならないだろう。

51. ㉠ 엘리베이터 이용이 불가능합니다
㉡ 계단을 이용해 주시기 바랍니다

[51~52]次の文章の㉠と㉡にふさわしい言葉をそれぞれ書きなさい。。

51.

> ### エレベーター故障の案内
> 今日午前、エレベーターが故障しました。
> そのため、現在（　　㉠　　）。
> ご不便でしょうが、エレベーターの代わりに（　　㉡　　）。
> できるだけ早く対処します。
> 大韓アパート管理事務所

㉠ エレベーターの利用が不可能です
㉡ 階段を利用してくださるようお願いします

52. ㉠ 걷기 운동이 누구에게나 다 좋은 것은 아니라는 뜻이다
㉡ 걷기 운동이 몸에 해롭다

52.

> 　最近、ウオーキングが健康とダイエットに効果があるという理由で、老若男女を問わず人々はウオーキングを好んでしている。しかし、医者はウオーキングも誰もがしてはならないと言う。すなわち、（　　㉠　　）。腰や膝が良くない人の場合がそうだ。このような人にはむしろ（　　㉡　　）。

㉠ ウオーキングが誰にとってもいいものではないということだ
㉡ ウオーキングは体に有害である

53.

이 그래프는 최근 4년간 남성 전업주부 수의 변화에 대해 나타낸 것이다. 조사 결과 2010년에 10만 6천 명이었던 남성 전업주부 수는 2014년에 15만 천 명으로 4년 만에 4만 5천 명이나 증가했다. 이처럼 남성 전업주부의 수가 증가한 원인은 다음과 같다. 첫째, 최근 한국에서 여성들의 사회적인 지위가 상승했기 때문이다. 둘째, 일자리가 부족으로 인해 남성 전업주부의 수가 증가했다. 앞으로 경기 침체는 계속될 것으로 보이며 남성 전업주부의 수는 꾸준히 증가할 전망이다.

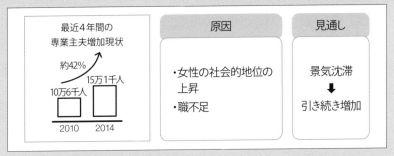

53. 次の表を見て、最近4年間の専業主夫の数がどのように変化したか説明し、その原因と今後の見通しについて200〜300字で書きなさい。ただし、文章のタイトルを書かないでください。

最近4年間の
専業主夫増加現状

約42%

10万6千人　15万1千人

2010　2014

原因

・女性の社会的地位の上昇
・職不足

見通し

景気沈滞
↓
引き続き増加

このグラフは、最近4年間の専業主夫の数の変化について表したものだ。調査の結果、2010年に10万6千人だった専業主夫の数は2014年に15万1千人と4年で4万5千人も増加した。このように専業主夫の数が増加した原因は次の通りだ。一つ目、最近韓国で女性の社会的な地位が上昇したからだ。二つ目、職不足によって専業主夫の数が増加した。今後、景気の停滞は続くものとみられ、専業主夫の数は引き続き増加する見通しだ。

54.

　많은 나라에서 전통적인 대가족이 사라지고 핵가족이나 동거 가정, 한 부모 가정 등 가족의 형태가 다양해지면서 우리 사회에 영향을 주고 있다. 따라서 이 글을 통해 이러한 새로운 가족 형태가 사회에 미치는 영향에 대해 살펴보고자 한다.

　산업화나 여성의 경제 활동 참여가 증가하면서 가족의 형태가 다양해지고 있다. 아이를 낳지 않는 무자녀 가정, 혼자 사는 1인 가족, 자녀 교육을 이유로 떨어져 지내는 기러기 가족 등이 있다.

　이렇게 가족의 형태가 다양해지면서 사회에도 영향을 끼쳤다. 먼저 가족의 역할과 기능이 축소되었다. 예전에는 가정에서 이루어졌던 교육, 생산의 기능이 사회로 넘어가게 되었다. 다음으로 가족이나 결혼에 대한 개념이 축소되면서 저출산으로 이어졌다. 자발적으로 아이를 낳지 않는 가정도 증가하였다.

　이런 현상이 지속된다면 가족의 형태는 더 다양해질 것이다. 과거에 비해 가족주의 가치관이 약화되었고 결혼에 대한 시각도 달라지면서 가족의 형태는 변화하고 있다. 국제결혼으로 다문화 가정이 증가할 것이고, 혈연관계가 아니지만 모여 사는 동거 가족도 증가할 것이다.

　이상으로 가족 형태의 변화가 사회에 어떤 영향을 미치는지에 대해 살펴보았다. 시대가 달라지면 사회적인 현상이나 사람들의 사고방식도 달라지기 마련이다. 다만 이러한 변화에 소외되거나 불이익을 받는 사람이 없도록 제도적인 보완이 필요할 것이다.

54. 次を参考にして600〜700字で文章を書きなさい。ただし、問題文をそのまま書き写さないでください。

> 　今では多くの国で伝統的な大家族がほぼ消え、核家族や同居家庭、片親家庭などその形態が多様になっています。このような「家族の形態の変化が社会に及ぼす影響」について、下の内容を中心に自分の考えを書きなさい。
>
> ・家族の形態がどのように変わってきたか？
> ・家族の形態が変わるにつれて社会にどのような影響を及ぼしたか？
> ・今後家族の形態はどのように変わっていくか？

　多くの国で伝統的な大家族が消え、核家族や同居家庭、片親家庭など、家族の形態が多様になるにつれて、われわれの社会に影響を与えている。そこで、この文章を通してこのような新しい家族の形態が社会に及ぼす影響について見てみようと思う。

　産業化や女性の経済活動への参加が増加するにつれて、家族の形態が多様になっている。子どもを産まない子なし家庭、独り暮らしをする一人家族、子どもの教育を理由に離れて過ごす渡り鳥家族などがある。

　このように家族の形態が多様になるにつれて、社会にも影響を及ぼした。まず、家族の役割や機能が縮小された。以前は家庭で行われていた教育、生産の機能が社会に渡ることになった。次に、家族や結婚に対する概念が縮小されるにつれて少子化につながった。自発的に子どもを産まない家庭も増加した。

　このような現象が続くのなら、家族の形態はより多様になるだろう。過去と比べて家族主義の価値観が弱くなり、結婚に対する視点も変わるにつれて家族の形態は変化している。国際結婚で多文化家庭が増加するだろうし、血縁関係ではないが集まって暮らす同居家族も増加するだろう。

　以上、家族の形態の変化が社会にどのような影響を及ぼすかについて見てきた。時代が変われば社会的な現象や人の考え方も変わるものだ。ただし、このような変化に疎外されたり不利益を受けたりする人がいないように制度的な補完が必要だろう。

51. ㉠ 언어 교환을 하고 싶습니다

㉡ 한국어 회화와 쓰기를 가르쳐 주시면 좋겠습니다

[51~52]次の文章の㉠と㉡にふさわしい言葉をそれぞれ書きなさい。

51.

ランゲージエクスチェンジ

私は、現在経営学科に在学中のイギリス人留学生です。英語の勉強をしたい方と（　　㉠　　）。私が英語の会話とライティングを手伝うので、私にも（　　㉡　　）。関心のある方は010-1234-5678に連絡していただけるようお願いします。

㉠ ランゲージエクスチェンジをしたいです

㉡ 韓国語の会話とライティングを教えてもらえたらうれしいです

---

52. ㉠ 독감 주사를 맞으라고/맞아 두라고 한다

㉡ 독감 주사를 맞았더라도/맞아도

52.

最近、インフルエンザにかかる患者が増えている。医者はインフルエンザにかからないようにするにはあらかじめ（　　㉠　　）。インフルエンザの注射を受けると、インフルエンザを予防できるからだ。しかし、インフルエンザの注射を受けたからといって、インフルエンザにかからないのではない。従って、いくら（　　㉡　　）インフルエンザにかからないように気を付けなければならない。

㉠ インフルエンザの注射を受けるようにと／受けておくようにと言う

㉡ インフルエンザの注射を受けたとしても／受けても

53.

생활건강연구소에서 직장인 남녀 2,500명을 대상으로 직장인의 운동 실태에 대해 조사하였다. 조사 결과 일주일에 운동을 한 번도 안 한다는 응답이 60%로 가장 높게 나타났고 그 다음으로 매주 1~3회라는 대답이 35%를 차지했다. 매일 운동을 하는 사람은 5%에 불과했다. 운동을 안 하는 이유에 대해 남자와 여자 모두 시간이 없어서라고 응답한 경우가 가장 많았다. 이어 남자는 귀찮아서, 여자는 운동을 안 좋아해서라고 응답하였다.

53. 次を参考にして「サラリーマンの運動の実態」についての文章を200~300字で書きなさい。ただし、文章のタイトルを書かないでください。

- 調査機関:生活健康研究所
- 調査対象:サラリーマン男女2500人

〈1週間に何回運動するか〉

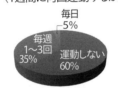

毎日 5%
毎週 1~3回 35%
運動しない 60%

〈運動をしない理由〉

	男性	女性
1位	時間がないから	時間がないから
2位	面倒だから	運動が好きではないから

　生活健康研究所でサラリーマン男女2500人を対象に、サラリーマンの運動実態について調査した。調査の結果、1週間に運動を1回もしないという回答が60%で最も高く、その次に毎週1~3回という回答が35%を占めた。毎日運動をする人は5%にすぎなかった。運動をしない理由について、男女とも時間がないからと回答したものが一番多かった。続いて男性は面倒だから、女性は運動が好きではないからと答えた。

54.

과거 영화 속 이야기라고 느껴졌던 인공지능은 더 이상 영화 속 이야기가 아니라 현실이 되었다. 이러한 인공지능의 발달에 대해 기대와 우려하는 목소리가 동시에 들려온다.

먼저 인공지능의 긍정적인 영향을 살펴보면 다음과 같다. 첫째, 인공지능은 위험한 일이나 귀찮은 일을 대신 해 준다. 화재나 지진과 같은 재난 현장에서 뛰어난 능력을 발휘한다. 또한 청소나 단순 반복적인 일도 실수 없이 처리한다. 둘째, 새로운 일자리를 만들어 낸다. 인공지능이 많이 사용되면 인공지능을 개발하거나 관리할 인재가 더 많이 필요할 것이다. 따라서 인공지능과 관련된 직업들이 생겨날 수도 있다.

반면에 인공지능의 부정적인 영향은 먼저 인공지능이 범죄에 이용될 수 있다. 인공지능을 사용하는 사람의 가치관에 따라 범죄에 이용되어 인간을 죽이는 무기가 될 수도 있다. 또한 인공지능에 너무 의존하게 돼서 인간이 나태해질 수도 있다. 모든 일은 인공지능에 맡기게 되면서 스스로 무엇인가를 하려고 하지 않는 사람들이 늘 것이다.

따라서 우리가 인공지능을 사용할 때는 올바른 윤리 의식을 가지고 좋은 일에만 사용해야 한다. 그래야 인공지능이 범죄에 이용되지 않고 인간과 행복한 공존을 할 것이다. 그리고 인공지능은 우리를 도와주는 존재이지 우리가 해야 할 일을 대신해 주는 존재는 아니다. 따라서 우리가 할 수 있는 일은 스스로 하려는 노력을 해야 한다.

54. 次を参考にして600〜700字で文章を書きなさい。ただし、問題文をそのまま書き写さないでください。

> 過去、映画や本の中でのみ見た人工知能を今ではわれわれの生活でもたくさん見ることができる。人がするのは難しい作業や単純な作業は人工知能が代わりにやっている。これによって人間の生活はより楽になりはしたが、人工知能によっていろいろな問題が起きもしている。下の内容を中心に自分の考えを書け。
>
> ・人工知能の肯定的な影響は何か?
> ・人工知能の否定的な影響は何か?
> ・人工知能を正しく使う方法は何か?

　過去、映画の中の話と感じられていた人工知能は、もはや映画の中の話ではなく現実になった。このような人工知能の発達について期待と憂慮する声が同時に聞こえてくる。

　まず、人工知能の肯定的な影響を見てみると次の通りである。一つ目、人工知能は危険なことや面倒なことを代わりにしてくれる。火災や地震などの災難の現場で優れた能力を発揮する。また、掃除や単純な反復的な仕事も失敗なく処理する。二つ目、新しい職場を作り出す。人工知能がたくさん使われると人工知能を開発したり管理したりする人材がより多く必要だろう。従って、人工知能と関連した仕事ができることもある。

　反面、人工知能の否定的な影響は、まず人工知能が犯罪に利用される可能性がある。人工知能を使う人の価値観によって犯罪に利用され、人間を殺す武器になることもある。また、人工知能に依存しすぎることになって人間が怠惰になることもある。全ての仕事を人工知能に任せることになるにつれて自ら何かをしようとしない人が増えるだろう。

　従って、われわれが人工知能を使うときは正しい倫理意識を持ち、いいことにのみ使わなければならない。そうしてこそ人工知能が犯罪に利用されず、人間と幸せな共存をするだろう。そして、人工知能はわれわれを手伝ってくれる存在であって、われわれがしなければならない仕事を代わりにしてくれる存在ではない。従って、われわれができる仕事は自らしようとする努力をしなければならない。

51. ㉠ 지원해 주셔서 감사합니다

ⓛ 5월 20일에 진행될/진행할

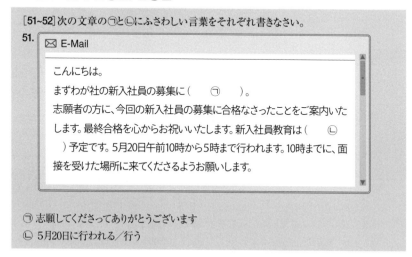

[51~52] 次の文章の㉠と㉡にふさわしい言葉をそれぞれ書きなさい。

51.

> ✉ E-Mail
>
> こんにちは。
> まずわが社の新入社員の募集に（　㉠　）。
> 志願者の方に、今回の新入社員の募集に合格なさったことをご案内いた
> します。最終合格を心からお祝いいたします。新入社員教育は（　㉡
> 　）予定です。5月20日午前10時から5時まで行われます。10時までに、面
> 接を受けた場所に来てくださるようお願いします。

㉠ 志願してくださってありがとうございます
㉡ 5月20日に行われる／行う

52. ㉠ 다이어트에 좋지 않다/좋지 않을 수도 있다

ⓛ 천천히 먹는 것이 좋다/먹어야 한다

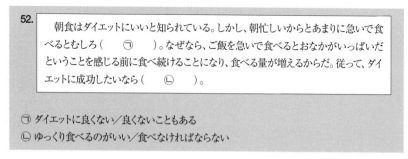

52.

　朝食はダイエットにいいと知られている。しかし、朝忙しいからとあまりに急いで食
べるとむしろ（　㉠　）。なぜなら、ご飯を急いで食べるとおなかがいっぱいだ
ということを感じる前に食べ続けることになり、食べる量が増えるからだ。従って、ダイ
エットに成功したいなら（　㉡　）。

㉠ ダイエットに良くない／良くないこともある
㉡ ゆっくり食べるのがいい／食べなければならない

53.

최근 운동 용품 판매량이 증가하고 있다. 2010년에 5만 개에 불과했던 운동 용품 판매량이 2018년에는 30만 개로 증가했다. 이러한 운동 용품 판매량 증가의 원인으로 우선 건강에 대한 관심이 증가한 것을 들 수 있다. 다음으로 SNS를 통해 운동을 배우기가 쉬워진 것도 증가의 원인이 되었다. 이렇게 앞으로도 판매량이 증가하는 것으로 보아 2022년에는 2018년의 두 배정도인 60만 개가 판매될 것으로 예상된다.

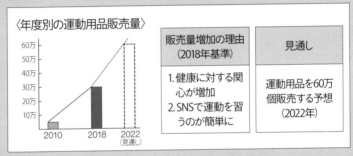

53. 次を参考にして「年度別の運動用品販売量の変化」についての文章を200〜300字で書きなさい。ただし、文章のタイトルを書かないでください。

最近、運動用品の販売量が増加している。2010年に5万個にすぎなかった運動用品の販売量が、2018年には30万個に増加した。このような運動用品の販売量の増加の原因として、まず健康に対する関心が増加したことが挙げられる。次に、SNSを通じて運動を習うことが簡単になったことも増加の原因になった。このように今後も販売量は増加するとみられ、2022年には2018年の2倍ほどの60万個が販売されるものと予想される。

54.

　과거와 달리 요즘은 즐길 거리가 굉장히 많고 점점 자극적인 것들이 많아지고 있다. 또한 그 변화의 속도가 과거와 비교할 수 없을 정도로 빠르다. 그러다 보니 전통 문화는 특히 젊은 사람들에게 외면을 받고 있다. 그런데 전통 문화는 단순히 옛날의 문화가 아니라 조상 때부터 오랜 세월에 걸쳐 만들어진 것이므로 한 민족의 고유한 것이다. 또한 과거와 미래를 이어 주는 중요한 역할을 하기 때문에 전통 문화를 지키는 것이 중요하다.

　만약 전통 문화가 사라지게 되면 여러 가지 문제가 생길 수 있다. 먼저 그 나라만이 가지고 있는 매력이나 가치가 사라질 것이다. 왜냐하면 전통 문화는 그 나라만이 가지고 있는 고유한 것이기 때문이다. 다음으로 전통 문화가 사라지면 그 나라의 역사가 모두 사라질 수도 있다. 전통은 오랜 세월 동안 형성된 것으로 전통 문화를 통해 조상들의 지혜를 배울 수 없기 때문이다.

　이러한 전통 문화를 지키기 위해서는 다양한 방법을 통해 전통 문화가 가지고 있는 고유의 매력이나 가치를 젊은 사람들에게 알릴 수 있도록 노력해야 한다. 그리고 젊은 사람들도 전통을 무조건 옛날 것이라고만 생각하지 않고 전통 문화에 담긴 조상들의 지혜를 소중하게 생각하는 마음을 가져야 한다. 그래야 전통 문화가 사라지지 않고 계속해서 이어질 수 있을 것이다.

54. 次を参考にして600〜700字で文章を書きなさい。ただし、問題文をそのまま書き写さないでください。

　社会が発展するにつれて過去とは違い楽しめるものが増えるに従って、新しい文化が多く生まれている。特に若い人たちは新しく刺激的なものを好むが、これによって伝統文化は人の関心から遠くなっている。しかし、伝統文化を守らなければ一つの国の固有の文化が消えることもあるという声もある。これについて下の内容を中心に自分の考えを書け。

・伝統文化を守ることが大事である理由は何か?
・伝統文化が消えたとき、どういう問題が起き得るか?
・どうすれば伝統文化を守ることができるか?

　過去と違い、最近は楽しめるものがとても多く、だんだん刺激的なものが増えている。また、その変化の速度が過去と比較できないほどに速い。そうするうちに伝統文化は特に若い人たちにそっぽを向かれている。だが、伝統文化は単に昔の文化なのではなく祖先の時代から長い歳月にわたってつくられたものなので、一民族の固有のものだ。また、過去と未来をつないでくれる大事な役割をするので、伝統文化を守ることが重要だ。

　もし伝統文化が消えることになると、いろいろな問題が生じ得る。まず、その国だけが持っている魅力や価値が消えるだろう。なぜなら伝統文化はその国だけが持っている固有のものだからだ。次に、伝統文化が消えるとその国の歴史が全て消える可能性もある。伝統は長い歳月の間に形成されたもので、伝統文化を通じて祖先の知恵を学べないからだ。

　このような伝統文化を守るためには、さまざまな方法を通じて伝統文化が持っている固有の魅力や価値を若い人たちに知らせることができるように努力しなければならない。そして、若い人たちも伝統を無条件で昔のこととのみ考えるのではなく伝統文化に込められた祖先の知恵を大事に考える気持ちを持たなければならない。そうしてこそ、伝統文化が消えずに継続してつなぐことができるだろう。

※マス目が小さくて書き込みづらい場合は、140％（片面の場合はA5→A4／見開きの場合はA4→A3）拡大コピーすれば実際の試験とほぼ同じ大きさの解答用紙になります。また、右のQRコードのリンク先からは、実際の試験と同じ大きさの解答用紙（A4サイズ PDF）をダウンロードすることができます。プリントアウトしてご活用ください。

한국어능력시험
TOPIK II (쓰기)

51	㉠	
	㉡	
52	㉠	
	㉡	
53	아래 빈칸에 200자에서 300자 이내로 작문하십시오(띄어쓰기 포함).	

50
100
150
200
250
300

54	주관식 답란
	아래 빈칸에 600자에서 700자 이내로 작문하십시오(띄어쓰기 포함).

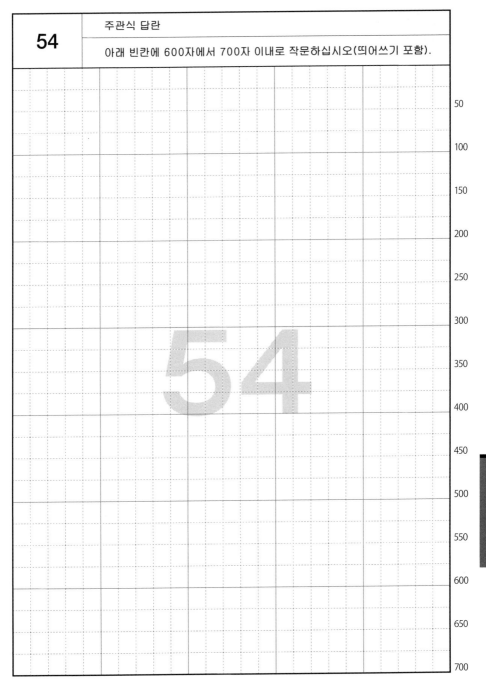

50

100

150

200

250

300

350

400

450

500

550

600

650

700

한국어능력시험
TOPIK II (쓰기)

51	㉠	
	㉡	
52	㉠	
	㉡	
53	아래 빈칸에 200자에서 300자 이내로 작문하십시오(띄어쓰기 포함).

54	주관식 답란
	아래 빈칸에 600자에서 700자 이내로 작문하십시오(띄어쓰기 포함).

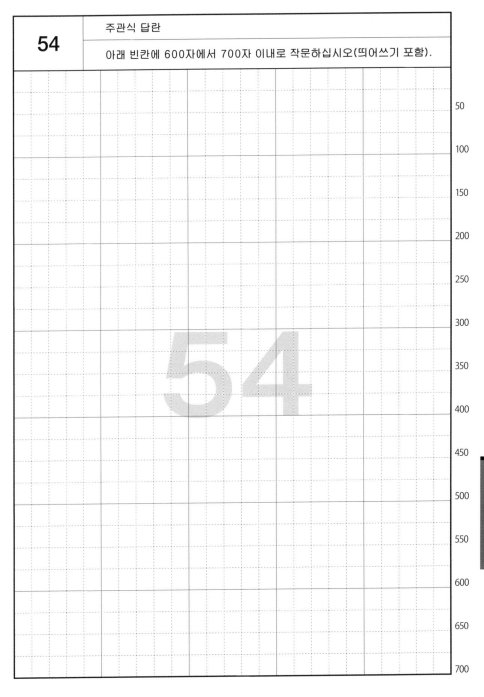

※マス目が小さくて書き込みづらい場合は、140％（片面の場合はA5→A4／見開きの場合はA4→A3）拡大コピーすれば実際の試験とほぼ同じ大きさの解答用紙になります。また、右のQRコードのリンク先からは、実際の試験と同じ大きさの解答用紙（A4サイズPDF）をダウンロードすることができます。プリントアウトしてご活用ください。

한국어능력시험
TOPIK II (쓰기)

51	㉠
	㉡
52	㉠
	㉡
53	아래 빈칸에 200자에서 300자 이내로 작문하십시오(띄어쓰기 포함).

54	주관식 답란
	아래 빈칸에 600자에서 700자 이내로 작문하십시오(띄어쓰기 포함).

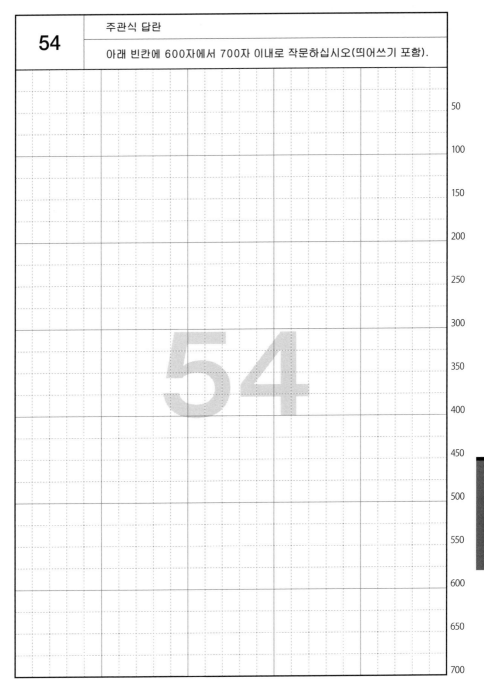

50

100

150

200

250

300

350

400

450

500

550

600

650

700

※マス目が小さくて書き込みづらい場合は、140%（片面の場合はA5→A4／見開きの場合はA4→A3）拡大コピーすれば実際の試験とほぼ同じ大きさの解答用紙になります。また、右のQRコードのリンク先からは、実際の試験と同じ大きさの解答用紙（A4サイズPDF）をダウンロードすることができます。プリントアウトしてご活用ください。

한국어능력시험
TOPIK II (쓰기)

51	㉠
	㉡
52	㉠
	㉡
53	아래 빈칸에 200자에서 300자 이내로 작문하십시오(띄어쓰기 포함).

50
100
150
200
250
300

54

주관식 답란

아래 빈칸에 600자에서 700자 이내로 작문하십시오(띄어쓰기 포함).

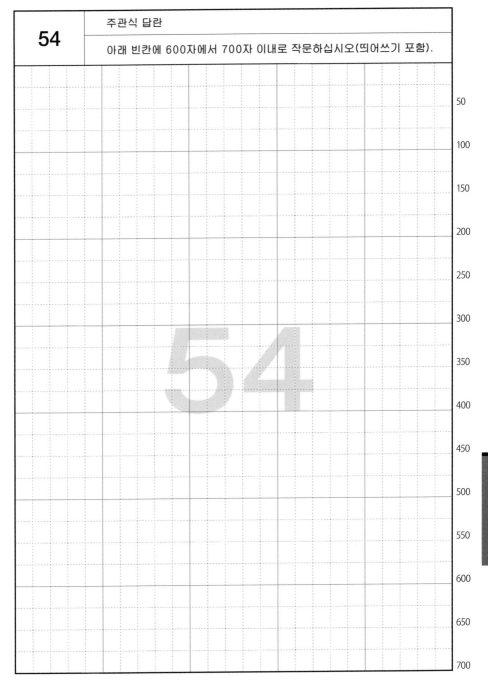

50
100
150
200
250
300
350
400
450
500
550
600
650
700

※マス目が小さくて書き込みづらい場合は、140%（片面の場合はA5→A4／見開きの場合はA4→A3）拡大コピーすれば実際の試験とほぼ同じ大きさの解答用紙になります。また、右のQRコードのリンク先からは、実際の試験と同じ大きさの解答用紙（A4サイズPDF）をダウンロードすることができます。プリントアウトしてご活用ください。

한국어능력시험
TOPIK II (쓰기)

51	㉠
	㉡
52	㉠
	㉡
53	아래 빈칸에 200자에서 300자 이내로 작문하십시오(띄어쓰기 포함).

50
100
150
200
250
300

| **54** | 주관식 답란 |
| | 아래 빈칸에 600자에서 700자 이내로 작문하십시오(띄어쓰기 포함). |

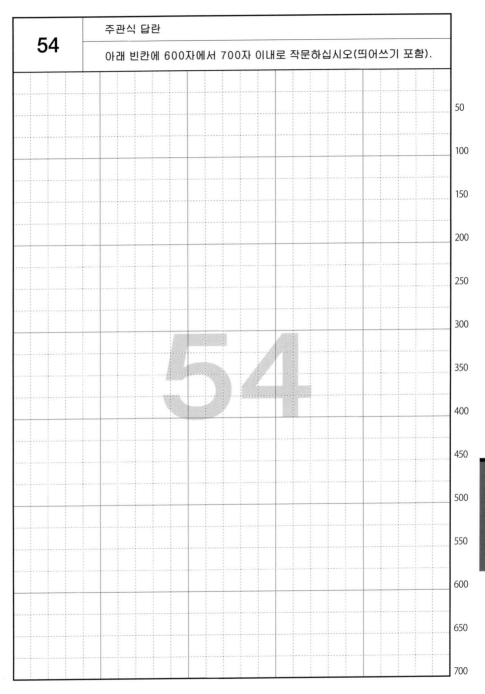

■著者プロフィール

ヒョン・ビン（현빈） 漢陽大学校教育大学院国語教育修士。金浦大学校言語教育院韓国語講師、建国大学校言語教育院韓国語上級主任講師、建国大学校言語教育院TOPIK研究チーム員を経て、現在、Teda Global Academy（泰達国際学校）韓国語教師。著書に『세종한국어 단어 카드 초급』（한글파크刊）、『함께 배우는 건국 한국어 5, 6』（건국대학교출판부刊）がある。

チェ・ジェチャン（최재찬） 延世大学校教育大学院外国語としての韓国語教育修士。聖公会大学校アジア言語文化センター韓国語講師を経て、現在、建国大学校言語教育院韓国語講師、建国大学校言語教育院TOPIK研究チーム員を兼任。著書に『세종한국어 단어 카드 초급』（한글파크刊）がある。

韓国語能力試験TOPIK II 作文徹底攻略
問題別対策と模擬テスト5回分

2023 年 8 月 1 日　初版発行

著　者	ヒョン・ビン、チェ・ジェチャン
翻　訳	HANA 韓国語教育研究会
編　集	用松美穂、鷲澤仁志
編集協力	辻仁志
カバーデザイン	木下浩一
Ｄ Ｔ Ｐ	金暎淑（mojigumi）
印刷・製本	シナノ書籍印刷株式会社
発行人	裵 正 烈
発　行	株式会社 HANA

　〒 102-0072 東京都千代田区飯田橋 4-9-1
　TEL：03-6909-9380　FAX：03-6909-9388
　E-mail：info@hanapress.com

発行・発売　株式会社インプレス
　〒 101-0051 東京都千代田区神田神保町一丁目 105 番地

ISBN978-4-295-40762-1 C0087　©HANA 2023　Printed in Japan